아이부터 장년까지
뇌교육 전문가와 함께하는

4차 산업혁명 시대
생존전략

아이부터 장년까지
뇌교육 전문가와 함께하는

4차 산업혁명 시대 생존전략

초판 1쇄 발행 2017년 12월 20일

지 은 이	박규리, 이영옥, 신근식, 조용호
발 행 인	권선복
편 집	천훈민
디 자 인	서보미
전 자 책	천훈민
발 행 처	도서출판 행복에너지
출판등록	제315-2011-000035호
주 소	(07679) 서울특별시 강서구 화곡로 232
전 화	0505-613-6133
팩 스	0303-0799-1560
홈페이지	www.happybook.or.kr
이 메 일	ksbdata@daum.net

값 15,000원
ISBN 979-11-5602-569-6 (03320)

도서출판 행복에너지는 독자 여러분의 아이디어와 원고 투고를 기다
립니다. 책으로 만들기를 원하는 콘텐츠가 있으신 분은 이메일이나
홈페이지를 통해 간단한 기획서와 기획의도, 연락처 등을 보내주십시오.
행복에너지의 문은 언제나 활짝 열려 있습니다.

아이부터 장년까지
뇌교육전문가와 함께하는

4차
산업혁명 시대
생존전략

박규리, 이영옥, 신근식, 조용호 지음

미래는 우리에게
어떤 인재로 살아남길 요구하는가?

도서
출판 **행복에너지**

이경상 │ KAIST 문술미래전략대학원 겸직교수

3차 산업혁명 시대는 데이터를 기반으로 온라인과 컴퓨터를 잘 다루는 사람들의 세상이었지만 지금의 4차 산업혁명 시대는 알고리즘 기반으로 실체와 가상을 잘 다루는 사람들의 세상이다. 새로움을 상상하고, 만물과 연결하고, 인공지능과 협업하고, 고객이 설계하고 만들어 주는 상연지개想連智個의 시대가 도래한 것이다. 모든 것이 근본부터 변하고 기술이 요동치고 있지만, 변화의 중심에는 사람이 있고, 해법 또한 사람이다.

4차 산업혁명의 물결에 늦은 대한민국의 사람들을 위해, 뇌교육 전문가들이 이 시대를 살아가는 세대들에게 삶의 패러다임과 대처 방법을 제시하고 있는 이 책은 "4차 산업혁명 시대, 사람이 답이다"의 코드 전도사로 활동하고 있는 나에게는 든든한 파트너가 될 수 있는 책이다.

김용진 | 세계전뇌학습아카데미 회장

4차 산업혁명 시대가 도래하면서 '뇌'의 중요성은 더욱더 커졌다. 인지적으로는 인간보다 더 똑똑한 인공지능이 등장했지만, 결국 그런 인공지능을 개발해 낸 존재 또한 '인간'이다. 하지만 아직 4차 산업혁명은 낯설게만 느껴진다. 그러나 나의 잠자는 '뇌'를 단 1%라도 더 깨운다면, 아이부터 장년까지 4차 산업혁명 시대에 슬기롭게 살아남을 수 있을 것이다. 이 책이 그에 대한 좋은 길잡이가 되어 줄 것으로 믿어 의심치 않는다.

뇌교육 전문가와 함께하는
4차 산업혁명 생존전략

이 책을 쓰면서 공저 4인이 새삼 느낀 것은 역시 '책을 쓴다는 것은 쉽지 않은 일이구나'라는 것이다. 글로써 생각을 풀어내는 것은 강의하는 것보다 몇십 배 어려운 일이기에 당연한 일인 듯하다. 그리고 혼자가 아닌 함께 책을 쓴다는 것은 장점도 있지만, 그에 따른 어려움 역시 존재한다. 4차 산업혁명을 공부하기 위해 4명의 뇌교육 전문가들이 의기투합해서 모인 자리지만 각자의 색깔과 생각들이 다르다 보니 그 또한 쉽지 않은 작업이었다. 그러나 다른 관점에서 보면 함께 생각을 공유하고 글을 다듬어가는 과정에서 서로 보완하고 내가 미처 몰랐던 부분이 덧붙여질 수 있으니 이 또한 매력적인 부분이다.

이 책은 뇌교육학이라는 조금은 특별한 교육 분야에서 십여 년간

이론과 실전으로 무장한 전문가들의 입장에서 바라본 4차 산업혁명 시대 생존전략이다. 지금도 4차 산업혁명이라는 말이 연일 매스컴에서 나오고 있지만 대부분 예측일 수밖에 없고 뚜렷한 대안이 제시되는 경우가 별로 없다. 이런 점을 아쉬워하던 저자들은 결국은 교육에서 답을 찾아야 함을 공감했고, 각자 자신이 연구하고 강의하던 분야를 집대성하여 나름의 전략을 제시하면서 이 책을 완성했다.

그럼에도 이 책 역시 한계점은 있다. 4차 산업혁명 시대에는 정답이 없기에 정확히 답을 제시할 수 없다는 것이다. 그러나 수십 년간 미지의 영역이자 인간의 마지막 영역이라 할 수 있는 뇌를 활용한 교육 분야에서 이론과 실전을 경험한 교육자의 입장에서 쓴 글이라 물고기를 잡아주기보다는, 잡는 방법을 알려주는 데 기여했다는 것에 스스로 위안을 삼는다.

지금까지 4차 산업혁명의 도래에 맞추어 아이부터 청년, 직장인 그리고 장년층의 삶까지를 총망라해 놓은 책은 없었다. 아무도 하지 않았기에 우리는 시도를 했다. 당연히 세상의 변화에 빠르게 발을 맞추어 가야 하지만 궁극적으로 인간다운 삶, 품위 있는 삶을 잃지 말아야 한다.

이러한 길을 호모 루덴스, 호모 파베르, 그리고 호모 파덴스를 걸쳐 호모 데우스까지 정리해 보았다. "바둑은 '신의 영역'이기에 인공지능이 결코 깨지 못하는 것"이라는 영역도 알파고에 의해 무너졌고,

500살까지 사는 것이 가능하냐는 물음에 과학자들조차도 가능하다고 얘기하는 시대가 되고 있다. 신의 영역이라 인간이 넘지 못할 것이라 믿어왔던 부분까지도 넘어서는 시대가 이제 도래하고 있다. 이러한 미래는 우리에게 두려움이 아니라 축복이며, 더 투명하고 밝은 시대가 올 것이라 우리 뇌교육 전문가들은 믿어 의심치 않는다. 그런 꿈을 꾸면 그대로 되는 법칙을 알기 때문이다.

언젠가 들었던 대안학교인 간디학교의 교가가 생각이 난다.

꿈꾸지 않으면 사는 게 아니라고, 별 헤는 맘으로 없는 길 가려네
사랑하지 않으면 사는 게 아니라고, 설레는 마음으로 낯선 길 가려 하네
아름다운 꿈꾸며 사랑하는 우리, 아무도 가지 않는 길 가는 우리들
누구도 꿈꾸지 못한 우리들의 세상 만들어 가네
배운다는 건 꿈을 꾸는 것, 가르친다는 건 희망을 노래하는 것

4차 산업혁명의 시대는 올 수밖에 없고 아무도 가보지 못한 길이다. 그러나 반드시 가야 할 길이기에 기왕이면 꿈을 꾸면서 즐겁게 만들어 가면 어떨까? 함께 배우면서 꿈을 꾸고, 함께 가르치면서 희망을 노래하는 길이 되어야 하지 않을까? 그런 의미에서 이 노래의 가사가 깊이 와 닿는다.

4명의 저자들은 탈고를 하면서 기쁨과 함께 아쉬움 또한 남는다고 말하고 있다. 이것이 글을 쓰는 사람들의 숙명이고 성장의 바로미터가 아닌가 싶다.

　이 책은 처음부터 차근차근 읽어도 좋을 것이고, 자기 세대에 맞는 부분을 먼저 읽어봐도 상관이 없다. 그리고 어떤 세대와 만남을 가지기 전에 해당되는 부분을 먼저 읽어도 많은 도움이 될 것이다. 아무쪼록 이 책이 4차 산업혁명 시대에 어떻게 살아갈 것인가를 고민하는 모든 분들에게 단초가 되기를 기대한다.

지난 여름 대학원 근처 유량산에서
4차 산업혁명 관련 서적 출판을 결정하면서 찍은 기념사진

뇌교육 전문가와 함께하는
4차 산업혁명 시대 생존전략

Content

추천사 / 4 /
프롤로그 / 6 /

PART

1

4차 산업혁명 시대,
내 아이가 가져야 할 능력은? / 15 /

1-1 **4차 산업혁명이 시작된 배경** / 21 /

신자유주의의 몰락 / 초연결, 초지능 사회의 구현 /
신인류의 탄생 / 플랫폼 비즈니스의 등장 / 인간 욕구 실현

1-2 **4차 산업혁명 시대, 무엇이 달라질 것인가** / 35 /

소득의 개념 변화 / 달라지는 공간 감각 / 달라지는 정치,
직접 민주주의의 가능성 / 달라지는 직업관

1-3 **4차 산업혁명 시대를 열어가는 나라들** / 46 /

인더스트리 4.0 독일 / 세계 교육순위 1위, 핀란드 /
지구상 가장 강국, 미국

1-4 **내 아이 이렇게 키우자** / 60 /

알면 도움 되는 뇌발달과 뇌교육 / 내 아이가 가져야 할 능력,
창의적 문제 해결 능력 / 이제는 호모 루덴스다

PART
2 4차 산업혁명과
청년 일자리 / 73 /

2-1 변화는 이미 시작되었다 / 77 /

주위를 살펴보자 / 결국 답은 인간에게 있다

2-2 4차 산업혁명! 그게 뭐죠? / 84 /

불황이 아니라 저성장의 시대다 / 청년이 줄어들고 있다 /
4차 산업혁명 시대의 변화 동인 / 인공지능 시대의 도래 /
직업을 대하는 태도가 바뀌고 있다

2-3 일의 미래: 위협이 아니라 기회가 왔다 / 100 /

청년이 머무는 나라, 떠나는 나라 / 대한민국도 예외는 아니다 /
일자리가 움직이고 있다 / 뜨는 직업, 지는 직업 /
일자리가 사라지는 것이 아니라 진화하고 있다

2-4 어떤 인재를 원하는가 / 125 /

미래 역량 수준을 높여라 / 관점을 바꾸어보자 /
어떻게 뇌 구조를 변화시키지? / 청년이여! 호모 파베르가 되자

PART

3 직장인! 4차 산업혁명에 종속될 것인가? 선도할 것인가? / 141 /

3-1 **패러다임의 변화** / 149 /

성공에서 행복으로 / 성장에서 분배로(경쟁에서 상생으로) /
정답 교육에서 창의성 교육으로 / 직장 중심에서 일 중심으로

3-2 **변하지 않는 것들** / 169 /

철학이 우선, '나는 왜 이 일을 하는가?' / 삶에 대한 깊은 성찰과 고민

3-3 **4차 산업혁명 대처하기 & 살아남기** / 182 /

운동과 명상 / 인문학 공부하기 / 평생교육을 통한 뇌 유연화
취미의 생활화, 호모 파덴스형 인재가 되자

PART

4 장년, 지금처럼 가야 하는가 / 213 /

4-1 ## 미래 예측은 과연 필요한가? / 217 /

미래란 무엇인가? / 미래학이란? / 왜 미래를 예측하는가?

4-2 ## 산전 수전 공중전을 거쳐 온 그대는 멋쟁이 / 223 /

장년의 뇌가 뛰어난 이유 / 새로운 시작을 준비하는 장년기 /
당신이 가야 할 길은 100세 시대가 아니다 / 노인 기준 65세는 어디서 왔을까? /
주변 국가의 고령화 대책은 무엇인가?

4-3 ## 4차 산업혁명 시대 당신의 경력은 무용지물인가? / 242 /

4차 산업혁명과 일자리 / 평생학습 시대를 맞이하며

4-4 ## 인공지능과 로봇으로 보는 미래 / 251 /

인공지능의 허와 실 / 4차 산업혁명은 정신혁명 / 로봇, 인간의 반려자 되나? /
로봇 헬스케어 시대가 온다 / 로봇세와 기본소득제는 가능한가?

4-5 ## 미래로 가는 길목에서 / 265 /

인문학적 소양이 변하지 않는 미래의 자산이다 /
호모 루덴스와 호모 파베르, 호모 파덴스를 거쳐 이제는 호모 데우스로

에필로그 / 274 /
참고문헌 / 278 /
출간후기 / 286 /

4차 산업혁명 시대, 내 아이가 가져야 할 능력은?

인류는 지구상에서 살아오는 역사 속에서 여러 차례 큰 변화를 겪었다. 그중 생활에 필요한 식량이나 물건을 만드는 일을 '산업'이라 하며 이 산업 분야 기술의 혁신과 이로 인해 일어난 사회, 경제 등의 큰 변혁을 '산업혁명産業革命'이라 한다.

18세기 증기기관의 발명과 함께 영국의 섬유 공업 중심으로 일어난 변화를 '제1차 산업혁명'이라 한다. 이 1차 산업혁명으로 인하여 그간 사람의 손으로 일일이 제조되었던 면직물 등의 물건들이 증기기관 동력 기술혁신으로 대량 생산이 가능하게 되었다. 그 결과로 수많은 사람이 '노동자'가 되었다.

그로부터 약 100여 년 후 인류는 전기의 발명으로 '제2차 산업혁명'을 맞이하였다. 2차 산업혁명은 1차 산업혁명보다 더 크고 더 넓은 분야에 영향을 끼치게 되어 섬유뿐 아니라 자동차, 화학 등 전기를 활용한 대량 생산 제조업이 가능하게 되었다. 전기는 산업 현장

뇌교육 전문가와 함께하는
4차 산업혁명 시대 생존전략

뿐 아니라 인류의 생활에도 영향을 끼쳐 어둠의 제약에서 벗어나게
해 주었다. 어두워지는 것과 동시에 활동을 마무리하는 그동안의 생
활 방식은 큰 변화를 맞이하였고 이를 기점으로 인류는 더 큰 변화
의 속도를 경험하게 되었다.

〈I-1〉 산업혁명의 역사

출처: dator 미디어(2017)

3차 산업혁명은 2차 산업혁명이 일어난 지 채 100년이 되기 전
인류에게 찾아왔다. 전자회로, 정밀제어 등 컴퓨터와 인터넷 기술
혁신으로 모든 산업의 대량 생산이 가능해지고 문화, 서비스, 네트
워크, 정보 산업 등이 발전하였고, 그동안 육체 노동자에 국한되었
던 산업 종사자의 분야가 사무 노동자와 생산 소비자참여형 소비자; 프
로슈머로까지 넓어지게 되었다.

그리고 100년의 반, 50여 년이 지나 4차 산업혁명이 대두되고 있다. 4차 산업혁명은 초연결, 초지능화 시대로 설명된다. 사물이 인터넷과 연결되어 공간의 제약을 뛰어넘고 기계가 학습을 하여 지능을 갖게 되는 시대이다. 이를 바탕으로 산업구조는 물론 사회 시스템의 혁신이 이루어질 것이다.

1차 산업혁명부터 2차 산업혁명까지 걸린 시간보다 3차 산업혁명까지 걸린 시간이 짧았고, 4차 산업혁명까지 걸린 시간은 앞선 시간보다 짧다. 우리는 기술의 변화, 그로 인한 사회의 변화 속도가 점점 빨라지는 시대를 살고 있는 것이다.

이 시대에 아이를 낳고 기르는 부모는 '내 아이를 어떻게 키울 것인가?' 하는 고민을 할 수밖에 없다. 부모인 자신들이 살아온 세월과 같은 패턴일 리가 없기 때문이다. 비교적 변화의 속도가 빠르지 않았던 부모의 세대는 그들의 부모가 알려주는 가이드라인을 따라 변화에 맞추어 갈 수 있었지만, 지금은 다르다. 부모가 가이드라인을 주기가 어려운 시대가 되어 가고 있다.

30년 넘게 소아정신과 전문의를 지낸 노경선 씨는 그의 저서 『아이를 잘 키운다는 것』에서 부모가 자녀를 키운다는 것은 "아이가 성인이 되었을 때 독립적인 존재로 자신이 원하는 삶을 살 수 있도록 힘을 키워주는 것"이라고 정의하고 있다.

부모는 아이가 성인이 되었을 때 자신이 원하는 삶을 선택할 수 있는 힘을 키워주기 위해 학교에 보낸다. 학교에서는 그간 검증이 되어 온 학문을 배우며 아이가 성인이 된 후 사회에서 살아갈 준비

뇌교육 전문가와 함께하는
4차 산업혁명 시대 생존전략

를 하게 되어 있다. 그런데 기존의 학문을 기반으로 운영되었던 사회가 통째로 변하는 시대가 되었다. 부모가 살아왔던 환경과 사회는 더 이상 같은 모습으로 아이가 성인이 될 때까지 기다리지 않을 것이다. 수많은 산업 기술과 과학 기술의 발달은 그동안 사회가 믿고 지켜왔던 윤리적 명제까지도 변화시키고 있기 때문이다.

세상은 분명 하루아침에 달라지진 않을 것이다. 그러나 분명 빠른 속도로 변화하고 있고, 지속되고 있다. 미래 예측, 혹은 미래에 대해 대비하는 것은 그 흐름을 파악하고 이해하는 것에서 출발한다. 내 아이의 부모로서, 미래를 향한 변화의 흐름을 파악하는 것은 '내 아이를 어떻게 키울 것인가?' 하는 고민에 이정표가 될 것이다.

4차 산업혁명이
시작된 배경

1-1

산업혁명은 시대 변화의 흐름 속에서 일어난다. 4차 산업혁명 역시 시작된 배경이 있다. 배경으로 꼽을 수 있는 5가지에 대해 먼저 다루고자 한다.

〈I-2〉 4차 산업혁명이 시작된 배경

4차
산업혁명
Why?

신자유주의의 몰락

초연결 초지능사회 구현

신인류의 탄생

플랫폼 비즈니스의 등장

인간욕구의 실현

뇌교육 전문가와 함께하는
4차 산업혁명 시대 생존전략

신자유주의의 몰락

4차 산업혁명이 발발한 배경 중 첫 번째로 꼽은 것이 신자유주의의 몰락이다. 신자유주의란 시장의 원리를 준수하고 정부의 규제를 최소화하며 자유 경쟁을 독려하는 경제 정책이었다. 1970년대 이후 당시 장기불황의 문제를 해결하지 못한 경제 정책의 무능과 자본의 세계화에 따른 민족국가 형태의 제한성을 비판하며 등장하였다. 당시 신자유주의자들은 당시의 경제 위기가 무리한 복지정책과 공공부문의 확대, '자본'이라는 분야에 정부가 지나친 개입을 하여 초래된 것으로 보았다.

신자유주의의 대표적인 정책으로는 1980년대 영국의 대처 정부의 정책들과 미국의 레이건 정부의 정책을 꼽을 수 있다. 영국의 마거릿 대처Margaret Thatcher, 1925~2013는 수상으로 집권하며 비효율적인 국영기업을 민영화하고 복지예산을 줄이며 정부의 규모를 축소하면서 세금을 줄이고 노동의 유연성을 확보해 기업환경을 개선함으로써 시장의 활성화를 꾀했다.

미국의 제40대 대통령, 로널드 레이건Ronald Wilson Reagan, 1911~2004은 집권 중 '강한 미국'을 주장하며 복지예산과 환경예산을 축소하고 세금을 감면하여 시장의 활성화를 노렸다. 이런 신자유주의적 전략은 자본의 자유로운 이동을 따라 세계 곳곳에 자리 잡았으며 세계 각국의 개방을 촉구하게 되었다.

그러나 1990년대 후반 동아시아 금융위기Asian Financial Crisis, 1997에서 드러난 것처럼 적절한 규제나 제도 개혁 없는 무분별한 금융개방과 자유화는 심각한 결과로 이어진다는 문제점을 드러냈다. 강한

나라는 점점 강해지고 약한 나라는 점점 더 약해지는 악순환의 고리
가 계속되어 불평등을 심화시키는 원인이 되었다.

이 신자유주의는 교육에도 큰 영향을 미쳤다. 신자유주의 중심의
교육 시장은 수요자 중심의 교육으로 교육의 기본적인 요건이나 소
양 충족보다는 학습의 성취도 평가를 통해 경쟁을 독려하는 것이다.
경쟁에서 우수한 인재는 전략적으로 집단화하여 사회 엘리트로 양
성 배출하는 것에 집중하는 것이기도 하다. 이는 소수의 엘리트를
배출하는 것이 사회에 더 이익이라는 개념을 가진 것이다.

이런 교육 현장에서는 학생들이 학업이나 주어진 과제에 대한 성
취도 평가를 높게 받기 위하여 노력하게 된다. 그리고 성취도를 높
게 받기 위해 학교 교육 외의 교육, 즉 사교육이 필요하게 되는 것이다.
상급 학교는 여러 기준에 의해 등급화되고 우수 상급 학교 입시에
좌절하면 일정 기준의 평가에 못 미치는 것이므로 '실패'를 경험하게
되는 것이다. 이는 우수한 상급 학교 진학 좌절이 곧 사회의 패배자
처럼 여겨지는 시스템을 양산하게 된다. 자립형 사립학교나 영재학
교의 설립은 신자유주의의 다른 얼굴이라는 평가가 있는 것도 이러
한 맥락에서 비롯된다.

우수한 대학생의 자살 사건, 소득 격차에 따른 사교육비 지출 현황,
사교육비 지출에 따른 교육 기회의 불평등, 청소년의 우울증 증가
등 많은 현상은 이 신자유주의 교육 정책의 단점을 여실히 드러내고
있다. 전 세계적인 신자유주의의 몰락은 교육 현장에까지 영향을 미치
고 있다. 경쟁이 우선시되던 교육에서 모두에게 균등하게 제공되는

뇌교육 전문가와 함께하는
4차 산업혁명 시대 생존전략

기회로 그 패러다임이 전환되고 있는 것이다.

초연결, 초지능 사회의 구현

초연결, 초지능 사회란 사물인터넷Internet of Things, 약어로 IoT이 다양한 플랫폼을 기반으로 사물과 인간을 연결하고, 여기에 인공지능AI, Artificial Intelligence; 人工知能이 더해지며 다양한 서비스가 가능해지는 것을 말한다.

이 중 초지능 사회에서 언급되는 인공지능이란 인간이 가진 많은 능력 중 '지적능력'을 컴퓨터를 통해 구현하는 기술이다. 사실 이 인공지능 연구는 컴퓨터의 탄생과 거의 같은 시기1940년대에 시작되었다. 초기 연구가들은 생각하는 과정을 자동화하는 수단으로써 계산 장치의 잠재성을 간파했다.

1950년 클로드 섀넌Claud Elwood Shanon, 1916~2001은 「체스 두는 컴퓨터 프로그램」이라는 논문을 발표했다. 이 논문은 최초의 컴퓨터 체스 알고리즘Algorithm; 어떠한 주어진 문제를 풀기 위한 절차나 방법을 말하는데 컴퓨터 프로그램을 기술함에 있어 실행 명령어들의 순서를 의미한다이며, 이후 인공지능 체스 알고리즘의 이론적 기반이 되었다.

1956년에는 클로드 섀넌과 존 매카시John McCarthy, 1927~2011가 편집한 「오토머턴Automaton; 수학적인 추상화 연구」가 발표되었다. 같은 해에 다트머스 대학Dartmouth College; 미국 뉴햄프셔주 해노버에 위치한 사립대학에 모인 연구가들이 인공지능AI, Artificial Intelligence이라는 이름으로 인간의 지적 기능을 모방한 기계의 연구를 개시하기도 하였다.

이미 인공지능은 1960년대 전반에 걸쳐 정리의 자동증명, 게임

프로그램, 일반 문제 해결기GPS, General Problem Solver와 같은 해답을 발명하는 프로그램, 수식의 미분, 적분, 인수분해 등을 자동으로 처리하는 프로그램 등 많은 지능적인 프로그램이 만들어졌다. 하지만 1980년대 말까지도 인간의 지능 활동을 흉내 낼 수는 없었다.

그러던 중 2011년 IBM이 개발한 슈퍼컴퓨터 왓슨Watson이 미국의 유명 퀴즈 프로그램 제퍼디에 출연해 문제를 음성으로 듣고 버저를 눌러 푸는 동등한 환경에서 기존 퀴즈의 달인들을 제치고 우승한 사건이 벌어졌다. 뒤이어 2016년 3월 구글 딥마인드 챌린지 매치 Google Deepmind Challenge Match에서 '알파고AlphaGo'가 바둑으로 인간 대표 '이세돌'을 이겼다.

기계가 사람처럼 학습이 가능한 것을 머신러닝기계학습. Machine Learning이라 한다. 그중 '딥 러닝Deep Learning'은 알파고가 사용한 방식이다. 딥 러닝은 머신러닝의 하나로 인간이 별도의 기준을 정해주지 않는 대신 방대한 데이터를 기반으로 스스로 분석하고 학습하는 것이다.

딥 러닝은 완전한 머신러닝을 실현하는 기술로 꼽힌다. 알파고는 스스로 데이터를 수집하고 학습한 내용을 기반으로 방대한 양의 빅데이터Big Data를 분석하여 앞으로의 행동이나 가능성을 판단하고 예측할 수 있었고, 그 능력으로 이세돌을 이긴 것이다.

바둑은 고대 중국에서 시작된 게임으로 돌을 놓는 위치에 따라 경우의 수가 엄청나게 달라진다. 바둑에서의 경우의 수는 체스보다 구골Googol. 10의 100제곱 이상 많은 것으로 알려졌다. 체스에서는 1997

뇌교육 전문가와 함께하는
4차 산업혁명 시대 생존전략

년 IBM에서 만든 체스 게임용 컴퓨터 딥 블루Deep Blue가 체스 세계 챔피언 게리 카스파로프Garry Kasparov에게 승리한 바 있다. 하지만 바둑은 체스보다 경우의 수가 훨씬 많으므로 인공지능을 적용하기 어려웠고 사람들은 "바둑은 '신의 영역'이기에 인공지능이 깨지 못하는 것"이라는 우스갯소리도 하곤 했다. 그런데 그 벽을 알파고가 깬 것이다.

'초연결 초지능 사회 구현'의 초연결은 사물인터넷으로 설명된다. 사물인터넷이란 아주 간단히 표현하자면 세상 모든 물건에 통신 기능이 장착된 것을 뜻한다. 이를 통해 각 기기로부터 정보를 수집하고 가공해 사용자에게 제공할 수 있다. 아주 간단한 사례로는 버스나 지하철을 탈 때 교통카드를 기계에 갖다 대는 것을 꼽을 수 있다. 교통카드와 단말기가 서로 통신하여 정보를 교환하고 결제 행위가 이루어지는 것이기 때문이다.

이 인공지능이 사물인터넷을 통해 수집된 빅데이터를 분석처리하는 세상, 그것이 4차 산업혁명 시대라고 해도 과언이 아니다. 그 결정체로 꼽힐 수 있는 것이 자율주행 자동차이다. 운전자의 운전에 따라 움직이는 기계였던 자동차가 곳곳에 장착된 센서를 통해 주변의 장애물을 파악하고 네트워크 기술을 이용하여 탑승자의 목적지까지 가는 가장 빠른 길을 찾아 교통신호를 판단하고 자동으로 운전, 정지하는 것이다.

2015년 1월 미국 라스베이거스에서 열린 세계 최대의 전자제품 전시회인 'CES 2015Consumer Electronics Show, 소비자 가전 전시회'에서 아우디Audi, 독일의 자동차 제조업체는 무인자동차 주행 테스트를 마쳤다고 밝혔다. 단순히 라스베이거스에서 주행 테스트를 한 것이 아니었다. 미국 샌프란시스코에서 출발해 라스베이거스까지 약 885km의 주행을 무사히 마치고 정확히 정해진 시간에 도착한 것이다. 세계 IT의 중심지인 미국 실리콘밸리에 가면 구글, 애플 등이 테스트 중인 무인차를 심심치 않게 만나볼 수 있다고 한다.

〈I-3〉 구글의 자율주행 자동차 시제품

출처: 구글(2017)

이 초연결 초지능 사회가 뜻하는 바는 무엇일까? 이는 아이들이 살아갈 세상의 변화를 말하는 것이다. 세상이 변하면 기존의 사회 경제 질서나 삶의 방식도 바뀌기 마련이다.

구글 딥마인드는 이세돌과의 대국 이후 커제와의 대국바둑의 미래 서 밋: Future of Go Summit', 2017.5을 한 번 더 가졌다. 구글 딥마인드는 커

뇌교육 전문가와 함께하는
4차 산업혁명 시대 생존전략

제와의 대국을 마지막으로 더 이상 인간과 알파고의 대결은 없을 것이라 선언했고, 그 이후 알파고와 인간이 한 팀을 이루어 복식처럼 겨루는 대국이 펼쳐졌다. 이는 인공지능은 인간의 경쟁자나 대결해야 하는 대상이 아님을 보여주기 위한 것이다. 인공지능은 인간의 조력자이자 협력자로서 우리의 아이들은 인공지능과 더불어 살아가게 될 것이다.

그러기 위해서는 아이들이 기계와 소통하는 능력을 겸비해야 한다. 그 당면한 변화 중 하나가 '코딩Coding' 교육이다. 이전에는 기초 학습능력으로 쓰기, 읽기, 셈하기를 꼽았다. 그러나 기계와 함께 기계를 다루며 살아가야 하는 지금의 아이들에게 코딩은 일종의 '쓰기' 능력이자, '말하기' 능력인 셈이다. 코딩은 인간의 생각이나 의지하는 바를 기계가 알아들을 수 있는 언어로 바꾸는 능력이다.

영어를 예로 들어보자. 영어를 배우는 것이 삶을 살아가는 데에 아주 중요한 능력으로 꼽혔던 때가 있었다. 영어를 배우는 것은 단순히 언어를 익히는 것을 넘어 그 언어 안에 담긴 사고 체계와 문화를 익히는 것이었다. 그래서 영어를 익히는 것은 언어를 배우는 것이라기보다는 '글로벌화된 사고방식'을 갖추는 데에 필수 요건이었다.

4차 산업혁명 시대에서는 코딩이 그 임무를 수행하게 될 것이다. 코딩을 배우는 것은 기계의 언어를 배우는 것이라기보다 기계를 다루는 사고 체계를 훈련하는 것이기 때문이다. 지능을 가진 기계와 앞으로 평생을 살아갈 아이들에게 코딩 교육은 이제 필수가 되었다.

신인류의 탄생

호모 모벤스Homo Movence, 도시화 및 교통과 통신의 발달 등의 요인으로 새로운 가치와 정보를 찾아 이동하는 인간을 이르는 말, 호모 모빌리언스Homo Mobilians, 스마트폰과 함께 살아가는 신인류를 이르는 말 등이 신인류를 뜻하는 단어들이다.

'호모Homo'는 라틴어로 사람이라는 뜻이다. 이 '호모'라는 단어 뒤에 움직인다는 듯의 모벤스Movence가 붙어 정보화 사회에서의 새로운 인간의 개념을 설명하는 '호모 모벤스'라는 단어가 탄생하였다. 이 격변하는 혼돈 속에서 '움직인다'는 것을 적극적으로 평가하는 새로운 가치를 가진 인간형으로, 다음 세대를 담당할 것이라 본 것이다.

'호모 모빌리언스'란 스마트 디바이스예: 스마트폰와 결합하여 인간이 가진 감각과 지능을 극대화한, 마치 슈퍼맨 같은 초인류가 되는 것을 말한다. 스마트 디바이스를 통해 세계 누구와도 제약 없이 실시간으로 대화를 나누고 무수한 양의 사진과 책, 데이터들을 찾아 바로 지식으로 사용할 수 있는 호모 모빌리언스는 과학과 기술의 발전이 인간에게 줄 수 있는 혜택과 자신감의 최대치를 보여준다.

이미 지금의 10대는 스마트폰 없이는 하루도 살아갈 수 없고 스마트폰은 물론 태블릿 등 스마트 디바이스를 능수능란하게 다룰 수 있으며 그 안의 정보와 지식을 활용할 수 있는 능력을 갖추고 있다. 그리고 적극적이고 탄력적인 정보 교류를 통해 새로운 가치를 창출하는 데에 거침이 없다. 이들은 이미 4차 산업혁명 시대를 누리고 있는 것일지도 모른다.

무한경쟁의 시대 속에서 살아온 기존 세대와는 다르게 즐기고 놀이하듯 목표를 성취해 가는 신인류는 스마트 디바이스를 통해 호모

뇌교육 전문가와 함께하는
4차 산업혁명 시대 생존전략

모빌리언스가 되고, 과감하게 가치를 찾아 이동하는 호모 모벤스가 되고 있다. 즉, 기존 세대와는 다른 인류라 칭할 만큼 많이 다른 것이다. 그 다른 아이들을 구 인류라 할 수 있는 기존 세대가 가진 사고의 틀 안에 가두는 것은 더 이상 효율적이지도 도움이 되지 않을지도 모른다.

플랫폼 비즈니스의 등장

플랫폼의 사전적 의미는 '열차 역에서 승객이 열차를 타고 내리기 쉽도록 철로 옆에 설치해 놓은 승강장'이다. 원래 플랫폼이란 용어는 16세기에 생성된 이후 일상생활이나 예술, 비즈니스 등의 분야에서 사용해 왔다. 따라서 플랫폼에 대한 내용과 정의도 다양하다. 예를 들어 다양한 상품을 판매하거나 판매하기 위해 공통으로 사용하는 기본 구조, 상품거래나 응용 프로그램을 개발할 수 있는 인프라, 반복 작업의 주 공간 또는 구조물, 정치, 사회, 문화적 합의나 규칙 등을 말한다.

이 여러 플랫폼의 속성을 분석해 보면 공통의 활용 요소를 바탕으로 본연의 역할도 수행하지만, 보완적인 파생제품이나 서비스를 개발, 제조할 수 있는 기반이다. 플랫폼은 제품 자체뿐만 아니라 제품을 구성하는 부품이 될 수도 있고 다른 서비스와 연계를 도와주는 기반 서비스나 소프트웨어 같은 무형의 형태도 포괄하는 개념이다. 따라서 플랫폼이란 공급자와 수요자 등 복수 그룹이 참여하여 각 그룹이 얻고자 하는 가치를 공정한 거래를 통해 교환할 수 있도록 구축된 환경이다.

비즈니스 플랫폼은 여러 사용자 또는 조직 간에 관계를 형성하고 비즈니스적인 거래를 형성할 수 있는 정보 시스템 환경으로 자신의 시스템을 개방하여 개인, 기업 할 것 없이 모두가 참여하고 원하는 일을 자유롭게 할 수 있는 환경을 구축하여 플랫폼 참여자들 모두에게 새로운 가치와 혜택을 제공해 줄 수 있는 시스템을 의미한다.

플랫폼 비즈니스는 그룹 단독으로는 얻을 수 없는 가치를 창출하는 새로운 형태의 비즈니스이다. 그룹 간의 상호 작용으로 검색이나 광고비용을 줄이고 입소문이 늘어나고 각 소비자의 참여를 촉진하는 형태다. 이는 사업자들의 연결과 상호 작용을 통해 진화하며, 모두에게 새로운 가치와 혜택을 제공해 줄 수 있는 상생의 비즈니스 생태계로 꼽히고 있다.

이 플랫폼 비즈니스의 등장은 단순히 새로운 사업 형태의 등장만을 의미하는 것이 아니다. 앞서 4차 산업혁명으로 인한 사회의 변화는 기존의 사회 질서나 경제 개념을 변화시킬 것이라 말하였다. 이 플랫폼 비즈니스는 기존의 소유를 하여 이를 사용하고 활용했던 소유의 경제 구조를 바꾸는 계기가 되고 있다. 소유하지 않아도 사용하고 누릴 수 있으며 소유할 때보다 더 많은 가치 창출이 일어나는 환경이 되는 것이다. 소유하지 않아도 소비할 수 있는 경제, 함께 재화를 나누는 공유의 경제로 패러다임의 변화가 일어나고 있다.

대표적인 플랫폼 비즈니스로는 숙박을 주 사업으로 하는 에어비앤비AirBnb임을 알고 있을 것이다. 에어비앤비는 숙박 시설과 숙박객을 온라인으로 연결해 주는 서비스 모델이다. 에어비앤비는 '에어

베드 앤드 브렉퍼스트Airbed and Breakfast'의 약자로, 공기를 불어 넣어 언제든 쓸 수 있는 공기 침대Air Bed와 아침 식사Breakfast를 제공한다는 의미를 담고 있다. 홈페이지에 집주인이 임대할 집을 올려놓으면 고객이 이를 보고 원하는 조건에 예약하는 방식으로 이루어진다. 집주인에게는 숙박비의 3%를 수수료로 받고, 여행객에게는 6~12%의 수수료를 받는다.

에어비앤비는 평판 시스템을 활용해 투숙객이나 집주인 모두 자신들의 사회적 관계와 명성을 유지해야만 에어비앤비를 이용할 수 있도록 한다. 2014년 초에 있었던 러시아 소치 동계 올림픽이나 여름에 있었던 브라질 월드컵 때 경기를 보러 간 관광객들이 가장 많이 이용한 숙박업소는 에어비앤비에 등록한 업소였다. 에어비앤비는 단 하나의 방도 소유하지 않은 회사임에도 불구하고 전 세계 숙박 업체로는 선두 순위를 기록하고 있다.

이 공유 경제는 부모 세대에게도 비교적 익숙한 면이 있다. 부모인 그들이 어렸을 때 장난감은 구입해야 가질 수 있는 소유물이었다. 가까운 친인척에게 물려받는 경우도 있었으나 그 역시도 소유물이라는 기본 전제를 염두에 두고 있다. 아이가 크면 가까운 친인척 중 나이가 어린 동생에게 물려줄 수 있지만, 기본적으로 소유하는 물건이었다. 그래서 가지는 것 자체가 부럽거나 자랑이기도 했다. 그러던 어느 시점 장난감 대여점이 생기기 시작했다. 이 역시 작은 공유 경제의 시작이었다.

숙박업소뿐 아니라 굳이 자동차를 소유하지 않아도 자동차 운영을 할 수 있는 자동차 공유Car Sharing부터 많은 플랫폼 비즈니스들이 활발해지면 사람들은 더 이상 물건을 소유하는 데에 많은 에너지를 쏟지 않을 것이다. 그리고 그 현상은 비단 물건에만 국한되지 않을 것이라는 전망이다. 지금처럼 물건을 모으는 데에 에너지를 쏟기보다는 공유하고 활용하며 다른 차원의 가치를 창출하는 데에 집중될 것이다.

기존 세대가 성인이 되어 가장 많은 시간을 돈을 벌고 그 돈을 모아 집을 마련하고 차를 마련했다면 새로운 세대는 무언가를 마련하기 위해 돈을 벌고 모으기보다는 다른 가치 창출을 위해 벌고 모으고 소비할 것이다. 이 플랫폼 비즈니스는 그 변화의 시작일 뿐이다.

요즘 YOLOYou Only Live Once라는 말이 유행하고 있다. 이는 내일을 위해 오늘을 희생하기보다 지금 현재를 즐기라는 말과 상통한다. 이 현상은 삶의 태도 변화를 나타내는 것이기도 하다. 경제 패러다임의 변화는 이렇게 우리 삶뿐 아니라 사회의 많은 면에서 변화를 가져오게 된다.

그렇다면 우리의 아이들은 무엇을 위해서 직업을 가지게 될까? 무엇을 위해 돈을 벌게 될까? 이제까지 생각해 왔던 것과는 다른 이유로 직업을 가질 것이고 돈을 벌게 될 것이다. 보통은 직업을 갖기 위해 공부를 한다. 공부하는 과정에서 적성을 발견하고 그 적성에 맞는 직업을 선택하기도 하지만 공부를 하다 보니 그 직업을 선택하는 경우도 있다. 이유야 어찌 되었든 학생 시절의 공부는 직업과 많은 연관을 갖는다. 그리고 직업은 삶의 많은 부분을 차지하는데 만일 단순한 생계를 위해 혹은 자본을 모으기 위해 직업을 유지하지 않

뇌교육 전문가와 함께하는
4차 산업혁명 시대 생존전략

아도 된다면 우리 미래 사회는 어떻게 변해 갈까? 이 플랫폼 비즈니스라는 새로운 형태의 산업은 예상보다 많은 변화를 예고하고 있다.

인간 욕구 실현

인간 기본 욕구Basic Human Needs 라는 개념은 국제 원조에서 비롯된 개념이다. 과거 원조란 생산력의 증대를 목표로 하는 것이 많았으나 소득 분배의 불균형으로 빈곤층의 생활 개선에 도움이 되고 있지 못하다는 인식하에 개발도상국의 빈곤층에 직접적인 이익을 주는 식량, 물, 주택, 의복, 보건, 의료, 교육 등 분야의 원조에 중점을 두어야 한다는 방안에서 비롯된 것이다.

이 방안에서 보면 인간의 기본 욕구에 관련한 것은 7가지 분야식량, 물, 주택, 의복, 보건, 의료, 교육이다. 이 7가지의 분야가 지금 현대 사회에서는 더 이상 실현 불가능하거나 어려운 분야가 아니다. 해결해야 할 과제가 아니라 이미 해결하여 실현된 과제라 보아도 될 것이다.

사실 이 인간 기본 욕구에 관련된 7가지 분야는 사회 안전망과도 밀접한 연관성이 있다. 이 분야들이 안정되어 실현되는 사회는 사회 안전망이 튼튼하다 해도 과언이 아니다. 사회 안전망은 사회 구성원인 개인이 보다 창의적인 미래를 설계할 수 있게 하는 초석이 된다.

4차 산업혁명 시대, 무엇이 달라질 것인가

4차 산업혁명 시대의 인공지능, 그리고 인공지능과 함께할 사물인터넷 등은 개인의 생활뿐 아니라 산업 현장에 큰 변화를 가져올 것이다. 이제까지 인간의 단순하게 반복되는 노무는 기계의 몫이 될 수 있다. 그 편이 비용이나 효율 면에서 더욱 나을 것이다.

단순하게 생각하면 인간의 일자리가 줄어들 것으로 예상된다. 그런데 이는 그리 단순한 계산으로 성립되는 수식이 아니다. 일자리는 사라지기도 하지만 생기기도 한다. 과거 우리가 타는 버스에 자동문이 없던 시절 이른바 '안내양' 혹은 '안내군'이라는 직업이 있었지만, 버스의 자동문이 생기며 그 직업은 사라졌다. 그런 반면, 예전에는 없던 물건 배송의 분야인 택배라는 분야가 생겨 수많은 사람이 종사하게 되었다.

이렇듯 사회에서 한 직업군이 사라진다는 것은 다른 직업군이 생긴다는 것을 의미하는데, 기계가 인간의 단순 노무를 대체하게 된다

면 인간은 또 다른 기계가 할 수 없거나 인간이 하는 것이 더욱 효율적인 분야에 종사하게 될 것이다. 그리고 그 과정에서 인간의 기본 욕구를 위해 자신의 적성이나 창의성을 배제하는 일은 줄어들거나 일어나지 않을 수 있다.

소득의 개념 변화

글로벌 컨설팅 회사 매켄지는 2015년 보고서에서 미국 내 800개 직업을 대상으로 업무 활동의 자동화 가능성을 분석한 결과를 발표했다. 조사한 800개의 직업 중 5%만이 자동화 기술로 대체되고 2,000개 세부 업무 또한 45%만 인공지능화할 것이라는 예상이었다. 특히 인간이 수행하는 업무 중 창의력을 요구하는 4%의 업무와 감정을 인지하는 29%의 업무는 인공지능이 대체하기 어려울 것으로 예상하였다. 즉, 인간 고유의 영역은 쉽게 사라지지 않을 것이라는 의미이다.

인공지능은 인간의 능력 중 학습 능력을 보유한 기계이다. 그러면 학습능력 외에 기계가 할 수 없는 인간의 능력은 무엇이 있을까. 이 질문에 대해 한국의 온라인 취업 포털, 사람인2002 에서 설문조사를 진행한 적이 있다고 하며 결과는 다음 페이지의 그림⟨I-4⟩과 같다.

흔히들 인간의 능력 중 인공지능이 절대 할 수 없다고 생각하는 것이 감정이다. 그리고 개인 간 감정을 느끼고 공유하는 것이 공감이다. 뇌과학자 김대식 교수카이스트 교수는 최진석 교수서강대와의 대담통찰 - 인공지능의 시대, 인간의 미래⟩, EBS에서 "인간이 느끼는 감정 또한 화학의 영역에서 분석할 수 있기 때문에 어느 정도는 인공지능이 따

〈I-4〉 학습능력 외에 기계가 할 수 없는 인간의 능력에 관한 설문조사

출처: 사람인(2002)

라 할 수 있게 될 것이다"라는 말을 하였다. 우리의 감정인 기쁨, 슬픔, 아픔, 즐거움 등은 화학적 호르몬 작용의 결과라 할 수 있는데, 이 논리 구조를 알 수 있다면 불가능한 것도 아니라는 것이다.

실제 소니 社는 인간과의 감정적인 관계를 형성할 수 있는 로봇을 개발할 계획이 있으며, 감정적으로 지성적인 인공지능은 특정한 업무범죄자 심문 등를 수행하는 데에 도움을 줄 수 있을 것으로 예측된다.

소통 또한 마찬가지다. 이미 인간과 인공지능은 어느 정도의 대화가 가능하다. 따라서 향후에 지금보다 대화의 질은 높아질 것이 분명하지 않겠는가. 인간과 인공지능이 대화를 통해 서로의 마음을 나누고 교류하는 시대는 멀지 않았을 수도 있다. 일본은 현재 고령 환

뇌교육 전문가와 함께하는
4차 산업혁명 시대 생존전략

자들을 위한 로봇이 개발되어 물리적 도움 외에도 대화를 나누는 친구의 역할까지 하고 있다고 한다. 이쯤 되면 "인공지능이 하지 못하는 것은 무엇일까"가 궁금해지기도 한다.

이렇듯 인공지능의 발전 가능성은 무궁무진하다. '생산 능력'은 인간보다 월등할 것이다. 그동안 인간만이 해 왔던 생산 활동을 인공지능이 함께 혹은 대부분 담당해 준다면 어떻게 될까? 아마도 인간은 더 이상 '먹고살기' 위해 생산 활동을 직업으로 삼기보다 '스스로 원하는 일', 또는 '스스로 성장하는 느낌이 드는 일', '하면 즐거운 일'을 직업으로 선택할 수 있는 폭이 넓어질 것이다. 그 선택들을 통해 인간은 보다 인간다움을 추구하고 삶의 질을 향상하며 살아가게 될 것이다.

지금 현재 우리가 살아가는 많은 사회는 '자본주의' 경제 체제를 선택하고 있다. 자본주의 경제에서 '인간의 생산 활동'은 다양한 직업을 통해 재화를 얻기 위해 한다. 그리고 얻어진 재화는 '인간의 소비 활동'으로 순환되며 사회의 경제는 성장 발전하거나 유지된다. 그런데 생산 활동 능력이 인간보다 우수할 가능성이 있는 인공지능은 '소비'를 하지 않는 존재이다. 그러나 앞서 말한 바와 같이 자본주의 경제 체제에서 소비는 생산만큼이나 중요한 부분이다. 생산 활동과 소비 활동의 균형이 중요하다는 것은 인류 역사상 경험했던 여러 경제 위기를 통해 학습한 바 있다. 4차 산업혁명 시대에 '기본소득'이 거론되는 이유가 바로 이것이다.

한국에서의 4차 산업혁명은 갑작스레 치르게 된 제19대 대통령

선거 공약을 홍보하는 과정에서 알려졌다. 이 과정에서 함께 거론되었던 과제가 '기본소득'이었다. 기본소득이란 국가나 모든 사회 구성원에게 어떠한 조건 없이 개별적으로 지급하는 현금 소득을 말한다.

2017년 핀란드 정부는 과감한 실험을 하였다. 실업자 2,000명을 무작위로 선정하여 매월 70여만 원의 소득을 지급하는 기본소득보장실험이 그것이다. 실험이 진행된 지 4개월 후 예상외의 결과를 보여주었다.

영국 인디펜던트 紙는 "기본소득이 빈곤과 실업 문제를 해결할 뿐 아니라 참가자들에게 뭔가 해보고 싶은 동기를 부여하는 등 '행복하고 건강하며 평등한 사회'를 만들 수 있을 것으로 본다"고 전했으며 가디언 紙는 "기본소득은 이미 오늘날의 시대정신"이라며 "기본소득이 가까운 미래에 닥칠 문제에 대한 주요한 해법이 될 수 있다고 믿는 정치인과 기업가들이 늘고 있다"고 보도했다.

핀란드의 실험과 캐나다에서 실시한 유사한 실험이 보여준 것은 인간에게 기본적인 요건이 주어질 때 인간은 더욱 창의적인 방향으로 나아갈 가능성이 높다는 것이다. 조금은 다른 이야기이긴 하나 최근 한국의 뇌과학자 정재승 박사는 한 TV 프로그램에서 현대 인류가 과거보다 도구를 많이 활용함으로 인하여 뇌를 덜 쓴다고 생각하는데 이는 사실과 다르다며 도구를 써서 덜 활용되는 뇌의 역량은 더욱 복잡하고 다른 방향으로 활용된다는 이야기를 한 적이 있다. 인간이 생존을 위해 생산 활동을 하지 않으면 인간이 게을러질 것이라는 우려를 정면으로 반박하는 근거이기도 하다. 인간이 더 이상 생존을 위한 생산 활동에 집중하지 않아도 된다면 인간은 아마도 이

뇌교육 전문가와 함께하는
4차 산업혁명 시대 생존전략

지구상에서 유례없는 다양한 문명의 꽃을 피울지도 모른다.

달라지는 공간 감각

4차 산업혁명 시대가 소유의 경제에서 공유의 경제로 패러다임을 전환했듯이 인류가 가진 여러 가지 가치 또한 변화시키고 있다. 이를 가늠하고 새로운 기준을 협의를 통하여 만들어 가는 것, 이것이야 말로 4차 산업혁명 시대에 보다 인간다운 특성이 요구되는 이유이다.

최근 들어 광고를 보면 이 4차 산업혁명의 특성인 초지능성과 초 연결성이 얼마나 가까워졌는지를 알 수 있다. 어느 에어컨은 사람의 움직임에 대한 정보를 쌓아 놓고 그 패턴을 학습하여 바람의 세기나 방향 등을 알아서 조정한다. 어떤 스피커는 사람의 기분에 따라 음악을 추천해 주기도 한다. 이것이 학습하는 기계, 인공지능이 우리 생활 속으로 들어오고 있다는 신호다. 그러나 아직 구체적으로 변화하는 것은 느껴지지 않는다. 우리의 아이들의 환경 또한 무엇이 다른지 부모들은 알아차리기가 힘들다. 이미 달라진 환경과 앞으로 달라질 아이들의 환경에 대한 이야기를 나누어 보기로 한다.

아이들의 가장 큰 놀이는 '게임'이다. 늘 손안에 두는 스마트폰이 아니더라도 PC방은 아이들의 놀이터가 된 지 오래다. 가만히 생각해 보면 부모들이 어린 시절 만화방이나 오락실에서 모여 놀던 것이 PC방으로 옮겨 간 것이다. 손에서 게임을 놓지 않는다 하여 게임 중독이 아닌지 노심초사하지만 부모들의 그 시절, 부모들의 부모들이 노는 것에만 빠져 공부는 뒷전이라 걱정하던 것을 생각하면 그다지

다르지 않은 현상이다. 다만 환경이 달라졌을 뿐이다. 만화방, 놀이터, 오락실 등 그 옛날 10대들의 놀이터는 PC방으로 옮겨져 만화와 놀이, 오락 모두를 즐기게 된 것이다. 여기까지는 환경은 달라졌으나 별반 달라진 현상은 아니다.

이제 완전히 달라진 것들을 이야기해 보도록 하자. '공간'에 대한 감각이다. 지금의 10대들은 '가상'과 '현실'에 대한 감각, 그리고 평면과 입체에 대한 감각이 이전 세대와는 완전히 다르다. 인터넷의 발달은 현실이 아닌 가상의 세계를 구축하였고 10대들은 그 가상에서 캐릭터로 표현되는 인격체로 '게임'이라는 가상의 공간에서 미션을 수행하며 아이템을 쓰고 인간관계 또한 맺는다.

또 하나, '드론'은 마치 자동차의 발달이 인간에게 거리의 제약을 약화시켜 준 것처럼 '높이의 제약'을 해제해 주었다. 높은 공간에서 드론에 달린 카메라를 통해 바라보는 시각이 자연스럽게 된 것이다. 그리고 평면이 아닌 공간으로 프린팅되는 3D 프린팅 역시 공간에 대한 감각이 기존 세대와 현격히 다를 수밖에 없는 요인이기도 하다.

또 하나, 지금 10대들의 특징 중 하나는 궁금한 정보를 바로 검색하여 찾아볼 수 있다는 점이다. 즉 능동적 정보 검색 구조, 쌍방향 정보 검색 구조에 익숙한 것이다.

이 세 가지의 차이는 아이들의 세계관 구축에 결정적 역할을 하게 된다. 이는 곧 부모들의 세계관보다 넓고 높고 차원이 다르다는 것을 의미하기도 한다. 이런 아이들에게 부모의 세대와 같은 학교 환경과 몇십 년간 별반 다르지 않은 지식 정보를 쌍방향도 아니고 일방적으로 제공하고 그것들을 습득하게 하는 학교 학습은 더 이상 재

뇌교육 전문가와 함께하는
4차 산업혁명 시대 생존전략

미나 흥미를 가져오지 않는다. 학교 공부는 그저 '성적'이라는 성취도를 위해 학교가 아닌 학원이라는 효율적 방법으로 취득하는 하나의 '스펙'으로 전락한 것이 현실이다.

달라지는 정치, 직접 민주주의의 가능성

최근의 한국에 큰 기점이 되는 사건이 있었다. '촛불시위' 혹은 '촛불혁명'으로 일컬어지는 그 사건이다. 정부와 의견을 달리하는 수많은 시민이 자발적으로 모였다. 평화적인 모임은 다양한 방법으로 의견을 개진하고 표현하였고 대부분의 시민들은 민주주의 절차에 맞도록 노력하였다. 그리고 그 의견은 국회에 받아들여져 실행되기에 이르렀다. 이 사건은 아시아 내에서는 물론 전 세계적으로 이슈가 되었고, 이를 두고 많은 사람들은 광장 민주주의 또는 직접 민주주의 시대가 도래했다고 평가했다.

이는 정보기술의 발달과 함께 아주 자연스러운 민주주의의 발전된 모습이라는 것이 미래를 예측하는 전문가들의 의견이다. 이제 개인은 객체로 있을 수 없고 사회 속의 일원으로 서로 영향을 주고받으며 살아갈 수밖에 없다. 앞으로의 미래는 그 정도가 더할 것이라고 예상하는 건 비단 전문가만은 아닐 것이다. 더 이상 행복하지 않은 사회 속에서 행복한 개인은 있을 수 없는 일이 되었다. 따라서 이 사회를 살아가는 개인은 행복한 사회를 만들기 위해 기꺼이 관심을 두고 참여를 해야 하며, 그것이 곧 나와 내 가족을 위한 일이 된다.

SNS나 커뮤니티를 통해 연결된 개인의 지성은 더 이상 개인으로 머무르지 않는다. 다양성과 독립성을 가진 집단의 통합된 지성이 올바른 결론에 가깝다는 '집단지성의 시대'는 4차 산업혁명의 또 다른 이름일 수 있다. 이로 인한 직접 민주주의는 어쩌다 경험하게 된 사회적 이벤트가 아니고 우리가 맞이하고 적응해야 할 당연한 흐름일 것이다.

국가란 일정한 영토를 보유하며 거기 사는 사람들로 구성되고, 주권을 가진 집단을 말한다. 좁은 의미로는 통치 조직을 뜻하기도 한다. 인간 사회의 한 형태인 국가는 목적이 질서와 안전의 확립이라는 점, 유지수단이 법규범과 그것의 적용이라는 점, 영토가 지리적 경계를 가지고 있으며 사법권의 대상이 된다는 점, 그리고 주권을 보유한다는 점에서 다른 사회 조직과 구별이 된다. 형태와 기능적 규모 면에서는 이보다 크고 강한 조직이 없다.

과거의 국가는 국민을 통치하는 기관이자 조직이었다. 그 일련의 통치 행위를 정치라 칭하기도 하였다. 그러나 4차 산업혁명 시대로 나아가기 위해서 이 국가의 개념은 달라져야 한다. 더 이상 국가는 통치 조직이 아니며 오히려 국민에게 '정치 서비스'를 하는 조직으로 변화하여야 한다. 다양성과 독립성을 가진 각 개인이 존엄성을 인정받고 삶을 영위해 나갈 수 있도록 서비스하는 것, 그것이 미래의 국가관이 될 것이다. 이에 따라 복지란, 개인이 수행하기 힘든 과제를 국가가 보다 효율적인 방법과 비용으로 책임져 주는 형태가 될 것이다. 국가의 주권은 국민에게서 나오는 것이므로 주권자인 국민의 삶을 최선을 다해 각자의 자율적이고 독립적인 가치 실현을 하며 살 수 있도록 서비스하는 조직, 그것이 정부이자 국가의 역할이 될 것이다.

뇌교육 전문가와 함께하는
4차 산업혁명 시대 생존전략

달라지는 직업관

기술의 발달은 아울러 의학의 발달도 가져왔다. 의학의 발달은 인간의 수명을 늘려주었고, 이제는 백세 시대가 상식인 때가 되었다. 그럼에도 불구하고 아직 각 직업별 정년의 연한은 50여 년 전과 같다. 인간의 수명은 늘어났고 기술의 발달 속도는 빨라졌다. 이제는 과거와 같은 '평생직장'은 박물관에나 기록해 놓아야 할 실정이다.

내 아이의 직업 역시 마찬가지일 것이다. 사회 변화의 속도는 개인이 한 가지 일에 오래 종사할 수 없는 환경을 만들었다. 개인이 직업에 종사하며 새로운 기술을 쌓아 나가는 속도는 새로운 기술이 나오고 그를 습득하는 속도에 비교하면 턱없이 느리기 때문이다. 그래서 미래 예측전문가들은 10년 주기로 직업을 준비하라고 한다. 현재 하는 직업을 수행하며 다음의 직업을 준비하는 것, 그것이 미래에 유연하게 적응하는 방법이라고 한다.

그렇다면 한 사람이 평생을 살며 가지는 직업의 개수는 몇 개나 될까? 우리 아이들이 성인이 된 시점에는 아마 4~5가지는 족히 넘을 수 있을 것이다. 오랜 세월을 살며 그 많은 직업을 수행하며 살아야 하는데 굳이 10대를 오롯이 학습과 그 성취도 평가에 매달리며 살 필요가 있을까를 고민해 보는 것이 필요하다.

경험의 폭이 좁으면 선택의 폭도 좁다. 이 아이가 살아갈 시대는 선택을 할 수 있는 폭이 넓은데 정작 자신이 확신을 가질 수 있는 경험의 폭이 좁다면 내 아이에게 주어진 선택의 기회는 행복한 삶을 살아가는 데에 큰 의미가 되지 않을 수 있다. 당장 책상을 떠나 무얼 하자는 것은 아니지만 보다 넓고 행복한 경험을 부모와 함께하는 것이 미래의 내 아이가 하게 될 선택에 긍정적 영향을 끼칠 것이라고 그렇게 믿는다.

전 세계적으로 4차 산업혁명은 시작되었고 그 변화 속도는 현저히 빨라지고 있다. 한국 역시 그 시작을 최근에 선포하였지만 산재한 문제로 인하여 그 변화의 조짐을 알아채기가 쉽지는 않다. 무엇보다 하루하루 다르게 성장해 가고 있는 내 아이에게 무엇이 필요한지 알아보기 위해서는 앞서가고 있는 나라를 살펴볼 필요가 있겠다.

4차 산업혁명 시대를
열어가는 나라

인더스트리 4.0 독일

전통적으로 제조업이 강한 독일은 제조업을 기반으로 세계 경제를 주도했었다. 그런데 모든 제품이 전자화되면서 제조 경쟁력이 중국 등 신흥시장으로 옮겨간 것이다. 이 제조 경쟁력을 되찾기 위해 독일 정부는 제조업 혁신이 필요하다는 공감 아래 2012년, 인더스트리 4.0을 만들어 강력히 추진하게 되었다. 과거 기계 공업 중심의 산업 패러다임을 전환하고자 한 것이다. 사이버 물리 시스템CPS: Cyber Physical Systems기술을 융합하여 지능형 공장Smart Factory을 구축하는 것을 목표로 하였다.

세계 경제를 주도해 온 독일인인 만큼 교육제도의 목표 역시 우수 인력을 조기에 발견하고 직업 교육을 통한 경제 인력을 확보한다는 것이다. 그러한 취지로 독일의 교육은 16개의 각 주에서 전적으로 책임지고 각기 상이한 교육 체계와 유형으로 운영하고 있다.

의무교육 및 편제 그리고 수료의 인정 등의 기본구조는 주들 간의 협정에 따라 공통적이며, 각 주는 서로 다른 교육 정책을 조정하기 위해 '문교부 상설회의'를 만들어서 공동 노력을 하고 있다.

독일은 만 6세부터 시작하여 12년간 의무교육을 하고 있다. 의무교육은 일반교육에 한정되지 않는다. 정규학교 의무교육은 9년이며 베를린과 노르트라인-베스트팔렌주는 10년 이를 졸업한 후 계속해서 정규학교에 진학하지 않는 학생은 최소한 3년간 의무 직업학교에 진학해야 한다. 모든 주의 학교 교육은 무료로 실시되기 때문에 12년 동안 교육을 받는 데 드는 돈은 없다.

독일에는 다양하고 폭넓은 교육기회가 있다. 일반 교육제도와 직업교육제도의 요소들이 상호 전환이 가능할 뿐 아니라, 기초학교 이후 오리엔테이션 과정10세에서 12세 사이, 즉 5~6학년을 밟거나 마친 후라도 과정을 옮길 수 있으며, 일찍 취업한 젊은이들에게 학교 졸업장을 따거나 나아가 대학학위를 목표로 공부할 수 있는 길이 언제나 열려 있다.

의무 교육과정은 아니나 취학 전 유치원 교육이 있고, 유치원 교육의 핵심은 언어 능력 촉진, 인성 신장, 사회성 교육과 놀이 활동이다. 일반적으로 유치원에서는 문자나 수를 가르치지 않는다.

독일의 4년제 기초학교Grundschule에서대부분의 연방 주들에서는 처음 2학년 동안에는 아이들에게서 성적순으로 서열을 매기지 않고 일반적인 평가를 한다. 기초학교에서 4년간의 공통과정이 끝나면 방향모색 과정이라 할 수 있는 2년 동안 학생과 부모는 학교 선택을 변

경할 수 있다_{바이에른주는 예외}.

기초학교를 수료하면 주요학교, 실과학교, 김나지움, 종합학교 등 네 가지 형태의 중등 1단계 학교에 진학하게 된다. 아동들은 4학년 말_{6년인 경우는} 6학년 말에 적성과 능력에 따라 여러 가지 형태의 중등학교에 배치된다.

다음 단계인 중등 1단계부터 학생의 능력과 적성에 따라 진로가 달라진다. 5년제의 주요학교, 6년제의 실과학교, 9년제의 김나지움 등 3가지 종류의 학교에 능력과 적성에 맞게 진학하게 된다.

주요학교는 졸업 후의 취직을 위해 직업훈련을 위주로 하며, 실과학교는 졸업 후에 전일제 직업학교에 진학하고자 하는 학생이 취학하며 김나지움에는 대학진학 희망자가 진학한다.

대학에 진학하기 위해서는 김나지움 상급반을 마친 후 대학입학 자격시험인 아비투어 시험을 치르게 된다. 김나지움 상급반을 수료했다고 해서 모든 학생이 아비투어 시험을 치르고 대학에 진학하는 것은 아니며, 아비투어 시험 없이 1년간의 직업 교육 또는 현장 실습을 하여 전문대학에 진학하거나 직업 생활로 나갈 수도 있다.

주요학교나 실업학교를 졸업한 학생 중에서도 학업성적이 우수한 학생은 김나지움 상급반에 입학하여 일반대학에 진학할 수 있다. 종합학교 9학년을 마치면 주요학교 졸업장을 받을 수 있으며, 병설되어 있는 11~13학년을 마친 다음 아비투어 시험을 치를 수도 있다.

아비투어 시험의 가장 중요한 특징은 대학 수학능력의 평가에 있다. 대학입학 자격시험인 만큼 그 성적이 좋지 않으면 대학에 진학할 수 없으나, 대학 입학 자격을 취득하기 위해서는 아비투어 시험 성적 외에도 학기 중의 코스 성적이 일정 수준 이상이어야 한다. 이렇게 아비투어 시험 성적과 12~13학년의 성적을 종합하여 평가하는 것을 전체 평가라고 하며, 이 전체 평가는 일반 대학 입학자격을 부여하는 데 결정적인 역할을 한다.

아비투어 시험의 실시에 관한 제반 사항은 대체로 주 정부의 고유 권한에 속하며, 주 정부에서는 다시 일선 학교의 교사나 교장에게 거의 대부분의 권한을 위임하고 있다. 몇몇 주의 경우 그 지역의 모든 학교가 같은 문제로 같은 날에 아비투어 시험을 치르는 방식을 택하고 있으나 대부분의 경우에는 이와 같은 통일적인 시험을 치르지 않는다. 그런데 시험의 방식과 관계없이 일선 학교의 교사들은 시험문제의 출제에서부터 채점에 이르기까지 중심적인 역할을 담당한다. 시험문제의 유형은 주관식이며, 그중에서도 특히 주어진 자료나 텍스트를 분석하는 논문식이 많다.

원칙적으로 독일에서는 직업교육을 받지 않은 사람은 직장 생활을 시작할 수 없다. 독일의 직업 교육은 현장연수와 학문적인 교육이 복합되어 있는 이원화된 제도로 세계적으로 상당한 인정을 받고 있다. 이원적 직업교육체제 덕분으로 기술이 없는 작업자들의 수는 해마다 감소하고 있다.

현대사회에서 인간은 평생 동안 계속 교육을 받아야 한다는 인식이 독일에는 넓게 퍼져 있다. 직장에서는 점점 더 많은 것이 요구되고 많은 것이 급속하게 변화하고 있으며, 적지 않은 사람들이 일생

동안 직업을 여러 차례 바꾸어야 하는 경우가 생기기 때문이다. 그러나 끊임없이 배워야 한다는 사실은 또 다른 이유에서 불가피하다. 늘어나는 여가를 의미 있게 활용하기 위해서는 창조적 능력이 개발되고 새로운 관심을 쏟아 넣을 수 있는 분야가 개척되어야만 하는 것이다. 이처럼 성인 교육은 중요한 여가활동이기도 하며 궁극적으로 정치적 기능을 갖기도 한다. 시민으로 하여금 많은 분야에서 스스로 판단할 수 있는 능력을 갖추게 함으로써 자기주장의 능력을 키워주기 때문이다.

연방의회는 1972년부터 국민들에게 성인교육의 참여를 장려하고 있다. 이 조치는 급변하는 정치적, 경제적, 사회적 환경이 개인으로 하여금 새로운 요구에 적응하도록 자질을 높일 것을 요구한다는 인식에서 출발한 것이다. 현재 서독 노동력의 40%에 해당하는 국민들이 성인교육을 받고 있다. 독일의 성인 교육은 보통 교양, 직업, 정치 등 세 가지 종류로 분류된다.

누구든지 학비 부족으로 교육의 기회를 놓치는 일이 없게 하기 위해 마련된 연방학비보조법독일어 약어로 BAPOEG라 불린다에 따라 학생들은 학비 보조를 받을 수 있다. 이것은 능력이나 재능, 과거 자격 요건은 갖추었으되 교육인 연수경비를 감당할 수 없는 학생들에게 지급된다.

이러한 교육제도를 보면 현재 독일의 교육제도 운용 목표는 '호모 이코노미쿠스', 경제 인간을 가르친다. 무엇보다 이 시대에 맞는 4차 산업혁명 시대에 필요한 융복합형 인재 양성을 하는 것이다. 따라서 수업은 물론 교과과정은 될 수 있으면 통합과정으로 운영하여 아이의 재능과 능력을 높이는 데에 중점을 둔다. 그리고 일정 기본 의무 교육 기간 이후에는 일과 학습을 병행하는 직업교육을 통해 국민 각자의 재능을 계발한다. 물론 사회는 청년 창업을 적극적으로 지원하는데, 이 부분은 분명 4차 산업혁명을 염두에 두고 있는 것이라고 볼 수 있다.

독일의 교육제도를 살펴보고 생산적인 경제활동 인구를 양성하는 것이 경제 융성의 방안이라 생각할 수도 있겠지만 실상은 그렇지 않다. 독일은 세계적으로 노동 시간이 짧은 나라 중 하나이다. 사실 경제 활동에는 생산뿐 아니라 소비 역시 중요하다. 사회 구성원들이 생산 활동에만 전념하고 소비를 하지 않을 경우 사회의 경제는 불균형을 이룰 수밖에 없음을 전 세계는 경험한 바 있다.

독일의 짧은 노동시간은 생산의 효율성을 높일 뿐 아니라 소비 진작에 큰 효과가 있다. 일찍 퇴근한 노동자들은 가족, 연인과 오후 및 저녁 시간을 보내며 소비 활동을 하게 되어 그 소비는 지역 사회의 안정된 경제 구조를 형성하는 데에 큰 역할을 하게 된다. 소비가 안정적으로 일어나는 지역 사회의 일자리는 대도시 집중 현상을 방지하게 되고 이로 인하여 나라 내 지역 균형을 꾀할 수 있기도 하다. 지역의 균형적 발전은 지역 내의 학교를 졸업하여 그 지역에 정착하여 살 수 있는 환경을 제공하게 되는 것이다.

한국과 단편적인 비교를 해 보고자 한다. 지역 사회에서 자란 아이는 일자리를 위해 대도시로 나가 생산 활동을 하게 되고, 나고 자란 지역 사회와의 물리적 거리 때문에 소비 활동 또한 대도시 혹은

대도시 근처에서 하게 된다. 사실 아이가 자라고 학습하는 동안 지역 사회는 아이에게 교육적인 혜택을 주게 되는데, 정작 생산과 소비 활동을 통한 환급은 그 지역에서 일어나지 않게 되는 것이다. 이는 지역 발전의 불균형을 가져오게 되어 대도시는 인구 밀도가 지나치게 높아지고 반면 지역 사회는 인구 절벽으로 인한 여러 가지 고충에 노출되는 것이다.

독일이 안정적으로 발전하는 모습은 한국 사회에 교육뿐 아니라 여러 가지 측면에서 보여주는 메시지가 많을 것이기에 굳이 독일을 소개하였다.

세계 교육순위 1위, 핀란드

세계대전 이전의 핀란드는 유럽 변방의 약소국으로 인식되었다. 이 변방의 나라가 세계대전이 끝난 후 일약 선진국으로 발돋움하게 되었다. 그 배경에는 강렬하고 세련되면서도 실용적인 스타일을 추구하는 핀란드의 디자인이 있었다. 핀란드는 초등학교에서부터 다른 과목과 통합하여 건축과 디자인을 가르친다.

더구나 최근 들어 핀란드의 교육제도가 관심을 받고 있다. 1960년에만 해도 핀란드의 교육 순위는 미국과 차이가 없었다. 그런데 2000년대에 들어서 핀란드는 1위로 급부상했고, 미국은 29위로 떨어진 것이다.

핀란드 교육의 목표는 교육에서의 동등한 기회를 제공하는 것이다. 이 목표에서 말하는 대로 거주 지역이나, 성별, 그리고 가족의 배경

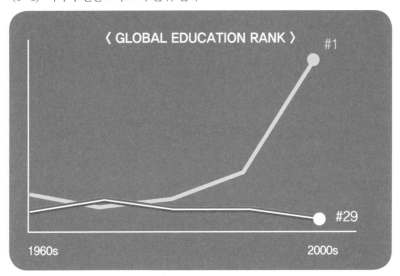

출처: 다큐멘터리 〈다음 침공은 어디?〉(2015)

과 관계없이 "모두를 위한 동등한 교육"을 보장한다. 핀란드 교육 정책의 특징은 고등교육보다 유·초등교육에 투자를 더 많이 한다는 것인데, 그 이유는 이른 시기에 '제대로' 가르치는 것이 비용 및 시간적인 측면에서 효과적이기 때문이라고 한다.

그 대표적인 예가 "데이케어 시스템Day-Care System^{Education}" 이다. 한국으로 치면 어린이집, 유치원 같은 개념이다. 이 시스템은 모두 무료이다. 그 이유는 교육의 목표에 나와 있듯이 교육의 기회를 모두에게 동등하게 제공해야 하기 때문이다. 이 데이케어 센터에 보내는 것은 의무가 아니다. 그러나 대부분의 가정에서는 이곳에 보낸다고 한다. 대부분의 부모들은 출근 시간에 아이를 맡기고 퇴근할

때 아이를 데려간다.

핀란드는 아침 7시 출근이 흔하기 때문에 이 경우 아이들의 아침을 제공한다고 한다. 이곳에서는 주로 '놀이'를 통해 아이들이 성장할 수 있도록 지도한다.

초등학교 입학 1년 전 받아야 하는 의무교육이 "Pre-primary Education"이다. 이 과정에서는 앞으로 하게 될 학교생활에 필요한 사회성을 기르고, 기본적인 읽기, 쓰기 등을 배운다. 과정에서 필요한 책값, 교통비, 식비, 학용품 등등 공부 및 학교생활에 필요한 모든 것이 무료로 제공된다.

이 Pre-primary Education을 통해 일반적인 학생들과 다른 '특별한' 혹은 '별도의' 지도가 필요한 학생들을 조기에 발견하고 적절한 지도를 할 수 있다. 예를 들어, 특수교육이 필요한 학생들을 이때 발견하여 조기에 필요한 교육을 받도록 도움을 주면, 대부분의 학생들이 중, 고등학교 시기에는 일반 학교로 진학할 만큼 사회적인 면이나 학업적인 면에서 훨씬 효과적이라고 한다. 핀란드는 이 시기부터 초등교육 시기까지 개인의 능력과 적성을 분류하여 그 개인의 적성과 능력에 가장 적합한 교육을 찾아내어 그 특성을 가장 잘 발달시킬 수 있는 교육방법으로 교육을 한다.

핀란드의 의무 교육은 7세에서 16세로 9년간이며, 학비 부담이 거의 없다교육기관들은 학생들의 복지에 상당히 많은 서비스를 제공하는데 신체적, 심리적, 사회적 발달을 관찰하고 점검하며 학생들의 학습과 적응의 어려움을 예방하고 최소화하는 데 많은 노력을 한다. 이 의무교육과정 이후 학문에 정진할 학생들은 대학으로, 바로 직업을 갖고자 하는 학생들은 직업 교육 학교로 가게 된다. 40% 정도의 학생들은 직업 교육 학교를 선택하고 50% 이상이 고등교육기관을 선택한다고 한다.

핀란드의 직업 교육 기관과 대학교육은 약간의 교재 비용을 부담하게 하고 있지만, 학비와 식비는 일반적으로 무료이며 대부분의 교육기관은 공립 행정 기관이 책임을 지므로 상대적으로 사립 교육 기관이 적은 편이다.

핀란드는 여성 경제 활동 수준이 굉장히 높은 수준이며 이는 타 북유럽 국가에서도 볼 수 있듯이 국가의 튼튼한 교육정책에 따른 것임을 알 수 있다. 핀란드의 아이들은 학교에서 보내는 시간이 많지 않으며 학교에서는 반나절만 지내고 방학도 길다, 7살이 되어야 학교에 간다. 가정교육이 중요시되어, 학생들은 집에서 부모와 함께 읽고 쓰는 훈련을 한다. 이는 공공 도서관이 잘 구축돼 있기에 가능한 일이다.

핀란드는 초등교육과 중등교육을 나누지 않으며, 7~16살 학생들이 모두 같은 수준의 학교에서 공부한다. 또한, 모든 교육과정에는 '페어플레이 원칙'이 적용된다. 즉, 모든 학생들에게 실력을 기를 수 있는 기회를 똑같이 제공해주는 것을 원칙으로 한다. 교육 기관들은 학생들에게 건강 진료와 그 밖의 복지 서비스를 제공하고 있다.

이런 실정이다 보니 핀란드의 학생들은 학교의 수준 혹은 학생의 학업 성취도를 평가하기 위한 시험을 치르지 않는다. 이는 인간의 능력과 성취도를 획일화된 기준으로 평가하지 않는다는 것과 같다. 교육 과정에서 적용된 이 방침은 사회에 진출하여 취업에 나서는 때에도 비슷하게 적용된다. 획일화된 기준보다 각자 다른 방식의 사고

뇌교육 전문가와 함께하는
4차 산업혁명 시대 생존전략

와 아이디어, 역할을 중요하게 여기다 보니 자연스럽게 가장 창의적인 분야라 할 수 있는 건축이나 디자인 분야에서 그 두각을 나타내고 있는 것이 아니겠는가.

어쩌면 4차 산업혁명 시대 아무리 인공지능이 발달한다고 해도 이 디자인이나 창의적인 분야만큼은 인간이 끌어가야 하고 그렇게 될 것임을 예측할 때, 핀란드야말로 4차 산업혁명 시대에 가장 강한 인재를 양성하고 있는 것이 아닐까 싶다.

지구상 가장 강국, 미국

미국의 교육제도는 각 주에서 취급하고 운영하며 교육의 기회를 균등하게 부여하기 위해 사회 계급에 따라 교육 제도를 구별하지 않는 단선형 교육 제도를 가졌다.

의무교육의 연한은 각 주의 법률에 맡기고 있어 일률적이지는 않으나 대부분의 주가 9년을 채택하고 있다오하이오주와 유타주는 12년, 오클라호마주, 오리건주, 뉴멕시코주는 11년, 캘리포니아주와 애리조나주는 8년 각 주에 따라 고등학교가 4년제인 8-4제도가 있으며 다른 제도는 한국과 같은 6-3-3제도로 운영되고 있다.

미국의 초등학교는 Elementary School 또는 Grammar School 로 불린다. 초등학교는 교사 한 사람이 한 학급을 맡고 있으며, 지역에 따라 학급당 20명 또는 30명 내외의 학생들을 배치하고 있다. 학교에 따라서는 예능과목인 음악이나 미술 과목에 별도의 교사가 있는 경우도 있다.

공립학교는 무료이며 교과서도 학교에서 빌려주거나 무상으로 지

4차 산업혁명 시대,
내 아이가 가져야 할 능력은?1

급하므로 학생은 노트나 연필 같은 학용품만 준비하면 된다. 반면, 사립학교는 시험이나 서류전형, 구두시험 등을 통해 입학하는데, 수업료나 시설들은 학교에 따라 차이가 많은 편이다.

미국의 중학교는 보통 Junior High School 또는 Intermediate School로 불리며 한국의 중1, 중2에 해당하는 7학년과 8학년만 있는 학교가 대부분이다. 지역에 따라 9학년까지 있는 학교도 있는데, 이 경우 9학년은 고등학교의 첫째 학년Freshman으로 취급되는 것이 상례이다.

중학교에서는 영어, 수학, 사회, 과학 등 주요 학과목에 외국어와 희망하는 선택과목을 지도하고 있다. 선택과목으로는 음악, 미술 등이 있는데 예능 분야는 실기를 주로 다루므로 소질과 관심이 없는 학생은 아예 그 계통에 접근을 꺼리게 되는 것이 보통이다. 그 밖의 각종 공업 및 기술, 기능 방면의 학과로 목공, 프린트, 기계 조립 등을 선택과목으로 택해 이수할 수 있다. 그러나 체육은 필수과목으로 분류하고 있는 학교가 대부분이다.

중학교부터는 학생 각자가 강의 시간마다 학과교실을 찾아가 수강하게 되며 Homeroom이라는 것이 있어 학급이 편성되어 있다. 홈룸교사는 학급에 편성된 학생들의 학력 및 생활지도를 전담하도록 되어 있는데, 학교가 전하는 어떤 지침을 학생들에게 알리는 정도의 구실밖에 달리 하는 일이 없다. 학부모들이 찾아와 상담을 하고자 해도 책임 있는 답변을 들을 수 없는 경우가 많아 엄격히 말해 담임교사라 하기에는 아쉬운 점이 있다고 한다.

미국의 고등학교 과정은 꽃이라 한다. 초등학교와 중학교 과정의 교육도 나름대로 목적과 성과를 가지고 있지만 결국에는 고등학교에서 완전한 성인에 이를 수 있는 기반을 제공하기 위해 나머지 두 개 교육과정이 존재한다고 해도 무리가 아니다. 미국은 고등학교도 성인교육의 무대로 생각하여 대학진학을 위한 교육 외에도 직업인을 양성하는 각종 커리큘럼을 제공하고 있다.

　예를 들어 대학에 진학할 학생들은 주로 교양과목이나 수학 등에 치중하고 고교 졸업 후 오피스 직업을 하는 학생은 회계학, 경영학 등을, 기술계통 직업을 선택할 학생들은 공업을 택하게 된다. 미국의 학교들은 이런 모든 과목들을 개설하고 있거나 자체 내에 이런 과목이 없으면 이를 가지고 있는 다른 학교와 연결해 이 과목들을 제공하고 있다. 이런 고등학교 중에서도 특히 대학진학에 역점을 두는 학교들을 대학진학 예비학교College Preparatory School라 부르며 사립학교 중에 이런 학교가 많이 있다.

　미국 대학은 그 특성에 따라 2년제 대학커뮤니티 또는 주니어 콜리지, 학부 중심대학, 종합대학, 연구중심대학원, 전문대학원, 특수대학 등으로 나뉘며 학기는 8, 9월에 시작해서 5, 6월에 끝난다.

　미국은 사실 교육 강국으로 여기기는 어렵다. 각 지역마다 편차가 심하고 교육 또한 산업의 한 분야로 인식되어 자리 잡은 지역도 있기 때문이다. 인간이 보다 고등적인 활동을 해야 하는 4차 산업혁명 시대의 교육은 성공하기 위한 수단도 아니며 정보의 독점은 더 이상 자본의 축적을 위한 방법이 되지 못한다. 이러한 점을 고려해 볼 때, 현재 미국에서 시행되는 교육 제도나 방식은 4차 산업혁명에 강하다고 판단하기는 어렵다. 그러나 이러한 미국조차 학교에서의 '코딩교육'은 일반적인 추세이다. 미래 사회는 기계와 소통하지 않으면 전문 인력은커녕 살아가기조차 어려울 시대가 될 것임을 알고 있기 때문이다.

페이스북 창업자 저커버그는 2015년부터 교사가 주도하는 기존 교육방식 대신 학생이 스스로 과제를 정해 자신의 학습 속도에 맞춰 공부하고, 교사와 시설, 멘토도 선택하는 '개인화 학습 소프트웨어'를 만들어 보급하고 있다. 저커버그는 지난해 11월 페루 리마에서 열린 아시아태평양경제협력체APEC 정상회의 연설에서 "전 세계 10억 명이 넘는 학생에게 개인화 학습 프로그램을 제공할 것"이라고 했다. 〈조선일보, 6.9일 자 '미국 공립학교 바꾸는 억만장자 CEO' 기사 중 발췌〉

내 아이
이렇게 키우자

알면 도움 되는 뇌발달과 뇌교육

　우리의 뇌는 태아 때부터 꾸준히 성장하여 일생 동안 성장과 변화를 겪는다. 성인이 된다고 해서 뇌가 완성이 된다고는 말할 수 없는 이유가 죽음에 이를 때까지 뇌는 변화를 겪기 때문이다. 4차 산업혁명 시대가 온다고 해서 뇌의 변화나 발달이 일어나지 않는 것은 아니다. 오히려 보다 인간다운 성품의 개발과 도야를 위해 '뇌'의 특성과 '뇌에서 일어나는 감정 작용인 심리'에 대하여 알아볼 필요가 있다.

연령별 뇌 발달 단계: 태아

　보통 임신 여부를 알게 되는 경우가 2개월 전후이다. 이때 태아의 뇌는 형태만 완성된 상태이며 아직 뇌로서의 기능을 하지는 못하는 단계이다. 임신 3개월로 접어들면 두뇌가 모습을 갖추고 기능을 하기 시작하는데 외부의 자극을 기억하여 출산 후에도 사라지지 않을 만큼 기억한다고 한다. 임신 4개월로 접어들면 태아의 뇌는 가장 많이 발달하는데 성인의 뇌만큼은 아니지만 기쁨, 불안, 노여움 등의 감정도 느낄 수 있는 상태라고 한다.

5개월로 접어들면 뇌의 기능상으로는 성인과 다름이 없는 상태이며 80% 정도 성장한 상태로 본다. 보통 이 시기에 태교를 시작하게 된다. 6개월에 접어들면 두개골은 이미 성장한 상태이므로 대뇌피질이 팽창되며 발달하게 되는데 뇌세포를 서로 연결해주는 회로시냅스가 생겨 조직화되기 시작한다. 태교에 가장 중요한 시기로 꼽히는 이유이기도 하다.

7개월이 되면 좋고 싫음을 구분할 수 있게 된다는데 발차기는 그 표현이라고도 한다. 외부에 대한 반응이 빨라지는 시기이다. 8개월에는 소리의 강약 및 엄마산모의 기분 파악이나 밝고 어두움을 구별할 수 있는 정도라고 하며 바깥의 밝고 어두움에 따라 멜라토닌의 분비 변화가 일어나는 시기이다. 9개월의 태아는 표정이 생기는데 출산 후 보이는 '배냇짓'이 태아 감정의 표현으로 일어나는 것이다.

연령별 뇌 발달 단계: 0~1세

태어나 1년간은 뇌가 양적으로 성장하는 시간이다. 뇌의 성장에는 영양과 수면이 필수적인데 이 시기는 대부분의 시간을 먹고, 자며 보내게 된다. 뇌 전체 네트워크의 60%가 완성된다.

연령별 뇌 발달 단계: 2~3세

1년간 양적으로 성장한 뇌 속에서 네트워크가 형성되는 작용을 한다.

뇌교육 전문가와 함께하는
4차 산업혁명 시대 생존전략

이 시기에는 감각적 자극이 중요한데, 피부 자극과 대화를 통한 청각 자극이 그것이다. 감각은 입이 가장 발달하며 다음 순서가 손이다. 이 시기의 유아는 사물을 보면 입으로 가져가는데, 그것이 사물을 느껴 보는 행위이므로 지나치게 막는 것보다 적절하게 조절해 주거나 위생을 관리해 주는 편이 좋다. 뇌 전체 네트워크의 80%가 완성된다.

연령별 뇌 발달 단계: 3~6세

전두엽의 신경 네트워크가 발달하는 시기이다. 전두엽은 사고와 판단을 하는 뇌 영역이다. 특히 생후 4년 이후 6년까지는 인간다운 사고 능력을 키우는 시기이기도 하다. 뇌의 영역 중 전전두엽은 이마 영역에 있는 뇌 부위로 인간만이 가지고 있다. 이 부위는 인간의 가장 고등 정신작용을 조절하는 부위이다.

이 시기의 아동은 지적 호기심이 강하게 되어 질문이 많아진다. 질문을 떠올리고 질문을 하는 과정에서 전두엽의 신경 네트워크가 발달하게 된다. 다양한 정보들이 종합되며 새로운 분석능력과 사고 능력이 생기며 질문이 많아지는 것이다. 이 시기의 질문에는 바로 답을 주기보다는 스스로 생각해서 답을 유도하는 것이 좋다. 그 답이 맞고 틀리고는 중요한 것이 아니다. 만일 부모가 대답하기 어려운 질문을 했다고 해서 '나도 몰라'와 같이 실망을 주는 답을 해서는 안 된다.

모국어를 익히는 시기는 생후 6년까지이다. 이 시기까지 모국어 언어 능력을 완전히 발달시키는 것이 좋다. 모국어 기능이 제대로 발달되어야 외국어 능력도 쉽게 발달되는데 이 시기의 강제적인 외국어 교육은 모국어 기능의 발달을 방해할 수도 있다.

연령별 뇌 발달 단계: 7~11세

언어를 담당하는 측두엽관자엽이 발달하는 시기이다. 수학을 담당하는 두정엽마루엽도 함께 발달한다. 이 시기에 외국어 교육과 관찰 실험 위주의 수학교육이 필요하다. 과도한 선행 교육은 아이 뇌의 발달에 좋은 영향을 끼치지 않는다. 이 시기의 아동에게는 다양한 놀이 교육으로 입체 공간적 사고를 발달시켜 주는 것이 좋다.

연령별 뇌 발달 단계: 12~15세

시각적인 기능을 담당하는 후두엽뒤통수엽이 발달한다. 이 시기에 시각적 자극에 집중하고 외모에 신경 쓰는 것은 당연한 성장 과정 중의 일환이라 여기는 것이 좋다. 다만 지나치게 집중되지 않도록 다른 감각의 자극도 충분히 제공될 수 있는 환경을 조성하는 것이 필요하다.

〈I-6〉 대뇌피질의 영역별 구조

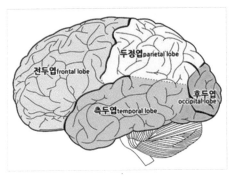

출처: ControlMind(2010)

청소년기 뇌의 특징

청소년기의 아이들은 신체적 사춘기로 접어들며 수면 호르몬인 멜라토닌과 성장호르몬, 성호르몬의 분출로 몸과 마음이 급격한 변화를 겪게 된다. 뇌 역시 변화를 겪게 되는데, 남성 및 여성에 관련된 호르몬이 늘어나며 대뇌변연계Limbic System의 회백질이 늘어난다. 특히 즉각적이고 강렬한 감정을 처리하는 편도체Amygdala의 발달이 두드러진다. 사춘기 호르몬이 촉진하는 뉴런의 발달은 어른다운 수준의 정신적 활동을 가능하게 하는 데에 필수적인 역할을 한다. 이로 인하여 부정적 감정의 영향력이 커지게 된다.

미국의 청소년위험행동조사YRBS: Youth Risk Behavior Surveillance, 청소년의 일탈 행동에 관한 설문으로, 전미 초·중등학교를 대상으로 매년 시행된다의 보고에 따르면 거의 4분의 1에 달하는 미국 청소년이 1년에 평균적으로 2주 이상, 일상적인 생활을 방해할 정도의 우울감에 휩싸인다고 한다Eaton etal., 2008.

부정적 감정을 느끼는 것만큼이나 그 반응도 격렬하다. 인지를 담당하는 뇌 영역과 감정을 담당하는 뇌 영역 간 발달의 불균형, 그리고 보상을 담당하는 영역의 발달은 말썽으로 취급되는 청소년기 행동의 밑바탕이 되기도 한다. 이 시기 부모의 '이해'와 '소통'은 '질풍노도'의 시기를 겪고 있는 청소년에게는 꼭 필요한 환경이 되어 주는 것이다.

연령별 심리·사회적 발달 단계

1단계 신뢰감 대 불신감: 0~1세

이 시기에는 세상을 안전하고 믿을 수 있는 곳이라 생각하는 기본적인 신뢰감이 형성된다. 삶에 대한 의욕과 긍정적 세계관을 기르는 데에 중요한 시기이다. 만일 아기를 다루는 데에 부적절하고 부정적인 태도와 감정을 보여주면 아기는 세상에 대한 공포와 의심을 품게 된다.

2단계 자율성 대 수치심: 1~3세

배변훈련 등을 통해서 최초로 자기통제가 가능해진다. 이러한 자기통제를 통해서 기본적 자신감을 갖게 되면 자율성이 형성된다. 만일 과도한 외부의 통제로 인해서 통제능력을 상실하게 되면 자신에 대한 수치와 회의에 빠져들게 된다.

3단계 주도성 대 죄의식: 3세~6세

이 시기의 아동은 자신의 활동을 계획하고 목표를 세우며 이를 달성하고자 노력한다. 또래 집단과 더불어 놀이 활동에 참여하면서 자기주장을 보이고, 경쟁에 몰입하며 때로 좌절을 경험하기도 한다. 이 시기에 자기 주도적 활동이 성공하게 되면 주도성을 확립하게 되지만, 실패의 경험이 많으면 주도성은 위축되고 자기주장에 대해서 죄의식을 가지게 된다.

뇌교육 전문가와 함께하는
4차 산업혁명 시대 생존전략

4단계 근면성 대 열등감: 7세~12세

아동은 이 시기에 학교에서 주어지는 과제들에 주의를 기울이고 성실히 과제에 임하는 과정에서 근면성을 획득하게 된다. 만일 이 시기의 아동들이 학교에서나 가정에서 자신에게 주어진 일에 적절한 성취감을 느끼지 못하면 열등감에 빠져들게 된다.

5단계 정체감 대 역할 혼미: 12~18세

청소년들은 비로소 '나는 누구인가'에 대한 답을 구하고자 노력하게 된다. 이 과정에서 긍정적인 자기평가와 부정적인 자기평가 사이에서 갈등하고 이를 극복해 가는 과정을 경험한다. 이러한 위기 상황에서 자신의 가능성을 탐색하고 발견하며 일부분은 포기하거나 체념하기도 한다. 이러한 과정을 통해서 자신의 한계를 인정하고 수용하여 자아 정체감을 확립한다. 혹은 자신에 대해 절망하고 안정된 정체감을 형성하지 못하는 정체감 혼미를 경험하게 된다.

내 아이가 가져야 할 능력, 창의적 문제 해결 능력

사물에 인터넷이 연결되어 인공지능이 그로부터 받은 자료를 분석하고 예측하여 판단하는 사회에서 인간은 보다 인간다운, 인간만이 할 수 있는 다양한 역할을 하며 살아갈 것이다. 그리고 아이를 키우는 부모의 입장에서 내 아이가 미래 사회를 살아가는 데에 꼭 필요한 덕목이나 소양을 미리 갖추었으면 한다. 이왕이면 그 소양을 길러주는 계기가 되는 사람이 바로 부모였으면 하기도 한다.

4차 산업혁명 시대,
내 아이가 가져야 할 능력은? 1

보다 편리해지고 보다 효율적이 된 사회에서 요구되는 인간만이 할 수 있는 것은 '문제 해결'이다. 정해진 순서에 의해 정해진 처리를 하는 인공지능의 문제 해결은 일상적인 수준에서 그칠 수밖에 없다. 보다 차원 높은 혹은 보다 폭이 깊은 문제의 해결은 아직까지는 유일하게 인간만이 갖고 있는 창의력에 기인하기 때문이다.

문제 해결 능력이란 무엇일까? 먼저 문제를 해결하기 위해서는 문제를 발견할 수 있어야 한다. 이때 필요한 것이 '비판적 사고'이다. 순응적 사고로는 찾을 수 없는 문제를 찾아내는 것이 미래 사회 발전에는 관건이 될 수밖에 없다. 그러나 문제를 찾아낸다고 해서 문제를 해결할 수는 없다. 문제의 해결 방법은 기존의 프로세스나 일상적인 부분에 있지는 않을 것이다. 그 부분에 있다면 딥 러닝을 하는 인공지능 차원에서도 해결이 가능할 것이기 때문이다.

이제까지 사고의 틀을 깨는 창의적 사고가 필요하다. 지금의 아이들에게 '창의력'이 강조되는 이유이기도 하다. 다만 아직은 신자유주의의 영향으로 이 '창의력'의 정도를 평가하고 싶어 하는 부모들에 의해 계량될 수 없는 창의력이 계량되고 학습되는 것이 아닌 이 능력이 학습에 의해 길러지고 있는 현실이 우습기 그지없다. 창의력이 그렇게 주입식으로 길러질 것이라면 이렇게까지 창의력이 화두가 될 리는 없을 것이다.

현대 사회에서도 산업현장에서 발견된 문제는 한 사람의 힘으로 해결할 수 없는 규모가 대부분이다. 지금도 그러할진대 미래 사회에서는 더욱 그럴 것이다. 그렇다면 창의적 방법으로 찾아낸 해답은

뇌교육 전문가와 함께하는
4차 산업혁명 시대 생존전략

혼자 수행할 수 없는 과제일 것이고, 이때에 필요한 능력이 소통능력과 협업능력이다. 물론, 이때의 소통은 비단 인간에게만 국한된 능력이 아니다. 기계와 인간을 아우르는 소통능력과 협업능력이 필요한 것이다.

그런데 우리가 살고 있는 현재의 한국 교육 현장은 이 능력을 길러주기에는 아쉬움이 많다. 이 아쉬움이 교육정책의 전환으로 해결되기를 기다리기엔 변화의 속도가 너무 빠르다. 그래서 부모가 나서야 한다. 미래를 공부하고 예측하며 준비하는 부모의 자세가 필요한 것이다. 그것은 비단 내 아이의 미래만을 위한 것은 아니다. 부모역시 인간 수명의 극적인 연장 시대를 살아가기 때문이다.

인간의 수명이 늘어난다. 이는 단순한 장수의 문제가 아닌 많은 사회적 변화를 내포하고 있는 현상이다. 인간의 수명이 늘어나면 사회 구조가 그에 맞는 고령사회에 진입하며 많은 변화를 겪게 된다. 구조 외에도 개인으로서는 삶에 대한 태도가 달라질 수밖에 없다. 최근 '삶의 질'이 대두되는 이유 역시 무관하지 않다.

'삶의 질'이란, 한 사회의 시민들 혹은 한 나라의 국민이 얼마나 인간다운 삶을 영위하고 있는가를 나타내는 지표를 말한다. 앞부분에서 'YOLO'를 언급한 바 있다. 더 이상 자산을 소유하거나 자본을 축적하는 것이 의미가 없는 공유경제 시대를 살아가고 수명연장으로 삶의 기간이 길어진 부모와 아이에게 '삶의 질'은 무엇보다 중요한 지표일 수밖에 없다. 사회의 외적인 팽창이 둔해짐에 따라 사회적 계층의 이동을 목표로 한 '성공'보다 개인 삶의 만족을 지향하는 '행복'으로의 패러다임 전환도 그의 일환이다.

이제 더 이상 사회는 성장 중심으로 돌아가지 않을 것이다. 성실과 효율을 강조하는 직장도 더 이상 존재하지 않을 것이다. 일과 삶을 균형 있게 꾸려가며 비판적 사고로 문제를 찾아내고 창의력으로 아이디어를 찾고 소통능력으로 실현시키는 그런 인재로 자신의 삶을 즐기며 살아가는 것이 중요한 때가 될 것이다.

가족이나 혈연, 지연 등으로 얽혀 있던 지역이나 개인의 커뮤니티는 사회의 다변화로 일인 가구가 급증하고 있다. 또한, 모임이나 개인의 네트워크는 가치 중심으로 개편이 되며 기존과는 다른 양상을 띠고 있어 이에 따른 '연대'가 중요시되고 있다. 혼자 살아갈 수 없는 개인이 혈연이나 지연과 다른 관계를 맺으며 살아가기 위해서 이 '연대'는 마치 '대안가족'처럼 개인 네트워크나 커뮤니티의 대안이 되고 있다. 무엇보다 '함께 살아가는 사회'의 중요성이 인지되고 있기 때문이다.

기존에는 사람과 사람이 경쟁하였으나 더 이상 경쟁이 무의미한 기계와 공존하기 위해 '경쟁'이 아닌 '함께 살아가는 공존' 나아가 '상생'의 철학을 선택하는 것은 어쩌면 본능에 가까운 것이 아닌가 싶다. 초연결 사회에서는 한 사람, 개인이 잘 살기 위해 그를 둘러싼 주변이 함께 잘 사는 것이 당연한 일이기 때문이다. 이제 인류는 개인의 행복을 위해 전체의 행복을 꾀해야 하는 때가 왔다. 내 주변이 행복하지 않으면 나 역시 행복할 수 없는 때인 것이다. 이러한 때에 경쟁은 그 지향하는 바를 방해하는 개념이 된 것이다.

그러나 우리의 아이들이 다니는 학교는 아직 '경쟁'을 이야기하고 있다. 이제 과감한 선택이 필요한 때이다. '경쟁'을 가르쳐 학교에서 '성공'한 아이로 기를 것인가, '화합'과 '소통'을 가르쳐 학교 졸업 이후의 삶을 준비하는 아이로 기를 것인가.

부모가 할 수 있는 일은 더 이상 세상에 대한 안내자도 아니며 가르침을 주는 스승도 아니다. 이 세상을 안내하기엔 세상이 너무 빨리 변해 안내자라기보다는 오히려 함께 탐험하는 동반자이며, 가르침을 주는 스승이라기엔 사회의 가치 변화를 함께 겪어 내야 하는 학습 동반자이다.

이제는 호모 루덴스다

현생 인류의 시작은 호모 사피엔스이다. 그 본질은 생각하고 슬기롭고 이성적인 존재라는 것이다. 이 단어가 대두되는 시점의 인류 사회는 이성을 중심으로 돌아가는 작은 사회 단위로 이루어져 있었다. 오늘날 복잡하고 규정짓기 어려운, 규모가 월등히 커진 사회에서 인간은 이성보다는 감성을 중시하는 흐름으로 가고 있다. 이성만으로 감당하기엔 정보와 변화의 흐름이 너무 빠르기 때문일 수도 있다. 1938년 요한 하위징아는 자신의 저서 『호모 루덴스』에서 호모 사피엔스를 비판하며 인간의 특징을 '노는 것'이라 정의한 바 있다. 인간에게 놀이는 삶의 본질이자 의미와 행복으로 문화는 이런 놀이에서 발생했다는 것이다.

단순하고 지루한 생산 활동은 기계에게 맡길 수 있는 미래 사회에서 인간은 이 문화 창조자의 역할을 오롯이 하게 될 것이며, '호모 루덴스'로서의 새로운 장을 맞이하게 될 것이다. 문화와 가치의 창조를 놀이를 하듯 만들어 내는 인류, 그것이 호모 루덴스라고 한다.

4차 산업혁명 시대를 준비하는 부모들이여, 우리의 아이들을 '호모 루덴스'로 자라게 하자.

경쟁보다는 화합을, 소유보다는 공유를, 선두보다는 연대를 이룰 수 있는 진정한 미래의 인재로 키우는 것이 필요하다. 이를 위해서는 부모가 먼저 달라져야 한다. 우선 부모부터 삶을 돌아보는 여유를 갖자. 목표도 중요하지만 잠시 짬을 내어 아이의 얼굴을 바라보자. 그리고 그 아이의 어깨에 손을 올리고 함께 하늘이라도 바라보자. 함께 바라봄을 시작으로 세상을 흥미로운 놀이터로 여기고 아이와 함께 모험을 즐기듯 세상을 체험해 보자.

부모의 보호와 지지 아래 세상을 놀이터처럼 체험하며 배우는 아이의 마음을 들어주자. 그리고 그것을 바라보는 부모의 마음도 아이와 나누어 보자. 그렇게 한 발짝씩 나아가다보면 미래의 인재로 성장한 내 아이는 물론 그 인재를 든든히 버티어 주는 마음의 지지자인 내가 서 있을 것이다.

뇌교육 전문가와 함께하는
4차 산업혁명 시대 생존전략

PART

2

4차 산업혁명과 청년 일자리

. . .
Intro

"미래는 우리 안에서 변화하기 위해 훨씬 전부터 우리 내부에 들어와 있다."
— 라이너 마리아 릴케

　필자는 대학에서 강의를 하며 학생들의 세계관이 좁혀지는 것이 아주 안타까웠다. 대학을 졸업하는 순간 실업자가 되는 슬픈 현실을 피하기 위해 그 시기에 누릴 수 있는 다양한 경험이나 기회들을 뒤로 한 채 취업 스펙 쌓기에 급급하다 보니, 인생에 있어서 가장 빛나는 시기임에도 불구하고 정체성에 대한 고민을 하며 자신의 세계관을 넓혀 세상 속으로 나아갈 준비를 하는 것은 꿈도 꾸지 못한 채 이미 정해져 있는 모범답안대로 살아가기 위해 존재하는 듯하다. 더구나 일자리 혁명이라고도 불리는 4차 산업혁명은 취업에 목말라하는 청춘들에게 또 다른 두려움으로 다가온다.
　그 마음을 모두 이해할 수 없겠지만 그래도 조금이나마 함께하고

뇌교육 전문가와 함께하는
4차 산업혁명 시대 생존전략

자 하는 마음으로 펜을 들었다. 이 글을 통해 이 시대의 청년들이 4차 산업혁명 시대를 위협보다는 기회로 삼아 현재보다 도약하고 성장하여 한층 밝고 희망적인 미래 설계에 도움이 될 수 있기를 바란다.

변화는 이미 시작되었다

2-1

주위를 살펴보자

2016년 1월 20일부터 23일까지 스위스 다보스에서 열린 WEF World Economic Forum에서 클라우스 슈밥 회장이 "제4차 산업혁명의 이해"를 핵심의제로 다루며 4차 산업혁명이 세계 경제가 주목해야 할 새로운 변화로 대두되었음을 알렸다.

클라우스 슈밥은 4차 산업혁명에 대해 "우리는 지금까지 우리가 살아왔고 일하고 있던 삶의 방식을 근본적으로 바꿀 기술 혁명 직전에 와 있다. 이 변화의 규모와 범위, 복잡성 등은 이전에 경험했던 것과는 전혀 다를 것이다"라고 하였다.

즉, 4차 산업혁명이 인간의 의식주 전반에 미칠 커다란 변화에 대해 미리 예측하였다고 볼 수 있다. 그런데 그 커다란 변화는 우리에게 인지되지 못한 채 자연스러운 일상이 되어 가고 있다. 서울 지하철에서 자주 보던 문구인 "신문 접어서 보기"가 언제부터 "휴대폰은

뇌교육 전문가와 함께하는
4차 산업혁명 시대 생존전략

진동 모드로! 통화는 조용히!"로 바뀌었는지 거의 모를 정도로 변화
는 조용히 그리고 빠르게 다가오고 있다.

1876년 벨BELL이 발명한 전화기의 보급률이 10%에서 90%가 되
는 데 걸린 기간이 73년이었으나, 인터넷이 확산된 기간은 20년,
휴대전화가 대중화되는 기간은 14년이니 그 속도가 엄청 빨라지고
있으며 미치는 영향 또한 무시할 수 없다. 이미 인공지능, 3D 프린팅,
빅데이터, IOT 등 4차 산업혁명의 핵심 키워드가 전혀 어색하지 않
을 뿐 아니라 스마트폰이 없는 세상은 상상도 할 수 없는 것만 보아
도 그 속도의 빠르기를 짐작할 수 있다. 구글이 정한 세기의 미래학
자인 Thomas Frey가 "인류는 지금까지의 모든 역사보다 앞으로 다
가오는 20년간 더 많은 변화를 보게 된다"라고 한 것처럼 4차 산업
혁명은 인류가 지금까지 경험하였던 총 3번의 산업혁명 중 가장 빠
르게 진행되고 있으며 이러한 속도의 변화가 4차 산업혁명이 두려
운 이유 중의 하나이다.

결국 답은 인간에게 있다

얼마 전 TV 프로그램에서 카이스트의 정재승 교수가 "인간이 기
계에게 지배당할 시점이 곧 오는가?"라고 질문을 받았다.

"누군가를 지배하고 싶다거나 이기고 싶다는 욕망 또는 감정을 인
공지능에 넣어줘야 하는데 우리가 그런 욕망이나 감정을 갖는 시스
템이 무엇인지 아직 과학적으로 밝혀지지 않았으며 밝혀내기도 아
주 오래 걸릴 것이기 때문에 그런 시대는 오지 않을 확률이 높다"는

대답을 들으면서 '아!' 하는 소리가 내 안에서 들려왔다. 나조차도 자신의 욕망이나 감정을 제대로 모르면서 나를 안다는 착각 속에 빠져 있을 수도 있었기 때문이다.

결국 아무리 세상이 빠르게 변화하고 발전하며 새로운 문명이 혁명적 수준으로 물밀 듯 다가온다 해도 4차 산업혁명 시대를 살아가기 위해서는 나는 누구이며 무엇을 추구하는지, 그리고 누구와 함께 행복하게 살기를 원하는지에 대한 본질적 질문에 스스로 답을 찾는 것이 이 시대 청년들의 자화상이라 할 것이다.

매슬로의 동기이론을 통해 본질적 질문에 접근해보자.

매슬로는 인간의 행동 동기는 필요나 욕구에 따라 유발되며, 상위욕구충족을 위한 행동은 하위욕구가 충족되었을 때 동기화된다고 정의했다. 인간의 욕구를 하위부터 단계적으로 보면 1단계는 가장 기본적인 생리적 욕구, 2단계는 위험이나 사고, 질병에서 벗어나고자 하는 안정의 욕구, 3단계는 사회적으로 소속이 되고 원활한 인간관계를 유지하고자 하는 소속, 애정의 욕구, 4단계는 타인에게 인정받고자 하는 존경의 욕구, 5단계는 가지고 있는 성장잠재력이나 타고난 자신의 역량이 발휘되는 자아실현의 욕구이다. 인간이 간절히 자신의 자아를 실현하고 싶은 이유는 행복하고자 하는 욕구의 충족을 위해서이다.

원시시대의 사람들은 당장 눈앞의 맹수로부터의 위협에서 살아남는 등 생활의 안정을 위한 기본적인 욕구들도 충족하기 어려웠기에 자아실현은 생각도 못 해 보았겠지만, 사랑, 행복 등 주관적 지표의

충족에 의미를 두는 현대인들에게 자아실현은 아주 중요한 삶의 키워드이며 또한 시대가 변화됨에 따라 타고난 본성이나 가능성을 실현하는 단계에서 자신이 원하는 삶을 살아가는 것으로 의미도 변화하고 있다.

그렇다면 4차 산업혁명 시대에 인간의 욕구충족을 위한 동기이론은 어떻게 변화될까. 1단계인 생존의 욕구 충족은 '어떻게 살아가지'라는 미래사회의 막연한 두려움을 해소하기 위한 질문을 스스로에게 하면서 충족될 수 있으며, 2단계 안정의 욕구 충족은 일자리에 대한 관심과 이동을 이해하고 수용하게 되어 준비를 할 수 있게 된다. 3단계에서는 사회 구성원으로서 자리매김을 할 때 애정의 욕구가 충족되며 4단계와 5단계에서는 자신의 성공과 삶의 가치를 추구하게 된다. 그렇다면 청년층이 가장 많이 반복하면서 고민하는 단계의 욕구는 무엇일까.

4차 산업혁명 시대에 청년들을 가장 두렵게 하는 욕구는 바로 3단계인 소속, 애정의 욕구이다. 혹자는 2단계인 일자리에 대한 안전이라고 말하기도 하지만 이미 청년들은 일자리의 이동에 대해 인식하고 수용하였기 때문에 안전하고자 하는 욕구보다는 무소속에 대한 두려움이 더욱 크게 다가온다

요즘 일반적으로 쓰이는 신조어가 있다. '혼밥족', '혼술족' 등의 표현이 대중화되면서 인간이 혼자 지내는 것을 즐기는 것처럼 보이지만, 2013년에 개봉한 영화 "Her"를 보면 그렇지만도 않은 것 같다. 주인공인 테오도르는 아내와 이혼하고 공허함과 외로움에 시달리다

가 뜻밖의 인물을 만나게 되는데 그 인물은 다름 아닌 육체는 없고 목소리만 있는 OS시스템인 사만다이다. 단지 컴퓨터에 불과할 뿐이라는 것을 알면서도 테오도르는 사람에게 하듯이 사만다에게 마음을 주고 사랑하고 집착까지 하면서 점점 사만다에게 빠져들어 간다.

사람은 사람과 함께 서로 감정을 읽어 가며 사는 것이 가장 사람다운 것이 아닐까. 영화에서의 테오도르처럼 어쩌면 우리도 사람끼리의 부대낌이 너무 그립고 절실해서 가짜인 줄 알면서도 마음을 어루만지는 언어에 쉽게 동화될 수 있다. 영화라서 가능하다고 여겼던 인공지능과의 사랑이 이제 현실에서도 가능해진다면 이혼한 테오도르와 인공지능인 사만다의 사랑처럼 인간관계의 소통보다 인공지능과의 소통으로 인하여 인간이 타인과 공감할 수 있는 사회적 능력에 악영향을 끼치게 되어 인간관계로 형성된 집단에서 소외되지 않기 위해 끊임없이 노력해야 할 수도 있다. 왜냐하면, 인간은 사회적 동물이기에 항상 집단 속에서 소속감을 느끼며 그 안에서 서로의 성장을 위해서 공동의 목표와 가치를 공유하며 살아왔기 때문이다.

〈Ⅱ-1〉 매슬로의 욕구 5단계

뇌교육 전문가와 함께하는
4차 산업혁명 시대 생존전략

4차 산업혁명 시대를 살기 위해 우리는 어떤 성장을 해야 할까.

첫 번째는 있는 그대로의 자기를 정확하게 이해하는 것이 필요하다.

있는 그대로의 자기를 이해한다는 것은 자기 자신의 몸과 마음에 관한 여러 가지 상태, 대인 관계의 양과 질, 가치관이나 행동 등을 현실적으로 이해하는 것이다.

두 번째는 이해된 그대로의 자신을 인정하고 받아들이는 것 또한 개인의 성장을 위해 중요하다. "자신을 있는 그대로 수용하는 것은 바로 개인의 행동 변화와 성장의 시초가 된다Rogers, 1970." "자신을 수용한다는 것은 자신의 장점뿐만 아니라 단점도 수용해야 하며 더욱 바람직한 것은 자신의 장단점을 포함한 극단적인 현상을 한층 더 높은 차원에서 통합하는 것이다Maslow, 1968."

세 번째로는 있는 그대로의 자신을 개방해야 한다. 공유의 시대를 살아가기 위해서는 타인을 수용하면서 자신을 개방하는 것이 절실하게 필요하다. 자신을 개방하지 못하면 스스로 고립시대를 살아가게 되는 것을 느낄 수 있게 된다.

세계적인 미래학자인 앨빈 토플러는 21세기의 문맹에 대해 "읽지 못하고 쓰지 못하는 사람이 아니라, 배우려 하지 않고 낡은 지식을 버리지 않는 사람이 될 것이다"라고 하였다. 이는 새로운 지식을 수용하는 '지적유연성'의 필요를 말하고 있는 것으로 볼 수 있다. '지적유연성'은 실패를 타인이나 환경 탓으로 돌리지 않고 자신에게서 문제를 찾으려고 하는 태도이다.

성장이 중요한 이유가 바로 여기에 있다. '나는 누구인가'라는 질문을 통해 자신을 이해하고 수용하게 되면 '실패로부터 배우는 법'을 터득하게 되면서 '지적유연성'을 키울 수 있기 때문이다.

4차 산업혁명 시대에 로봇이나 인공지능으로 인한 일자리의 감소 위험을 기회로 전환시키기 위해서는 자신의 프레임을 벗고 마음의 창으로 자신과 사회를 바라보고, '무엇을What 할 것인가'를 고민해야 한다. 왜냐하면 4차 산업혁명 시대는 '학벌'이 아닌 '학습능력'을 필요로 하며 이를 위해서 실패를 경험으로 여겨 문제해결력을 갖추어야 하는 시대이기 때문이다.

이에 본론에서는 4차 산업혁명 시대의 일자리의 소멸이라는 위협과 두려움에서 벗어나기 위해 미래 사회 변화 트렌드와 일자리의 미래에 대해 살펴보고 결론에서는 미래의 필요 역량에 대해 제시해 보고자 한다.

4차 산업혁명!
그게 뭐죠?

불황이 아니라 저성장의 시대다

세계 경제포럼의 '직업의 미래' 보고서는 앞으로 710만 개의 직업이 소멸되고 200만 개의 새로운 직업이 4차 산업혁명으로 인해 생겨나게 되어 결국 510만 개의 직업이 없어질 것으로 예측하였다.

미래 사회에서는 단순노동자는 물론, 의사와 약사, 변호사, 교수, 판사 등과 같은 전문직도 인공지능에 의해 일자리를 잃을 시대이다. 4차 산업혁명으로 인해 일자리가 없어지는 것이 아니라 일자리를 없애기 위해 4차 산업혁명의 시대가 열렸다고 해도 과언이 아니기에 4차 산업혁명이 본격화되면 우리 사회 전반에 걸쳐 상상할 수 없을 정도의 변화가 나타날 것이다.

지난 50여 년 동안 우리 경제 발전을 이끌었던 5대 산업인 해운, 철강, 반도체, 건설, 석유화학 등이 연쇄적으로 무너지며 대한민국의 성장률이 2%대로 떨어졌다. 이런 상황을 예전 같으면 불황이라고 하였지만, 지금은 저성장이라고 한다. 이미 대한민국의 경제도 2013년 시작된 저성장의 영향으로 인해 수많은 실업자를 쏟아내며 국민들은 1,300조 원이 넘는 빚더미를 안음과 동시에 청년실업의 커다란 문제에 도달하게 되었다.

소득 없는 청년세대의 증가는 국가의 경제성장력을 떨어뜨려 재정적 위기를 맞이할 뿐만 아니라 여러 가지 사회문제를 야기 시킬 가능성이 크다. 즉, 청년실업이 장기화되면 사회안전망과 청년복지 문제로 확장되며 4차 산업혁명의 뒤처짐으로 인해 미래 산업에 대한 선점을 놓치게 되고 경제성장 동력을 잃게 되면 대한민국은 저성장의 깊은 수렁에 빠질 수 있다.

그리고 저성장은 대한민국뿐 아니라 지구촌 전체에 영향을 미치고 있다. 2015년만 해도 중국 내에는 스마트폰을 제조하는 회사에서 스마트폰의 가치는 바로 황금알을 낳는 거위였기에 70여 개에 이르는 제조업체들이 호황을 누렸다. 하지만 지금은 어떠한가. 70여 개의 회사들이 속속들이 경영에 어려움을 겪고 있다. 공급과잉으로 인하여 물건이 남아도는, 물건이 넘쳐나는 상황에 다다르면서 공급과잉의 문제를 해결할 수 있는 돌파구를 찾아야 하는 시점이 되었다.

이탈리아는 패션의 도시라는 수식어에 알맞게 섬유 산업으로 유명하다. 최고급 직물 생산지였던 프라토는 어느새 중국인이 정착하면서 저가 의류 생산지로 탈바꿈하고 이탈리아의 이미지는 타격을 입었다. 천혜의 환경 속에서 최고 수준의 산업을 주도했던 나라지만 아무런 준비 없이 저성장의 시대를 맞이한 결과 경제하락의 긴 터널

뇌교육 전문가와 함께하는
4차 산업혁명 시대 생존전략

속에 갇히고 말았다.

〈Ⅱ-2〉에서 보듯이 호황과 불황이라는 개념이 존재했던 고도성
장의 시대는 한 가지 산업이 생성되면 부수적인 다른 산업들도 함께
생성되어 경기가 살아나는 시대이다. 물론, 불황의 늪에 빠지면 어
렵고 힘은 들지만 그래도 다시 호황이 올 거라는 희망이 있어 포기
하지 않고 열심히 일하면서 버틸 수 있는 시대였다. 즉, 고도성장의
시대는 버티면 살 수 있다는 희망을 가질 수 있었지만 저성장의 시
대는 그조차 허락되지 않는 시대다. 스마트폰의 등장으로 인해 많은
산업이 사라지고 호황과 불황의 개념이 없어지면서 아무리 노력해
도 변화시킬 수 없는 상황이 절망스럽기만 하다.

지금의 상황이 아주 어렵고 힘들지만 "열심히 하면 좋아질 거야"
라는 꿈조차 꿀 수 없는 시대가 저성장의 시대이다.

〈Ⅱ-2〉 고도성장과 저성장

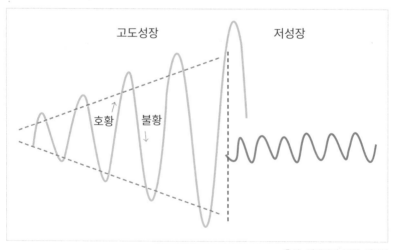

출처: 명견만리 15회, 재구성

4차 산업혁명과
청년 일자리2

이미 전 세계는 저성장의 시대를 예고했으며, 대한민국도 1960~1990년대까지 7%의 경제성장률을 기록했지만, 그 후 지속적으로 하락하고 있으며, 성숙기의 주력산업인 조선, 철강, 반도체, 건설, 해운 등이 매출과 이익이 감소하는 시기인 쇠퇴기에 접어든 데 반해, 불투명한 수익성50%, 기술 부족22%, 장기전략 부재16%, 미래 정보 부족12%의 이유로 인한 신사업 추진이 부진하여 앞으로 10년 후에는 1%의 성장률을 예측하고 있다. 어떻게 대응전략을 세울지에 대한 고민만이 남아 있다.

청년이 줄어들고 있다

영국의 인구학자인 데이비드 콜먼이 "한국은 저출산이 심각해 인구가 소멸하는 지구상의 첫 국가가 될 수 있다"라고 할 정도로 2017년 현재 대한민국의 저출산은 심각하다. 한때 100만이었던 신생아 수가 40만으로 줄었으며, 15~64세 사이의 생산 가능 인구는 지속적으로 감소 현상을 보이고 있다.

1960년대에는 가구당 자녀 평균 6.0명이라 인구폭발을 염려하여 1967년부터 산아제한 정책을 시행했던 대한민국이 현재는 저출산으로 인해 사형선고를 받게 되었다. OECD 국가 중에서도 출산율 최하위를 차지하고 있다. 저출산은 고령화 사회로 진입하는 데 아주 많은 영향을 미친다. 대한민국은 저출산으로 인하여 초고령화 사회로 진입하는 데 27년이 걸리는데 이는 세계에서 가장 빠른 속도이다. 저출산의 결과는 학생 수의 변화에서 나타난다.

〈Ⅱ-3〉학교 급별 학생 수

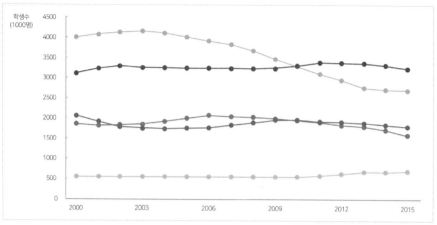

학생수
(1000명)

4500
4000
3500
3000
2500
2000
1500
1000
500
0

2000   2003   2006   2009   2012   2015

● 유치원 학생 수   ● 초등학교 학생 수   ● 중학교 학생 수
● 고등학교 학생 수   ● 대학교 학생 수

출처: 교육부(2016)

　〈Ⅱ-3〉 자료에 의하면 연령별 학생 수가 계속 감소하고 있다. 현
재 대학생은 2012년 이후 약간의 증가세를 보이면서 유지하고 있지만,
10여 년 후에 청년으로 자랄 초등학생의 수가 2010년부터 꾸준히
감소하고 있으며, 중고생도 2000년도 대비 2015년에 현저히 감소
하였다. 주목해서 볼 점은 유치원생이 2000년부터 15년간 약간의
증감은 있지만 다른 연령에 비해 가장 숫자가 적은 것을 볼 수 있다. 이
는 2030년이 되면 우리나라의 청년 인구가 급격히 감소함을 의미한다.

　예측 결과는 〈Ⅱ-4〉의 통계청 학령인구 전망에 그대로 나타난다.
대학생 숫자가 1980년 1,440만 명 대비 2015년 887만으로 38.4%
로 감소하고 2030년은 8백만이 간신이 넘는 숫자이다. 이대로 가다

4차 산업혁명과
청년 일자리 2

가는 30년, 또는 50년 후의 미래에는 정말 눈 씻고 청년을 찾아야 하는 세상이 될 것만 같다.

〈II-4〉 학교 급별 학령인구 전망

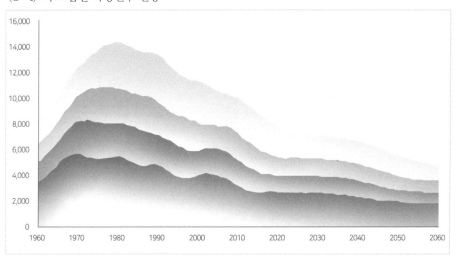

● 초등학교(6~11세)　　● 중학교 (12~14세)

● 대학교 학생 수(15~17세)　　● 고등학교 학생 수(18~21세)

출처: 통계청(2011)

저출산의 원인은 알고 있듯이 청년 실업과 밀접한 관계가 있다. 요즘 청년들을 보려면 노량진의 학원가나 방세가 저렴한 고시촌, 또는 원룸촌에 가면 된다. 예전 같으면 벌써 결혼하여 가정을 이루었을 30세 이상의 청년들이 월 150만 원가량의 급여를 받으며 최하 40~50만 원 정도의 월세를 내면서 살고 있으니 결혼이나 출산이 현실이 아닌 꿈처럼 느껴지는 것은 당연하지 않은가.

결혼을 포기하고 싶은 것도, 출산을 포기하고 싶은 것도 아닌데

왜 청년들은 포기라고 외치는가. 저출산의 주제를 가지고 언젠가 방송에서 청년들에게 인터뷰를 하는 것을 보았는데 청년 10명 중 7명은 결혼과 출산을 하고 싶지만 책임질 자신이 없기에 포기를 선택할 수밖에 없다고 대답하는 것을 보았다. 결혼과 출산을 통해 행복한 가정을 꾸리고 싶은 꿈이 왜 없겠는가. 못 하는 것인데 마치 안 하는 것처럼 말하는 세상이 그들에게는 얼마나 야속할까.

청년실업 정책이나 출산장려 정책은 큰 위로나 도움이 되지 않은 지 오래다. 주위 청년들의 이야기를 들어봤다.

"연애 기간 5년인데 저나 여자 친구나 버는 돈이 많지 않아요. 물론 결혼은 해야겠지만 당장 살 집을 구하는 것도 막막해요."

- 31세(남)

"2년 사귄 남자친구가 자꾸 결혼하자고 하는데 학자금 대출 갚느라 결혼 자금을 아직 못 모았어요. 부모님이 학교 보내주신 것도 감사한데 더 이상 손을 내밀 수가 없어 결혼자금이 모일 때까지 기다리고 있어요."
- 28세(여)

"대학 졸업하고 이제 인턴이라 160만 원가량 받아요. 주위에서는 결혼을 이야기하지만 남자 친구 사귈 여유도 안 돼요."

- 30세(여)

4차 산업혁명과
청년 일자리 2

선택에 대한 책임이 그들의 어깨를 짓누르고 있으며 선택의 자유마저 허락되지 않는 사회라고 여겨진다. '금수저', '은수저', '흙수저'라는 신조어를 만들어 내는 사회가 남긴 결과는 '노력해도 안 되는 세상'이라는 자괴감인 듯하다.

4차 산업혁명 시대의 변화 동인

4차 산업혁명 시대의 변화 동인은 미래를 준비하는 데 있어 중요하다고 할 수 있다. 앞에서 말한 것처럼 다보스 포럼 보고서 등 많은 미래예측 보고서들이 말하는 4차 산업혁명과 미래 사회의 변화는 〈Ⅱ-5〉에서 보는 것처럼 기술적 변화 동인과 의식주 전반에 걸친 사회, 경제적 측면의 변화 동인으로 인해 생겨날 것이라고 예측하고 있다.

〈Ⅱ-5〉 「The Future of Jobs」가 전망한 제4차 산업혁명의 주요 변화 동인

(a) 사회-경제학적 주요 변화동인

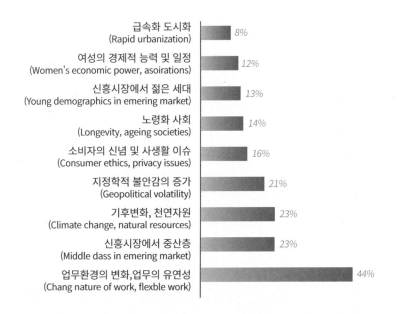

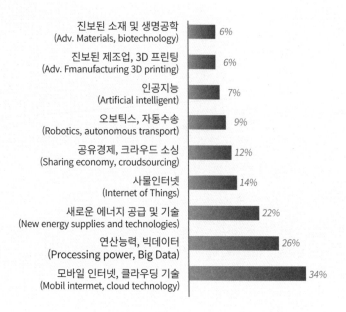

(b) 기술적 주요 변화동인

변화동인	비율
진보된 소재 및 생명공학 (Adv. Materials, biotechnology)	6%
진보된 제조업, 3D 프린팅 (Adv. Fmanufacturing 3D printing)	6%
인공지능 (Artificial intelligent)	7%
오보틱스, 자동수송 (Robotics, autonomous transport)	9%
공유경제, 크라우드 소싱 (Sharing economy, croudsourcing)	12%
사물인터넷 (Internet of Things)	14%
새로운 에너지 공급 및 기술 (New energy supplies and technologies)	22%
연산능력, 빅데이터 (Processing power, Big Data)	26%
모바일 인터넷, 클라우딩 기술 (Mobil intermet, cloud technology)	34%

출처: 세계경제포럼(2016)

특히 「The Future of Jobs WEF, 2016」 보고서에 따르면 사회, 경제적 변화 동인은 '업무환경의 변화, 업무 유연성', '신흥시장에서 중산층', '기후 변화와 천연자원'이고, 기술적 변화 동인으로는 '모바일 인터넷, 클라우딩 기술', '연산 능력과 빅데이터', '새로운 에너지 공급 및 기술', '사물인터넷' 등으로 분석하고 있다. 사회, 경제적 측면의 변화 동인은 기술적 변화 동인과 함께 발생한다.

일자리에 많은 영향을 미치는 것은 기술적 변화 동인이다. 기술적 변화 동인은 제조업의 생산성 향상에 크게 기여를 하게 될 것이며,

4차 산업혁명과
청년 일자리2

그러한 변화의 중심에는 인간이 아니라 빅데이터, 로봇 및 자동화 등의 기술이 자리할 것으로 예측하고 있다Boston Consulting, 2015.

옥스퍼드 대학Oxford Univ.의 Martin School은 미래 일자리 지형 변화를 연구하였는데, 유럽 노동시장이 '글로벌화'와 '기술적 혁신'으로 인해 변화될 것으로 전망하고 있다.

특히, 빅데이터 및 S/W 등 정보통신기술ICT의 발달로 업무영역이 자동화되고, 자율주행기술 및 3D 프린팅 기술 등의 등장으로 일자리 지형이 크게 변화할 것으로 예측하고 있다Oxford Univ., 2015.

지금과 같은 추세라면 전 세계 일자리가 2025년까지 25%, 그리고 2030년까지 50%가 사라질 것이다. 현재 6세인 어린아이가 가질 직업의 65%가 현재에 존재하지 않을 것이라고 하지 않는가.

2015년 워크넷 청년 구직자가 선호하는 상위 10개 직종을 보니 남성과 여성이 상이함을 보였다. 남성은 경영지원 및 행정 관련 사무원, 디자이너, 생산 관련 사무원이 상위 1~3위를 차지하였으며, 여성은 경영지원 및 행정 관련 사무원, 회계 및 경리 관련 사무원, 비서 및 사무 보조원 순으로 1위~3위를 차지하였다. 빠르게 변화하는 시대에 발을 맞추기보다는 기존의 생활에 안주하고 있다는 증거이다. 아무리 힘들고 어려운 시대일지라도 미리 알고 준비하면 대응이 가능한데 지금은 무엇을 준비해야 하는지도 모르기에 더욱 두려움이 엄습할 수도 있다.

만약 시대를 정확히 읽어낼 수 있는 정보와 능력을 가미한다면, 선호하는 직업이 바뀔 것이라고 여겨진다. 우선 직업에서의 남성과

뇌교육 전문가와 함께하는
4차 산업혁명 시대 생존전략

여성의 구분이 없어질 것이고, 5위 이하에 있던 소프트웨어 전문 개발가, 전기, 전자공학 기술자 등이 상위 등수로 상향될 것으로 예측 가능하다.

〈Ⅱ-6〉 상위 10개 선호 직종

순위	남성이 선호하는 상위 10개 직종	구직자 수
	직종명	
1위	경영지원 및 행정 관련 사무원	24,252
2위	디자이너	12,630
3위	생산 관련 사무원	11,730
4위	제조 관련 단순종사자	8,525
5위	기계공학 기술자·연구원 및 시험원	7,700
6위	건축 및 토목 관련 기술자 및 시험원	7,691
7위	전기·전자공학 기술자·연구원 및 시험원	7,596
8위	무역 및 운송 관련 사무원	6,117
9위	소프트웨어개발전문가	6,117
10위	건설 및 생산 관련 관리자	5,812

순위	여성이 선호하는 상위 10개 직종	구직자 수
	직종명	
1위	경영지원 및 행정 관련 사무원	44,083
2위	회계 및 경리 관련 사무원	42,657
3위	비서 및 사무 보조원	21,845
4위	디자이너	19,322
5위	의료복지 지원종사자	10,860
6위	미용 및 관련 서비스 종사자	10,233
7위	사회복지 및 상담 전문가	9,679
8위	간호사 및 치과위생사	8,769
9위	무역운송 및 관련 사무원	7,749
10위	주방장 및 조리사	5,434

출처: 고용이슈 제9권 제6호(2016)

인공지능 시대의 도래

인간이 기계보다 탁월한 점은 바로 학습능력이었기에 인간은 자신들의 성장을 위해 지속적으로 학습을 통해 역량을 강화하여 성취하고 만족하며 살아왔다.

4차 산업혁명 시대는 기계가 학습능력을 가지며 인간처럼 지속적인 학습을 통하여 역량이 향상된다. 그뿐만이 아니라 학습의 속도가

뇌교육 전문가와 함께하는
4차 산업혁명 시대 생존전략

인간과 비교하여 빠르고 단순 작업에서는 따라갈 수가 없다는 것은 모두가 알고 있었지만, 인간의 영역이 침범당하는 것 같아 씁쓸하기는 하다.

2011년 2월 14~15일 양일간에 걸쳐 인간 퀴즈왕이라 불리우는 켄 제닝스, 브래드 루터와 대결한 인공지능 왓슨이 인기 퀴즈쇼 '제퍼디Jeopardy'에서 수많은 시청자가 보는 앞에서 당당하게 우승을 차지할 때만 해도 이 대결의 의미는 기술의 진보가 인간의 지능을 따라잡았다고 불리었다. 대결 후 전 세계 언론의 헤드라인 기사가 "기계가 인간을 꺾었다"라고 할 때만 해도 설마 했다.

하지만 그 후에도 인공지능 왓슨은 꾸준히 학습하여 의료, 법률, 건강 등 다양한 분야에서 활용되고 있으며, 특히 의학 분야에서는 특수질환자의 병명을 알아내 생명을 구하기까지 했다. 2017년 말이면 전체 암의 85%를 분석할 수 있을 것이라고 예측했다.

그뿐이 아니다. 우리는 2016년 세기의 대결인 이세돌과 알파고의 대결에서 인공지능의 실체를 보며 충격과 경악에 휩싸였다. 체스는 포기하더라도 바둑만큼은 인간만의 영역이라는 믿음이 깨졌기 때문에 두려움은 더욱 크게 다가왔다. 하지만 2017년 5월 23~27일 열린 인간과 AI의 복식 전에서 인간과 AI의 공조가 가능하다는 것을 보여줌으로써 인공지능은 경쟁자가 아니라 파트너라고 인식되었다. 실제로 인공지능은 사람이 하는 것에 비해 정확성, 생산성, 전문성, 속도 등은 비교할 수 없을 정도로 높지만, 창의성, 돌발 상황에 대한 대처능력 등은 부족하기 때문에 서로의 부족한 부분을 보완했을 때 환상적인 복식조의 탄생이 이루어질 것이라고 여겨진다. 이처럼,

4차 산업혁명이 진행됨에 따라 세계는 인공지능 개발을 서두르고 있으며 대한민국도 예외는 아니다.

2016년 11월에 '엑소브레인'이 역대 장학퀴즈 우승자 및 수능 만점자들과 겨루어 압도적인 우승을 거머쥐면서 대한민국도 인공지능 시대의 탑승을 알렸다. 인공지능 분야에서는 복잡한 자연어로 기술된 질문의 의미를 파악해 정답을 추론하는 '자연어 질의응답기술'이 가장 어려운데 '엑소브레인'은 퀴즈쇼에서 진행자의 질문을 스스로 이해한 뒤 자체적으로 구축한 비정형, 정형 지식을 기반으로 정답 후보를 추론해 최적의 정답을 생성하는 데 최적화된 언어 인공지능이다. '왓슨'에 비하면 아직 부족하지만, 기술개발에 더욱 집중한다면 '엑소브레인'의 개발 최종 목표인 기계와 인간 간의 의사소통과 함께 지식소통이 가능하고 이를 토대로 전문가 수준의 의사결정을 지원할 수 있게 될 것이다.

결국, 우리는 인공지능과 함께 살아가야 하기에 인공지능을 적으로 보기보다는 동반자로 맞이하는 자세가 필요하다.

직업을 대하는 태도가 바뀌고 있다

물질적인 풍요보다는 인간다운 삶의 영위에 초점을 맞추고자 하는 가치 변화는 직업을 대하는 태도 또한 변화시킨다. 사회에서 요구하는 직업을 택하거나 기존에 주어진 기회를 택하는 대신, 자신의 만족을 위해 다양한 분야의 직업을 찾고자 하는 이들이 늘어나고 있다.

취업에 성공했다고 본인이나 주위에서 인정하는 S기업에 다니는

뇌교육 전문가와 함께하는
4차 산업혁명 시대 생존전략

제자를 최근 우연히 만나 이야기를 나누다가 회사를 퇴직했다고 해서 깜짝 놀랐다. 이유인즉, 3년 동안 아침 7시 출근하면 밤 10시가 빠른 퇴근이라고 여겨질 만큼 일하다 보니 자신만을 위한 시간은 전혀 없고 회사의 노예 같다는 생각이 점점 강해져 아무리 급여를 많이 받고 주위에서 부러워해도 자신은 행복하다고 여겨지지 않아 1년 여 가까이 고민하다가 부모님의 반대를 무릅쓰고 사표를 냈다고 한다. 지금은 쉬면서 평소 자신이 하고 싶었던 요리를 배우며 도리어 행복해하던 모습이 눈에 선하다.

또 다른 제자도 사회초년생인데 졸업도 하기 전에 스카우트되어 입사한 회사를 6개월 만에 퇴직했다. 야근이 많다 보니 자신의 시간이 전혀 없어 고민하다가 역시 위의 제자처럼 퇴직을 결정하고, 급여는 더 작지만 자신만의 시간을 즐길 여유가 있는 곳으로 이직을 하였는데 같은 일임에도 불구하고 일을 즐길 수 있게 되었다고 한다.

이처럼 최근 우리 사회는 예전과는 달리 금전보다는 건강한 삶을 추구하며 일과 여가의 균형을 중시하고, 개인의 가치를 존중받으며 살기를 원한다.

경제적으로 덜 풍족하더라도 가족과 여가 중심으로 삶의 가치의 이동과 더불어 시간적 여유가 있는 직업을 선호하는 다운시프트 현상이 심화되면서 디지털 노마드를 꿈꾸는 사회로의 변화가 진행 중이다. 전 세계의 디지털 노마드 삶을 다큐멘터리로 담는 작업을 진행 중인 도유진 씨의 이야기를 들어보자.

"인터넷과 스마트폰을 비롯한 각종 첨단 기기의 보급으로 인해 반드시 고정된 한 장소가 아니더라도 업무를 처리할 수 있게 되었고, 점점 더 많은 기업들이 우수한 인재들을 유치하기 위해 직원들에게 원격 근무를 허용하고 있다. 물리적인 족쇄에서 풀려난 사람들이 하나둘 집을 팔고 단순한 자기만족을 위해 소비하고 쌓아 두었던 물건들을 처분한 뒤, 슈트케이스와 배낭을 들고 지구 구석구석으로 삶의 반경을 넓혀나가고 있다.

아무 곳에서나 일해도 된다면 왜 굳이 이 복잡하고 생활비도 비싼 도시에서 평생 주택 대출 이자를 갚으며 살아야 할까? 콜롬비아로, 태국으로, 프랑스로 갈 테야! 이들에겐 가는 모든 곳이 집이자 일터다. 이들은 반드시 필요한 물건 이외에 불필요한 소비는 철저히 지양하는 미니멀리스트다. 대개는 한 장소에서 몇 달에서 길게는 몇 년씩 머무르는 느린 여행을 선호한다"

출처: 네이버 지식백과

뇌교육 전문가와 함께하는
4차 산업혁명 시대 생존전략

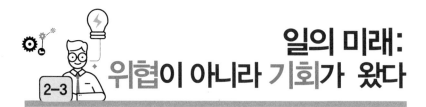

일의 미래:
위협이 아니라 기회가 왔다

청년이 머무는 나라, 떠나는 나라

20세기를 살아오면서 넓은 영토, 인적, 물적 자원이 풍부한 나라가 세계를 이끌어왔다. 개방과 공유의 시대로 변화되면서 자원의 개념도 변화되고 있다. 이제 거의 모든 선진국은 출산율이 급격히 하락하고 초고령사회에 진입하고 있다. 즉, 노인은 늘어나고 청년이 줄어든다는 것이다. 이제 청년을 가장 많이 확보한 나라가 가장 부강한 나라가 될 수도 있다. 청년이 가장 확실한 자원이기 때문이다.

국적도 의미가 많이 사라지고 있기에 이제 어떻게 하면 청년들을 많이 가질 수 있을까를 고민하고 정책을 펼쳐야 하는 시대이다. 청년자원이 부족할 경우 어떤 문제들이 발생할지에 대해 생각해 볼 여지가 있다. 청년의 미래는 곧 노년의 미래이기 때문이다.

청년이 머무는 나라와 떠나보내는 나라의 미래는 어떻게 다를까? 이미 그 모습을 보여주는 대조적인 세 나라의 사례를 보자.

전 세계가 불황의 늪으로 빠지자 일본은 경기 부양책으로 건설 경기를 살리려 했다. 이탈리아는 높은 노령연금과 복지 정책으로 인해 청년에게 투자할 여유가 없었다. 그 결과 일본은 청년이 가난해지고 사라지면서 사회가 활력을 잃게 되면서 '사토리'라는 신조어가 만들어졌다. 사토리란 '득도하다', '깨달음을 얻다'의 뜻으로서 일본 청년은 더 이상 욕심을 내지 않으며 작은 것에 만족하며 살겠다는 것이다.

오랜 시간 동안 경제활동에서 제외됨으로 인해 소비할 돈이 없어 의욕을 상실했다. 청년세대에서 이미 활기를 잃고 소비를 하지 않으니 일본의 경제는 점점 회복하기 어려운 청년실업의 늪으로 빠져들며 일본경제의 악순환이 시작되었다.

이탈리아는 앞서 말한 것처럼 '노인 천국'이라고 불릴 정도로 노인복지는 앞서가는데 그 뒤에는 청년들이 빈곤층으로 점점 전락하고 있다. 이탈리아만큼 캥거루족이 많은 나라도 드물 것이다.

이탈리아의 한 기고문의 제목이다.

"아들아! 이 나라를 떠나라!"

일하고 싶어도 일자리가 없어 좋은 대학을 우수한 성적으로 졸업을 해도 취업을 하는 것이 하늘의 별 따기다. 실정이 그러하니 독립은 꿈도 꾸지 못할 정도가 아니겠는가? 그래서 이탈리아의 청년들은 매년 4만 명 넘도록 해외 취업을 하기 위해 나라를 떠나고 있다. 부모 입장에서 해외라는 먼 곳으로 떠나보내기 어렵지만, 자식의 미래를 위해서 눈물을 머금고 보내줄 수밖에 없다.

청년층의 유출은 이탈리아의 사회문제로 대두된다. 노인연금은 갈수록 늘어나는데 연금을 지원해줄 젊은 세대가 점점 줄어들고 있

어 재정이 날로 힘들어졌다. 그렇다면 똑같이 초고령화 나라인 독일은 어떨까.

2016년 한국외국어대에 다니는 지인의 딸이 독일로 1년 동안 유학을 다녀왔는데 독일에서 공부하는 것이 힘들지 않았냐는 질문에 조금의 망설임도 없이 "독일은 학생들의 천국이에요. 계속 독일에서 공부하고 취업하여 독일에서 살고 싶어요"라고 밝은 얼굴로 대답한 것만 보더라도 독일이 청년에게 각광받는 나라라는 것을 알 수 있다.

독일이 이처럼 청년들이 살고 싶은 나라가 될 수 있었던 원인을 살펴보자.

1990년대에는 "유럽의 병자"라고 불리며 높은 실업률 때문에 힘들었던 독일은 산업현장 중심의 도제교육이 큰 영향을 미쳤다고 할 수 있다. 도제교육은 중학교 과정을 마친 학생이 도제교육생으로 취업해서 일과 학습을 병행하는 '듀얼시스템'이다. 자신이 원하는 기업에 원서를 내고 선발과정을 거쳐 선발된 후에는 3년 정도 기업에서 근무하며 일주일 중 4일은 현장에서 일하며 직무교육을 하고 하루는 강의실에서 수업을 받는 형식이다.

실무교육과 이론교육의 비율은 70%와 30%로 현장 직무 교육을 중요하게 여기는 덕분에 기업의 도제 시스템 참여율이 높다 보니 독일 전체 인구의 약 55%가 도제교육을 받고 있는 것은 어쩌면 당연한 결과일 수도 있다. 독일의 경제성장의 원동력이 된 도제 시스템에 주목한 세계 각국도 도제제도를 수입하여 자국에서도 실행하고 있다.

독일에 장인이 많은 이유도 바로 도제교육의 목표에 따른 효과라고 보인다. 왜냐하면 도제교육 3년 과정을 마치면 우리말로 스승, 장인이라는 뜻을 가진 '마이스터'가 될 수 있는 자격을 취득하게 되는데 마이스터 자격을 취득하면 대졸자 이상의 대우를 받을 수 있기 때문에 독일은 대학 등록금이 무료임에도 불구하고 대학 진학률이 40% 미만에 머문다. 여기에는 기술을 중시하는 독일의 문화도 한몫하였을 것이다.

더구나 독일은 인더스트리 4.0으로 인해 4차 산업혁명 시대에 가장 적응을 잘하고 있는 나라이기도 하다. 인더스트리 4.0은 2012년도에 도입된 독일의 핵심 미래 프로젝트로서 제조업에서 가장 빨리 사이버 물리 시스템CPS, 사물인터넷IoT, 클라우드Cloud를 접목하여 Smart Factory를 구축하였다. 또한, 대학까지 공교육의 무상교육뿐만 아니라 주거비, 생활자금까지 지원해 준다. 독일의 무상교육 덕분에 전 세계의 청년층은 공부하기 위해 공부하기 좋은 나라 독일로 모여들고 있다. 독일은 다른 나라와 달리 청년을 귀하게 여기고 청년이 포기하지 않도록 교육정책과 사회제도를 정착시킴으로써 청년이 머무르는 동시에 경기가 살아나며 사회도 활기를 되찾았다.

덕분에 독일은 현재 유럽연합에서 가장 안정된 경제를 보여주고 있다. 많은 나라들이 재정위기가 오면 교육비용을 가장 먼저 줄인다. 특히 청년층의 예산은 첫 번째 대상이다. 왜냐하면 복지의 대상인 어린아이와 노인의 복지예산을 줄일 경우 파생되는 문제가 많다 보니 그저 말이 없는 청년복지 비용을 가장 먼저 줄일 수밖에 없다. 다

른 세대와 달리 청년들은 말이 없이 그저 묵묵히 따라 하는 줄 알았는데 알고 보니 그들은 많은 것을 포기하고 있었다.

하지만 일본이나 이탈리아의 사례에서 보았듯이 청년실업은 이미 개인의 문제가 아닌 국가의 문제로 떠올랐다. 청년은 21세기 이후 인류가 가져야 할 가장 강력하고 그 무엇과도 대체할 수 없는 자원이기에 청년실업의 문제는 비단 이 시대만의 이슈는 아니다.

대한민국도 예외는 아니다

'아빠처럼 살고 싶지도 않지만, 아빠처럼 되기도 쉽지 않다.'

어느 컬링 선수들의 경험담을 담은 책의 한 구절이지만 이 시대 청년들의 외침이고 몸부림이다.

2016년 2월 대한민국의 청년 실업률은 12.5%, 전 세계 청년 실업률 역시 13%를 상회하고 있으니 OECD 국가 평균에는 못 미치지만, 이제껏 우리 정부는 기업이 살아야 경제를 살릴 수 있다는 취지하에 '기업하기 좋은 나라' 만들기에 총력을 기울였다. 그래서 다양한 방식의 비정규직 고용을 허용해 준 덕분에 비정규직 근로자가 600만 명에 육박하였으며, 비정규직 근로자의 시간당 임금은 정규직 대비 64% 수준까지 떨어지면서 처우가 점점 더 열악해져 갔다. 그럼에도 불구하고 기업이 살면 청년실업이 해결된다는 믿음을 고수하였지만 상황이 점점 악화되어 이제는 정책의 방향을 바꾸고 있다. 청년이 살아야 기업이 살고 나라도 살 수 있다는 방향으로 정책을 펴고 있지만 갑자기 좋아지기 어려운 것이 현실이다.

〈Ⅱ-7〉의 청년 고용 동향에 나와 있듯이, 2017년 4월 대한민국 고용 동향은 2007년 경제활동인구 4,530명이었지만 2016년에는 4,420명으로 감소하였다. 한편 실업자는 2007년 328명이었지만 점진적으로 늘어 2016년에는 435명으로 증가하였다. 경제활동인구는 감소되었지만 실업자의 수가 늘어남으로 인해 청년실업률은 2007년 7.2%에서 2016년 9.8%가 되고 2017년에는 11.2%로 전년 대비 1.4% 증가하였다.

〈Ⅱ-7〉 청년 고용 동향(고용률 및 실업률)

	2007	2008	2009	2010	2011	2012	2013	2014	2015	2016
생산가능 인구	9,855	9,822	9,780	9,706	9,589	9,517	9,548	9,503	9,486	9,428
경제활동 인구	4,530	4,398	4,304	4,254	4,199	4,156	4,124	4,255	4,335	4,420
취업자	4,320	4,084	3,957	3,914	3,879	3,843	3,753	3,870	3,938	3,985
실업자	328	315	347	340	320	313	33	335	397	435
실업률	7.2	7.2	8.1	8.0	7.5	7.5	8.0	9.0	9.2	9.8
고용률	42.6	41.6	40.5	40.3	40.5	40.4	39.7	40.7	41.5	42.3
경제활동 참가율	46.0	44.8	44.0	43.8	43.8	43.7	43.2	44.8	45.7	46.9

출처: 통계청(2017)

뇌교육 전문가와 함께하는
4차 산업혁명 시대 생존전략

몇 년 전부터 한국의 청년에게 N포 세대, 헬조선이라는 수식어가 붙었다. 연애, 결혼, 출산의 삼포 세대라고 불린 지 얼마 안 돼서 5포 세대, 7포 세대를 넘어 포기한 것을 헤아릴 수 없다는 N포 세대를 선포하였으며, '이 나라를 떠나고 싶다'의 표현으로 헬조선을 이야기하고 있다. 이미 이 나라의 청년도 이탈리아처럼 한국을 떠나고 싶어 한다. 일본, 이탈리아, 독일처럼 아직 초고령사회에 진입도 하지 않았는데 청년 이탈이라는 현상이 나타나고 있다. 또한, 취업을 한다는 것이 하늘의 별 따기보다 힘들다고 여기니 일본의 상황처럼 한국의 청년은 많은 것을 이미 포기하며 살아가고 있다.

막상 대학을 졸업하고 나면 학자금 대출의 압박이 시작되고 취업은 낙타가 바늘구멍 빠져나가는 것만큼 힘이 든다. 대한민국에서 취업 준비하는 데 걸리는 평균 기간이 2년이다. 2년 만에 취업을 하면 그나마 다행이지만 인턴이나 비정규직, 또는 무기계약직인 경우에는 정규직과의 격차를 이겨내기가 어렵다. 그러다 보니 대기업의 정규직이나 공무원시험 준비에 매달릴 수밖에 없게 된다. 꿈이 있어서가 아니라 먹고 살기 위해서 매달려야 하는 자신들의 모습이 싫을 때도 많다. 그래서 스스로 포기를 하기도 하고 어쩔 수 없이 포기를 당하기도 하다가 다시 안정된 일자리와 가정을 꾸리기에 적정한 임금을 받을 수 있기를 기다린다.

인구변화라는 메가트렌드를 겪는 과정에서 청년실업은 청년의 문제만이 아닌 모두의 문제이고 과제라는 것을 인식하지 않으면 청년

뿐만이 아니라 우리 모두 인구절벽의 시대를 살아가야 하기에 많은 것을 포기해야 할 것이다.

재미있는 조사가 진행되었다. 현재의 사회적 지위의 변화 가능성에 대한 조사이다. 개인이 일생 동안 혹은 자녀세대에서 현재보다 사회적 지위를 높일 수 있는 가능성을 얼마나 낙관적으로 보는지를 측정하는 사회 이동 가능성 인식조사에서는 세대 간 사회적 이동의 가능성이 높을 것이라고 생각하는 사람들의 비율은 2015년 기준 31.0%이고 세대 내 이동의 가능성이 높다고 생각하는 사람들의 비율은 21.8%로 조사되었다. 이는 미래의 이동 기회를 긍정적이고 낙관적으로 기대함으로써 현재의 상태를 개선하여 꿈과 희망을 갖도록 동기를 부여하는 데 그 의미가 있는데 한국인들은 세대 간 이동 가능성과 세대 내 이동 가능성 모두 비관적으로 인식하고 있다.

2006년부터 조사를 하였는데 2009년까지는 조금씩 인식이 올라가다가 그 후로 계속 하락을 하고 있으며 2015년에 가장 낮게 나왔다. 이는 삶의 질을 향상시키기 위해 노력을 해야겠다는 동기를 무산시킬 수밖에 없는 사회현상이다. 또한, 아무리 열심히 살아도 자신의 삶과 사회구성원으로서의 존재감이 변화되지 않는다고 여겨졌을 때, 노동의 가치 또한 의미가 없어진다.

뇌교육 전문가와 함께하는
4차 산업혁명 시대 생존전략

〈Ⅱ-8〉 가구주의 성, 연령집단 및 교육수준별 사회 이동 가능성 인식

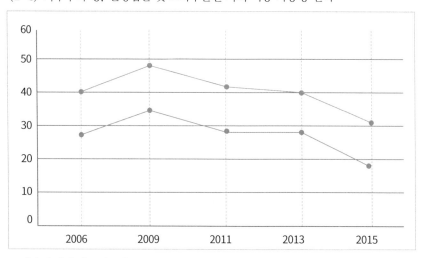

● 세대 간 사회 이동 가능성
● 세대 내 사회 이동 가능성

출처: 통계청(2016)

일자리가 움직이고 있다

4차 산업혁명 시대에 붙는 수식어가 많다. 초지능화, 초연결화, 초융합 등으로 인해 일자리 변화가 증가한다.

2016년 한국고용정보원이 23개의 직종별 재직자 1천 6백 명을 대상으로 실시한 '4차 산업혁명에 대한 인식조사'에 따르면 응답자의 44.7%가 'AI와 첨단기술로 인하여 내가 종사하는 직업에서 일자리가 줄어들 것'이라고 대답하였다. 특히 금융, 보험업 관련 직업에 종사하는 사람들은 81.8%가 일자리 감소를 우려했다. 일자리 감소에 대한 우려는 학력이 낮을수록, 사회계층이 낮을수록 더 높다.

한국언론진흥재단 미디어연구센터가 2017년 4월에 20~50대 남

녀 1천 41명을 대상으로 실시한 '4차 산업혁명이 인류에게 혜택을 줄 것'에 대한 조사에서는 응답자의 82.6%가 긍정적인 답변을 하였으며, '4차 산업혁명이 경제의 신 성장 동력이 될 것'이라는 질문에도 응답자의 82.4%가 긍정적 동의를 하였다. 하지만 일자리에 대한 견해에 대한 응답은 달랐다.

'4차 산업혁명이 내 일자리를 위협할 것이다'라는 질문에는 응답자의 76.5%가 동의하였으며, '4차 산업혁명이 자녀의 일자리를 줄일 것이다'라는 질문에도 역시 83.4%가 동의를 하여 일자리에 대한 우려가 있음을 나타냈다.

〈Ⅱ-9〉 4차 산업혁명 일자리에 대한 전망

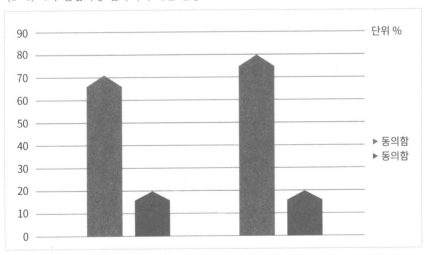

출처: 한국언론재단 미디어연구센터(2017)

뇌교육 전문가와 함께하는
4차 산업혁명 시대 생존전략

옥스퍼드 마틴 스쿨의 프레이 박사는 "손쉽게 자동이 될 기술을 가진 사람들이 일자리를 잃게 될 확률이 높다. 산업의 재발전·재조직·재개발이 될 수 있는 분야는 항시 최고 기술 및 고용이 늘어날 수 있다"라고 했으며 시티 GPS 편집장 캐슬린 보일은 "21세기의 주요 과제는 기술변화를 촉진하여 일자리를 늘리는 고용이 중요하며, 사회 모두에게 영향을 미치는 기술을 찾아내고 알아내는 작업이다"라고 했다. 결국 미래의 새로운 일자리가 창출되는 산업을 찾는 눈이 중요하다고 말한다.

로봇, 인공지능에 의한 인간대체 위협은 직종의 특성에 따라 달라지는데 대략적으로 정리해보면 〈Ⅱ-10〉과 같다.

〈Ⅱ-10〉 인공지능 및 로봇의 직종별 영향

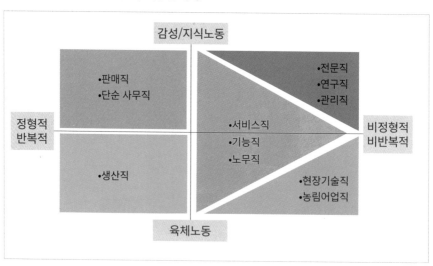

출처: 10년 후 대한민국 미래이슈 보고서(2015)

4차 산업혁명과
청년 일자리 2

생산직은 이미 상당 부분 정리되었으며, 판매직, 단순사무직은 앞으로 대체 위협은 높고, 현장기술직과 농림 어업직은 상호 보완하여 협업이 가능한 직종이다. 노무직과 기능직은 AI 대체 위협은 작지만 인건비 등의 변인에 의하여 외국인 노동자로 대체하고, 전문직, 연구직, 관리직은 보완, 협업, 대체가 동시 진행되고 있다. 즉, 모든 분야에 걸쳐 대체가 진행되고 있으나 정형적, 반복적의 여부와 감성, 지식노동의 구분에 따라 조금씩 달라진다.

정형적이고 반복적인 직종은 이미 대체되었거나 대체될 것이고 지식노동 직종은 대체 위협이 낮기는 하지만 대체 위협에 노출되어 있는 반면, 육체노동이면서 비반복적이고 비정형적인 직종은 보완, 또는 협업은 하지만 대체 가능성의 거의 없을 것으로 보인다. 이 자료를 통해 추측이 가능한 점은 로봇이나 AI로 인해 직업이 소멸되기보다는 보완이나 협업을 통해 존재할 직종의 유무를 알 수 있으며, 또한 자신의 직종이 어디에 속하는지 알 수 있다.

뜨는 직업, 지는 직업

4차 산업혁명은 일자리를 소멸시키기도 하지만 새로운 일자리를 만들기도 할 것이라는 이야기는 줄곧 듣고 있다. 하지만 구체적으로 어떤 직업이 없어지는지, 그리고 생기는지는 예측이 어렵다.

일단 어떤 직업들이 소멸하는지 구체적으로 알아보자.

옥스퍼드 마틴 스쿨 칼 베네딕트 프레이 교수와 마이클 오스본 교수는 「고용의 미래: 우리의 직업은 컴퓨터화에 얼마나 민감한가?」라는 보고서에서 "자동화와 기술 발전으로 20년 이내 현재 직업의

뇌교육 전문가와 함께하는
4차 산업혁명 시대 생존전략

〈Ⅱ-11〉 직업 위험군 분류

번호	위험도 높은 직업	사라질 확률	번호	위험도 낮은 직업	사라질 확률
1	텔레마케터	99%	98	외, 내과 의사	42%
2	화물,창고관련 업무종사자	99%	99	영양사	42%
3	시계 수선공	99%	100	구강, 악안연술 외과의사	42%
4	스포츠 경기 심판	98%	101	헬스케어 부분 사회복지사	39%
5	모델	98%	102	레크레이션 활용 치료전문가	28%

출처: THE FUTURE OFEMPLOYMENT(2013)

47%가 사라질 가능성이 크다"고 발표했다.

총 702개의 직업군을 대상으로 각 직업에서 컴퓨터화가 진행되는 속도 및 현재 노동자의 임금, 취업 등에 필요한 학력 등을 종합 분석하여 인력이 컴퓨터로 대체될 가능성을 0에서 1사이로 표시했다. 1에 가까울수록 사라질 가능성이 크고, 0에 가까울수록 컴퓨터화의 영향을 많이 받지 않는다는 의미이다.

〈Ⅱ-11〉에서 가장 많이 타격을 받는 직업 10개를 순위별로 나타냈다. 1위가 텔레마케터99%이며 화물, 창고 관련 업무종사자, 시계 수선공도 같은 수치로서 고위험군으로 분류되었으며, 모델98%, 전화교환원97%, 요리사96%, 보험판매원92% 등도 위험도가 높았다. 위험도가 낮은 직업으로는 레크리에이션 활용 치료 전문가28%는 가장 낮았으며, 헬스케어 부분 사회복지사39%, 심리학자43%도 대체적으로 안정적인 직업으로 분류되었다.

옥스퍼드의 베네딕트 프레이 교수는 감정 또는 감성을 요구하는 직업이 미래에도 살아남을 가능성이 있으며, 예술가나 테라피스트약물을 사용하지 않으면서 치료를 하는 사람나 연애 상담사가 대표적으로 살아남을 직업이라고 말한다.

2010년 11월에 한국보건의료연구원에서 실시한 "삶의 질을 반영한 수명연장의 가치"라는 연구조사에서 "당신이 건강한 상태로 1년을 더 살 수 있다면 얼마만큼의 돈을 지출할 용의가 있는가?"라는 질문에 평균 1,900만 원에서 최고 1억 원 이상을 지불할 수 있다는 답변으로 보아 '건강'은 미래 사회에서 가장 필요하다고 할 수 있다.

삶의 질을 높이는 데 커다란 영향력을 미치는 것은 '건강'으로, 기본 개념은 질병으로부터의 해방이라고 할 수 있다. 미국의 유명 TV 시리즈 중 "6백만 불의 사나이"와 "소머즈"가 있었다. 우주비행사 출신 주인공이 사고로 한쪽 눈과 팔다리를 잃자 초능력을 발휘할 수 있는 기기를 이식하여 야간투시, 강철도 구부리는 팔, 초고속과 높은 점프가 가능한 다리 등 이식 비용으로 총 6백만 불이 들었다고 하여 6백만 불의 사나이라 불렸다.

또한 소머즈는 두 다리와 한쪽 팔, 그리고 귀를 기계로 대체하여 초능력 여자로 불렸다. 4차 산업혁명 시대는 바로 6백만 불의 사나이 또는 소머즈처럼 신체 이식은 물론 장기 이식조차 가능해졌다.

지금으로부터 40여 년 전의 상상 속의 이야기가 현실이 된 이유는 인류가 더 젊고 건강하게 사는 삶을 추구하기 때문이다. 젊고 건강한

뇌교육 전문가와 함께하는
4차 산업혁명 시대 생존전략

인생을 살기 위해서 신체기능의 강화 및 노화를 조절하고 케어해주는 분야가 바로 에이징 솔루션 분야다. 좀 더 세부적으로 들어가면 신체에 부착해 불편한 부분을 해결해주는 웨어러블 분야와 젊어지고 싶은 욕구를 해결해 주는 안티에이징 분야로 나눌 수 있다. 한국과학기술 평가원에서 2013년 스마트 에이징을 위한 10대 기술을 선정했다.

〈II-12〉 KISPEP 10대 유망기술

기술명	세부내용
초고속 유전체 해독 기술	• 유전체를 초고속, 초정밀, 저비용으로 읽어내고 이를 표준 유전체와 비교함으로써 유전자 변이를 찾아내는 기술 • 고령사회에서 질병 예방 및 진단 등의 의료수요가 크게 증가할 것으로 예상됨. 건강과 질병에 직결된 정보를 담고 있는 유전체를 해독함으로써 환자의 유전자형에 맞는 진단과 치료 제공 가능
무인 자동주행 자동차	• 운전자 없이 센서, 카메라와 같은 '장애물 인식장치'와 GPS 모듈과 같은 '자동 항법 장치'를 기반으로 조향, 변속, 가속, 브레이크를 도로 환경에 맞춰 스스로 제어해 목적지까지 스스로 주행하는 기술 • 일반용뿐만 아니라 고령자 및 장애인의 이동권 보장을 위한 주요 수단으로써 활용될 뿐만 아니라, 군사용, 화물 운송을 비롯하여 상업용 등 광범위한 분야에서 사용될 전망으로 향후 자동차 산업을 이끌 기술로 주목을 받고 있음
분자 영상 질병 진단 기술	• 세포 내에서 발생하는 분자, 유전자 수준의 변화를 동위원소를 이용해 살아 있는 생체에서 영상화하는 기술 • 치매나 파킨슨병과 같은 난치성 신경질환을 증상이 나타나기 이전이나 초기 단계에서 진단하고, 치료제를 선택하거나, 치료 효과를 평가할 수 있음. 또한, 암의 특성과 변화를 영상으로 진단하여 치료에 활용할 수 있음 • 이러한 정밀한 진단기술은 개인의 질병을 빠르고 정확하게 확인하게 함으로써 더 쉽고 저렴하게 질병을 치료할 수 있게 돕고, 만성 질환자들이 지속적으로 질병을 관리할 수 있도록 기본 데이터를 제공해줌

실감형 스마트워크	• 사무실에서의 근무환경과 동일한 환경을 제공하기 위한 네트워크 (초광대역 기가인터넷), 사이버 공간과 물리적인 공간 간의 상호 작용 및 자유로운 이동, 현장감 향상을 위한 미디어 처리, UI/UX, Smart POD(3차원 인터페이스/센서 기반 상황 정보 입출력 처리)관련 기술 등을 의미함. 실감형 스마트워크를 실현하기 위해서는 언제 어디서나 업무 환경을 제공하기 위한 클라우드 컴퓨팅 기술과 3D 홀로그램 등의 대용량 정보전송을 위한 기가 통신 네트워크 기술과 엄격한 보안 기술 등이 요구됨
	• 인구구조 고령화에 따른 생산인구의 감소와 이로 인한 경제활력 저해를 해소하기 위해 능력 있는 여성 인력이나, 장애인 인력의 경제 사회 참여를 이끌어 낼 수 있을 것으로 전망. 또한, 이러한 스마트워크가 확산될 경우 출퇴근 이동 거리 감소, 협업 시스템에 의한 원거리 출장 대체를 통해 교통, 환경, 에너지 등 사회 간접비용 절감효과 및 노동 생산성 향상 등에 기여할 것으로 예상됨
근력지원 로봇 슈트	• 신체 골격과 비슷하게 생긴 로봇 슈트를 고령자나 장애인의 몸에 착용하면 그의 근육에 들어오는 신경의 전기적 신호를 순간적으로 감지해 작동
	• 착용자의 뜻에 따라 자유롭게 움직이는 것이 가능하고 이 옷을 입으면 힘이 세져 무거운 물건도 가볍게 들 수 있음. 같은 원리로 신체 기능이 약한 고령자나 장애인이 걷거나 팔을 움직여서 물건을 들게 할 수 있어 생산현장 및 직장에서 고령자의 활동 영역 확대에 기여
라이프케어 서비스 로봇	• 외부환경을 인식하고 스스로 상황을 판단하여, 자율적으로 동작하는 로봇을 의미하며, 상황판단 기능은 다시 환경 인식 기능과 위치 인식 기능으로 나뉘고, 자율 동작 기능은 조작제어 기능과 자율이동 기능으로 나눌 수 있음
	• 빠른 고령화, 가족구조의 변화로 인해 가정용 로봇의 니즈가 증가하고 있는 가운데 상황인지 기능을 갖춘 로봇을 활용해 재활치료, 간병, 청소, 가사지원 등에 활용 가능
신경줄기세포 치료 기술	• 환자의 몸(피부)에서 생체줄기세포를 채취하여 배양한 신경 줄기세포를 손상된 뇌에 이식시켜 치료하는 기술
	• 고령화 사회에 급증할 것으로 예상되는 알츠하이머, 파킨슨병 등 퇴행성 뇌질환은 현재 치료법이 없는 상태임. 이들 질환의 진행으로 인해 죽은 뇌세포를 신경 줄기세포로 대체하는 근본적 치료법으로 기대됨

나노바이오 의료센서	• 효소, 항체, 세포, DNA 등 특정 물질의 존재 여부를 확인하거나 감지할 수 있는 바이오 소자 기술 • 간편하게 혈액으로 각종 질환의 유무나 진행 상태를 검사할 수 있어 개인의 질병을 빠르고 간단하게 진단하고 비용을 절감할 수 있음 • 소형화로 인해 현장진단에 활용될 뿐만 아니라 향후 인체에 삽입되는 형태로 발전하는 등 스마트헬스 서비스의 핵심 기술임
대화형 자연언어 처리기술	• 하나의 단어가 아닌 사람이 자연스럽게 말하는 문장을 인식하는 기술로서, 사람이 일상생활에서 사용하는 매우 다양한 표현의 일상 언어를 이해하거나 생성이 가능 • 고령화가 진행됨에 따라 신체적/인지 능력 감퇴에 따른 점점 고도화되어 가고 있는 각종 정보화 기기 사용의 어려움을 극복하기 위해 사람 간의 의사소통과 가장 유사한 상호 작용 방식인 대화형 자연어 처리기술에 대한 수요는 폭발적으로 증가할 것으로 예상 • 대화형 자연어 처리기술은 인공지능과 결합하여 대화형 로봇의 등장을 가능케 하여 향후 급격히 증가할 것으로 예상되는 독거노인들의 대화 상대 역할을 하는 등 노인계층의 정서적 소통의 역할을 할 것으로 기대됨
생체 신호 인터페이스	• 생체신호와 신체동작 등을 이용하여, 노약자나 장애인이 컴퓨터를 이용하는 데 있어서의 인터페이스로 사용하거나 정보기기, 자동차, 휠체어 등의 재활기기 구동제어를 위한 명령어를 생성하기 위한 기술을 의미 • 생체 신호 및 신체 동작 기반의 인터페이스는 센서를 몸에 부착하여 사용하며 사용자의 의도에 의해 자연스럽게 생성된 생체 신호를 이용하기 때문에 가상현실, 착용형 컴퓨터나 지체 장애인용 또는 고령자용 인터페이스로 활용 가능. 또한 생체신호 처리 기술은 사용자의 인터페이스로의 활용 이외에 생체신호를 이용한 모니터링 기술로도 개발되어 각종 재활 분야, 건강검진, 스마트 헬스케어 분야 등의 의료분야에도 응용될 수 있음

출처: ISSUE PAPER(2013)

4차 산업혁명과
청년 일자리 2

일자리가 사라지는 것이 아니라 진화하고 있다

2016년에 중앙일보에서 '인공지능에 의한 대체 가능성이 70% 이상인 직업군'에 종사하는 시민 10명을 대상으로 인터뷰를 실시하였는데 상당수가 AI로 대체할 수 없는 인간 고유의 영역이 있다고 생각한다고 답변하면서도 한편으로는 알파고 대국 이후 내 직업이 유지될 수 있는지 불안해졌다는 반응을 보였다.

제○○ (28) / 영업관리직(LG유플러스) / 직업대체 가능성 : 97.2%
"실시간 실적 관리, 재고 수급은 가능하겠지만 영업이 꼭 숫자로 되는 건 아니다. 경쟁사보다 조건이 불리해도 영업파트너와 소주 한잔으로 극복해 내는 게 영업이다."

정○○ (30) / 은행원 / 직업대체 가능성 : 96.8%
"자동화가 상당 부분 진행되고 있는 게 최근 은행권 추세이긴 하지만, 면 대 면으로 진행되는 상담업무와 맞춤형 서비스까지 로봇이 하는 것은 불가능하다."

이○○ (25) / 공무원 / 직업대체 가능성 : 96.8%
"알파고 대국을 보고 난 뒤 불안감이 커진 건 사실이다. 그러나 인공지능이 복지 사각지대를 발굴하고 변화하는 공익의 개념에 맞춰 사업을 기획하는 것까지 할 수는 없을 것 같다."

뇌교육 전문가와 함께하는
4차 산업혁명 시대 생존전략

최○○ (27) / 도서관 사서 / 직업대체 가능성 : 96.7%

"사서가 책 정리나 대출 업무만 하는 건 아니다. 책을 추천하거나 독서 모임을 조직하려면 정서적 교감이 필요하다. 도서관 이용자들의 개별적인 요구사항을 세심하게 맞춰주는 것은 인간만 할 수 있다고 생각한다."

정○○ (34) / 재무관리사 / 직업대체 가능성 : 95.9%

"신뢰와 믿음을 바탕으로 서비스를 제공하는 것은 인공지능 기술이 아무리 발달해도 사람을 대체할 수 없다."

임○○ (59) / 택시기사 / 직업대체 가능성 : 95.1%

자율주행 자동차가 등장한 것이 현실이다. 택시기사라는 직업은 이제 수명이 얼마 남지 않은 것 같다."

김○○ (68) / 아파트 경비원 / 직업대체 가능성 : 89.3%

"지금도 빠른 속도로 자동화되고 있는 추세고 오히려 사람이 하는 것보다 더욱 정확하고 깔끔하게 일 처리를 하고 있지 않나. 나한테는 좋을 게 하나도 없지만 향후 수년 안에 경비원이란 직업이 없어질 것으로 본다."

정○○ (28) / 극사실주의 화가 / 직업대체 가능성 : 80.9%

"단순반복 작업이나 상업적 그림은 얼마든지 인공지능 로봇이 대체할 수 있다. 학습이 가능한 인공지능이라면 창의성이 필요한 회화작업에서도 인간을 대체 할 가능성이 높다고 본다."

박○○(49) / 건축가 / 직업대체 가능성 : 80%

"인공지능이 고객의 개별적 요구까지 반영한다면 건축 관련 일자리 중 상당수가 대체될 수 있다. 특히 공사면적과 층수, 집의 디자인만 입력해 로봇이 자동으로 집을 완성하는 시스템이 정착된다면 건축 노동자 대부분은 할 일이 없다."

김○○(43) / 요리연구가 / 직업대체 가능성 : 73.4%

"맛은 개인 기호 차이가 중요한 영역이다.
인공지능이 간편식은 만들 수 있겠지만 손맛을 대체할 순 없다."

일자리의 이동에 대해 구체적으로 이야기하자면 인공지능으로 인하여 단순, 반복적인 업무를 수행하는 직업은 감소하겠지만 역으로 인공지능을 사용하기 위한 인간의 고도한 능력으로 인해 새로운 일자리가 많이 생성될 것이며, 특히 ICT 분야에서 새로운 일자리가 창출될 것으로 예상하고 있다.

2016년 1월 세계 경제포럼에서 발표한 '4차 산업혁명에 따른 미래 일자리 변화 전망' 보고서에 따르면 4차 산업혁명으로 인해 전 세계 산업구조는 많은 변화가 있을 것이며 특히, 현재 초등학교에 입학하는 어린아이들의 65%가 현재에 존재하지 않았던 새로운 직업을 가질 것으로 전망했다. WEF는 전문지식이 필요한 경영·금융서비스49만 2,000개, 컴퓨터·수학40만 5,000개, 건축·공학33만 9,000개 등의 분야에서 오히려 일자리가 증가할 것으로 예측했다.

과거 1차에서 3차에 이르는 산업혁명 때도 이러한 우려가 있었다.

뇌교육 전문가와 함께하는
4차 산업혁명 시대 생존전략

대표적인 사례가 영국에서 일어났던 러다이트운동기계 파괴 운동이다. 노동자들이 실업과 생활고의 원인을 기계에 돌려 기계를 파괴한 사건이다. 하지만 결과는 기계에 의해서 소멸된 직업보다 많은 일자리가 창출되었다.

산업혁명의 역사로 되돌아가 보면 가내수공업이 공장노동자로, 지게꾼이 운전기사로, 타이피스트가 프로그래머로 진화된 것이다.

새로운 기술력과 혁신으로 인해 우리가 상상하지도 못했던 일자리들이 나타나 기회가 될 수 있다.

〈Ⅱ-13〉 10년 전 존재하지 않았던 유망직업

| 앱 개발자 | 드론 조종사 | 소셜 미디어 관리자 | 클라우드 컴퓨팅 스페셜리스트 | 우버 택시 운전자 |
| 지속 가능성 관리자 | 무한자동차 엔지니어 | 유튜브 콘텐츠 크리에이터 | 빅데이터 애널리스트 데이터 사이언티스트 | 밀레니엄 세대 전문가 |

출처: 미래 일자리의 길을 찾다(2017)

4차 산업혁명과
청년 일자리2

10년 전에는 없었지만 지금 각광받고 있는 직업이 무엇인지. 사회가 변화되면서 상상하지도 못했던 직업이 생겨나기도 하고 때로는 직업이 소멸되는 것이 아니라 시대에 맞게 변화되기도 한다. 〈Ⅱ-13〉의 유망 직업을 보면 현재에도 택시 운전자가 공유경제가 시작됨에 따라 우버 시스템이 각광받게 되고 자연스럽게 우버 택시 운전자의 경우 유망 직업이 되는 세상이다.

그 외에도 취미로만 하던 드론 조종이 직업이 되고, 자동차 정비공이 무인자동차 엔지니어로의 전환을 예측한다면 일자리가 소멸되는 것도 있지만 보완 및 협업 그리고 전환되는 직업이 더욱 많아질 것이라는 예측도 가능하다.

그렇다면 일자리의 전환은 어떤 환경에서 이루어질까.

미래준비위원회와 KISTEOP, KAIST의 보고서에는 사회 환경, 기업문화, 산업구조, 고용환경, 노동환경의 5가지 변화요인이 우리의 일자리에 영향을 주는 환경의 변화요인이라고 한다.

미래 일자리 환경변화 트렌드는 기술 동인과 경제, 사회 환경 동인의 영향을 받아 5가지의 관점에서 변화가 일어날 것으로 보인다.

〈Ⅱ-14〉를 보면 인간관계가 일반적인 소통에서 가치와 지식창출을 위한 네트워크로 강화사회변화되면서 기업은 개인의 일감과 연결시키는 매개체로 변화되고 고용환경의 불안정성으로 인해 직업과 임금의 양극화는 더욱 심화될 수 있다. 그러다 보니 산업구조는 1인 기업이 많아지며 창조적 서비스업이 증가되고 노동환경은 한군데 정착하는 것이 아니라 인터넷을 기반으로 한 공간과 시간의 유연한

〈Ⅱ-14〉 미래 일자리 환경변화 5대 트렌드

미래 일자리 환경 변화 5대 트랜드

미래사회변화 동인

기술 진보
- 인간과 기계의 역할 변화
- 현실 세계와 가상 세계의 변화
- 감성 컴퓨팅 기술의 발전
- 스마트 기술을 통한 융합

경제사회 환경
- 고연령층과 여성 인력의 대두
- 삶의 질을 중시하는 사회
- 지식집약형 고부가가치 산업 발전
- 국가 간 인구 이동확대와 다문화주의
- 기후변화와 에너지 위기

미래 일자리 환경 변화 트렌드

1 사회 환경 가치와 지식 창출을 위한 휴먼 네트워크 강화

2 기업 문화 기업, 직장에서 직업 매개체로의 변화

3 고용 환경 일자리 양극화와 데이터 기반 인적관리 강화

4 산업구조 자가 고용과 창조 서비스업의 증가

5 노동 환경 언제 어디서나 일할 수 있는 유연한 업무환경

출처: 미래 일자리의 길을 찾다(2017)

4차 산업혁명과
청년 일자리*2*

업무환경이 된다.

미래 일자리 환경변화로 직업에 대한 가치가 변화되고 일을 하는
태도의 변화가 나타난다. '평생직장'에서 '평생직업'으로, '조직 중심'
에서 '개인 중심'의 문화로 이동하게 되어 10년 후에는 기업에 소속
되기보다는 프로젝트 기반의 '1인 기업'이 증가하고, 기업이 필요에
따라 인력을 충원하고 대가를 지불하는 긱 경제Gig Economy 현상이
두드러질 것으로 보인다.

결국, 미래 사회의 일자리를 보는 관점을 바꿔보면 직업이 소멸되
기보다는 점점 더 전문화되고, 세분화되면서 융합이 필요한 직업 형
태로 변화될 것이라는 예측이 가능해진다.

직원 수가 회사의 크기와 가치로 평가받던 시절에 세계적 제조업
체로서 근로자 수가 14만 5천 명에 달했던 코닥은 2012년에 부도
가 났다. 하지만 그해 4월에 직원 수는 13명밖에 되지 않았지만 5억
달러의 자산 가치를 지닌 인스타그램을 페이스북은 10억 달러에 인
수하였다. 페이스북은 어떤 기업 가치를 보고 근로자 수 13명에 불
과한 인스타그램에 가치의 2배가 넘는 금액을 지불하였을까. 바로
보이지 않는 것을 보았기 때문이다. 즉, 미래의 자산 가치는 보이는
것이 아니라 보이지 않는 것임을 이미 알고 있었기에 선택은 당연한
것이라 할 수 있다.

그로부터 5년이 지난 지금은 IT를 넘어 이제 ICT정보통신기술의 시
대를 이야기하고 있다. 일자리에 대해 여기저기에서 많은 이야기들

뇌교육 전문가와 함께하는
4차 산업혁명 시대 생존전략

을 하지만 그 누구도 예측할 수 없는 영역임을 인지해야 한다. 즉, 인간 고유의 영역인 감수성과 창의성을 요구하는 직업은 살아남는다고 하지만 이미 인공지능의 능력이 어느 만큼 발전할지 아무도 예측할 수가 없기에 창의성과 감수성조차도 인간 고유의 영역이 아닐 수도 있다.

왜냐하면, 미래는 예측할 수 없을 정도로 빠른 속도로 다가오기 때문에 준비를 할 여유조차 없기 때문이다. 예전처럼 몰리는 곳에 우르르 몰려들었다가 이미 늦었다는 것을 깨닫는 데는 얼마 시간이 걸리지 않을 것이기 때문이다. 무엇What을 할까를 결정하고 어떻게 How 대응을 하느냐의 관점으로 4차 산업혁명을 바라보아야 한다. 보이지 않는 자신의 가치를 어떻게 올릴 것인가에 집중한다면 미래의 모습은 희망이고 기회일 수 있다.

중앙일보의 인터뷰처럼 직업은 기계가 대체할 수 있지만, 업무는 기계가 할 수 없는 나만의 장점으로 특화시킨다면 그것이 바로 4차 산업혁명 시대의 뜨는 일자리가 될 수도 있다고 생각해보자.

어떤 인재를
원하는가

2-4

미래 역량 수준을 높여라

앞장에서 10대 미만의 학생들은 창의적 문제 해결 역량을 키워야 한다고 했다. 지금도 창의성이 미래 인재의 조건이라고 T매체에서 이슈가 되고 있는데 창의성은 10대에서 해결해야 할 역량이라 하니 20대의 청년은 어떤 역량을 키워야 글로벌 기업의 입맛에 맞는 인재일까. 취업은 해야겠는데 도대체 무엇을 해야 하는지 몰라 바쁘기만 하다.

취업 시장에 떠도는 신조어 중에 "취업 9종 세트"가 있다. 나열하자면 학점, 토익, 어학연수, 자격증, 인턴경력, 사회봉사, 하다못해 성형 수술까지 가담해 있는 것을 보니 언제부터인지 우리들의 젊은 날은 스펙이라는 포장의 가치로 평가받고 있는 것 같은 느낌을 지울 수가 없다. 포장지 안의 우리는 뜯겨보지도 못한 채 포장지와 같은 모습으로 살아가고 있는지도 모른다. 포장지처럼 살아가려 해도 청

뇌교육 전문가와 함께하는
4차 산업혁명 시대 생존전략

춘을 모두 바쳐야 가능했는데 이제 그 포장지의 모습도 AI가 인간보다 더 잘할 수 있다 하니 우리들이 앞날이 어둡게 느껴지는 것은 어쩌면 당연한 것이라 여겨진다.

그렇다면 4차 산업혁명 시대에 일자리를 가지려면 어떠한 역량이 필요할까? 우리의 머릿속에 계속 맴도는 질문이다.

〈Ⅱ-15〉에서 보는 것처럼 우리가 대표적인 스펙이라고 여겼던 항목이 변화하고 있다. 학위, 외국어, 해외연수, 유학 등의 스펙 대신에 관련 전공이나 경험, 또는 사회활동의 유경험자가 더욱 필요하다고 한다.

〈Ⅱ-15〉 지원자가 갖추어야 할 스펙

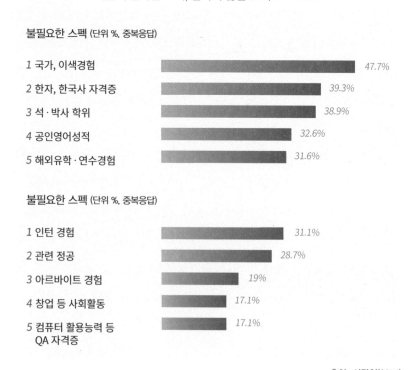

기업이 원하는 스펙, 원하지 않는 스펙(자료 : 사람인)

불필요한 스펙 (단위 %, 중복응답)

1 국가, 이색경험	47.7%
2 한자, 한국사 자격증	39.3%
3 석·박사 학위	38.9%
4 공인영어성적	32.6%
5 해외유학·연수경험	31.6%

불필요한 스펙 (단위 %, 중복응답)

1 인턴 경험	31.1%
2 관련 전공	28.7%
3 아르바이트 경험	19%
4 창업 등 사회활동	17.1%
5 컴퓨터 활용능력 등 QA 자격증	17.1%

출처: 사람인(2017)

"사회구조 변화와 고용서비스 인력의 전문성 확보를 위한 고용정보원의 역할임승빈, 5.13"에서 발표한 자료에 의하면 2016 세계 경제 포럼WEF이 미래의 일자리에서 필요한 핵심적인 직무기술로 예상되는 9개의 역량을 조사해서 발표했는데, 자세한 내용은 〈Ⅱ-16〉과 같다.

〈Ⅱ-16〉 미래 일자리의 9가지 직무능력

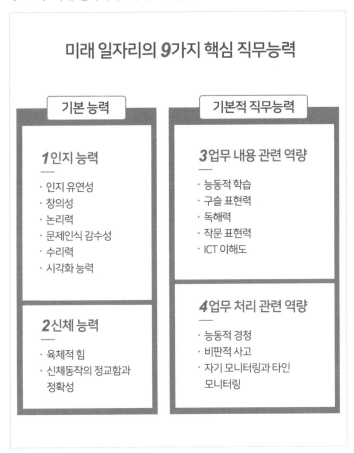

뇌교육 전문가와 함께하는
4차 산업혁명 시대 생존전략

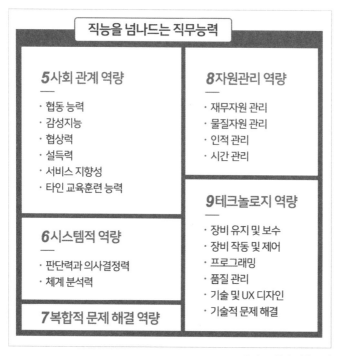

직능을 넘나드는 직무능력

5사회 관계 역량

· 협동 능력
· 감성지능
· 협상력
· 설득력
· 서비스 지향성
· 타인 교육훈련 능력

8자원관리 역량

· 재무자원 관리
· 물질자원 관리
· 인적 관리
· 시간 관리

6시스템적 역량

· 판단력과 의사결정력
· 체계 분석력

9테크놀로지 역량

· 장비 유지 및 보수
· 장비 작동 및 제어
· 프로그래밍
· 품질 관리
· 기술 및 UX 디자인
· 기술적 문제 해결

7복합적 문제 해결 역량

출처: 고용정보원(2016)

기본능력, 기본적 직무능력, 직능을 넘나드는 직무능력이라는 3개의 카테고리 안에 하위능력으로 9개의 핵심직무능력을 구분했다. 여기에서 우리가 주목해야 될 카테고리는 직능을 넘나드는 직무능력이다.

세계 경제포럼의 보고서인 "일자리의 미래"를 살펴보면 미국, 중국, 일본, 영국, 독일, 호주, 프랑스 등 15개국 370여 개 기업 인사 담당자를 대상으로 현재와 2020년을 기준으로 9개의 역량 중요 순서에 대해 조사하였더니 복합문제 해결역량, 사회관계 역량, 시스템적 역량, 자원 관리 역량 등으로 나타났다. 현재 대비 역량의 중요성 변화에서는 인지 능력 중요성 증가 비율이 가장 높았으며, 시스템적 역량, 복합적 문제 해결 역량, 업무 내용 역량 등의 순서로 나타났다.

산업 분야에 따라 업무 능력의 중요도가 조금씩 차이가 나지만, 전체적인 평균을 보면 중요도 순서가 서로 유사하게 나타났다. 2017년 다보스 포럼의 주제는 '책임과 소통의 리더십'이다. 4차 산업혁명 시대는 그 어느 때보다 리더십이 중요하며 리더십의 덕목으로 불확실한 미래에 나타나는 문제 해결을 위해서는 투철한 책임감과 미래 사회와의 소통능력이 중요하다고 여겨서이다. 그렇기 때문에 기업에게 복합적 문제 해결 역량과 사회관계 역량은 중요할 수밖에 없다. 그렇다면 20대의 청년이 지녀야 할 미래역량이 복합적 문제 해결 역량이라고 봐도 무리는 아닐 듯하다.

대한민국도 미래의 중요 역량에 대해 우리의 수준을 알아보기 위해 "10년 후 대한민국 미래 일자리의 길을 찾다KISTEP, 2017.1.31"에서 9개의 역량에 대한 중요성과 국내 수준에 대해 정책 부분과 대학, 그리고 기업의 3곳의 기관에서 〈Ⅱ-17〉과 같이 분석했다.

각 기관의 전문가에 의해 분석된 미래 중요 역량은 기관마다 약간의 차이는 있지만 복합적 문제 해결 역량이 3곳 모두 가장 중요하게 나타난 것으로 보아 대한민국도 미래 인재에 대한 역량의 수준이 세계화되어 있음을 알 수 있다. 또한 중요 역량의 순위가 2016년 대비 2021년에 현저하게 변화된 것으로 보아 미래 인재상이 변화되었다는 것도 알 수 있다. 〈Ⅱ-17〉에서 보이듯이 2016년은 업무처리 관

리 능력이 세 기관 모두 가장 높았지만 5년 후에 거의 필요 없는 역량으로 수위가 낮아진 이유가 무엇이겠는가. 4차 산업혁명으로 인해 로봇이나 AI 대체 위협이 높기 때문이 아니겠는가.

이런 결과를 보면서 자신의 일자리를 놓고 경쟁하는 경쟁자로서 AI를 대한다면 우리는 더 이상 우리의 성장을 꿈꾸기가 두려워질 수 있다. 왜냐하면 AI와 같은 역량으로는 경쟁이 거의 불가능하기에 기계와의 경쟁이 아니라 공조의식이 필수일 수 있다. 지금 주위를 살펴보라. 이미 많은 부문에서 기계가 인간의 일자리를 대신하고 있다. 기계가 기능의 일자리를 대체하는 미래 시대가 요구하는 역량은 인간 고유의 능력인 창의성과 복합적 문제 해결 역량이라고 볼 수 있다. 10대에 이미 창의성 강화를 위한 학습을 하였기에 우리에게 남은 것은 복합적 문제 해결 역량의 강화라고 할 수 있다.

〈Ⅱ-17〉 미래의 중요 역량(2016 VS 2021)

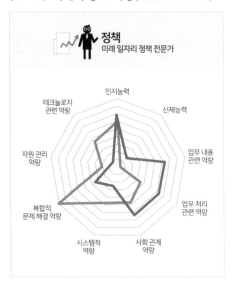

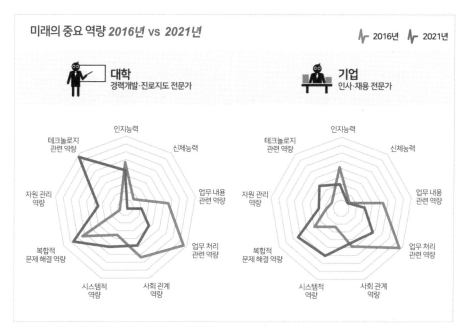

미래의 중요 역량 *2016년* vs *2021년*   2016년 2021년

대학
경력개발·진로지도 전문가

기업
인사·채용 전문가

테크놀로지 관련 역량 / 인지능력 / 신체능력 / 업무 내용 관련 역량 / 업무 처리 관련 역량 / 사회 관계 역량 / 시스템적 역량 / 복합적 문제 해결 역량 / 자원 관리 역량

출처: 10년 후 대한민국 미래 일자리의 길을 찾다(2017)

관점을 바꾸어보자

4차 산업혁명 시대에 가장 많이 나오는 단어가 '위기'라는 단어다. 우리가 알고 있는 위기는 '위험한 고비 또는 시기'이지만 풀이를 바꾸어 본다면 '위험과 기회'라고 할 수도 있다. 피해갈 수 없다면 부딪치라는 말도 있듯이 두려움보다는 자신감으로 시대를 바라보는 시각이 필요하다. 4차 산업혁명을 '위기'보다는 '기회'의 관점에서 바라보았을 때 자신을 스펙이라는 포장지로 위장하기보다는 포장하지 않은 채 당당하게 세상을 향해 나아갈 수 있기 때문이다. 세상의

뇌교육 전문가와 함께하는
4차 산업혁명 시대 생존전략

눈을 의식하지 않고 있는 그대로의 자신을 수용하고 자신의 선택을 믿은 덕분에 성공이라는 두 글자를 거머쥔 사례를 몇 가지 찾아보았다.

전자상거래 업체 알리바바Alibaba의 상장 대박으로 가난한 영어 강사에서 중국 최고의 부자가 된 마윈 회장. 어려서부터 공부하고는 담을 쌓았지만, 생일선물로 받은 라디오 덕분에 영어공부를 잘하게 되어 영어 강사에서 시작하여 마지막에 알리바바를 창업하고 15년 만에 개인 자산 28조 원의 중국 최대 갑부가 된다.

마윈은 이 시대의 청년에게 이렇게 외친다.

"나는 이 일에서 중요한 두 가지 원리를 깨달았다. '태도'가 '능력'보다 더 중요하다는 것 한 가지와 그 선택이 내가 가진 능력보다 훨씬 더 중요하다는 것이다."

인스타그램의 창업자 케빈 시스트롬은 또 어떤가. 중학교 때 접한 컴퓨터 프로그래밍으로 인하여 대학 전공은 경영학이었지만 스스로 코딩과 프로그램에 꾸준히 집중한 결과 많은 사람들이 열광하는 인스타그램을 개발하고 앞서 말한 것처럼 2012년에 페이스북에 10억 달러에 인수되면서 그 가치의 상승세가 지속되고 있다.

위의 사례와 같은 사람들이 바로 복합적 문제 해결 능력을 가진 인재다. 포장에 급급하기보다는 당당하게 자신에게 닥친 문제를 해결하면서 조직과 함께 성장하는 사람을 미래는 원하고 있다. 미래 인재는 여기에서 끝나는 것이 아니라 창조물을 함께 공유하는 마인드의 소유자이다. 4차 산업혁명의 중요 키워드 중의 하나가 바로 공유이다.

지금까지는 소유의 시대였기에 내 것을 나누지 않아도 살아갈 수 있었지만, 우리가 맞이할 미래 사회는 함께 살아가기 위해서 공유의 마인드와 행동이 필수요소라고 할 수 있다. 글로벌 기업인 구글은 오픈소스 친화기업으로 가장 먼저 선점했으며 뒤를 이어 최근에는 많은 기업들이 오픈소스의 중요성을 인식하여 시행하거나 시행 계획을 세우고 있다.

　모두가 알고 있는 페이스북도 2013년부터 본격적으로 내부 오픈소스 기술을 외부에 공개하며 이와 관련된 커뮤니티를 키우고 있다. 페이스북의 오픈소스 기술을 총괄했던 제임스 피어스의 말에 따르면 첫 번째는 오픈소스 기술로 얻은 혜택을 다시 사회로 돌려주어야 한다는 도덕적 의무에 기반한 사회공헌 의식이다. 두 번째로는 동종의 산업군이 함께 성장할 때 혁신이 일어날 수 있다고 믿었으며 세 번째로는 오픈소스로 인해 내부개발자뿐만 아니라 페이스북을 사용하는 외부개발자들로 인해 기술이 더 좋아지고 빨라질 것이므로 결국에는 기업에 긍정적 영향을 미칠 것이라는 3가지 이유 때문에 페이스북은 오픈소스로 인해 수익을 내는 기업이 아님에도 불구하고 투자한 것만 보아도 오픈소스의 중요성을 실감할 수 있다.

　우리는 지식과 정보가 공기 중에 떠돌아다닐 정도로 풍성한 시대에 살고 있다. 내가 아는 것은 모두가 아는 시대가 바로 4차 산업혁명 시대라고 해도 과언이 아닐 듯하다. 내가 아무리 많은 지식과 정보망을 거미줄처럼 치고 있더라도 서로 융합하지 못한다면 아무짝에도 쓸모없는 것이 될 것이다.

스티브 잡스는 고객의 상상을 현실에서 가장 창조적인 제품으로 만들어냈기에 복합적 문제 해결가라고 할 수 있다. 4차 산업혁명 시대는 지식이나 정보의 양보다 문제 해결을 위한 융합과 실행능력이 미래 인재의 조건이라고 할 수 있다. 왜냐하면, 4차 산업혁명 시대는 서로가 서로에게 고객이 되는 시대이기에 사회와 소통하지 않으면 욕구를 파악할 수 없게 되고 자연스럽게 사회에서 도태될 수 있기 때문이다. 사회의 다양한 욕구를 자신이 가지고 있는 능력과 융합하고 단순화할 수 있는 뇌 구조로 변화하여야만 한다.

4차 산업혁명 시대는 초연결화, 초지능화 등 앞에 '초'라는 수식어가 붙는다. 우리가 준비할 수 없을 정도로 빠르게 세상은 변화되고 있기 때문에 준비하다가 인생이 끝날 수도 있다. 구슬이 서 말이라도 꿰어야 보물이라는 말이 있는 것처럼 지금 자신이 가지고 있는 역량만으로도 충분하다. 이제 구슬을 꿰기만 하면 미래 사회의 보물이 될 것이라는 확신이 필요하다.

어떻게 뇌 구조를 변화시키지?

뇌 구조를 변화하기 위해서는 우선 뇌에 대해 알아야 한다. 컴퓨터의 운영체제가 인간의 뇌와 비슷하여 우리는 종종 뇌를 컴퓨터와 비교하기도 한다. 하지만 컴퓨터와 뇌의 가장 큰 차이가 있다. 바로 감각기관으로부터 받아들인 정보에 의미를 부여하고 어떤 문제에 대해서 스스로 인식하고 깨닫는 지각능력이다.

AI가 아무리 놀라운 속도로 자신의 능력을 뽐낸다 할지라도 인간의 감정이나 복잡한 생각 등은 경험할 수가 없기에 아인슈타인이나

에디슨 등이 발명했던 것처럼 스스로 마음이 움직여 원하는 것을 발명할 수는 없다. 여러 설이 있기는 하지만 AI에게는 없는 마음mind이 뇌의 신경작용에 의해서 결정된다는 것이 19세기에 들어 뇌의 구조와 기능이 발표되면서 과학적으로 입증되기 시작했다. 즉 마음은 뇌에 있다는 설이다.

2011년도 의학 드라마 '브레인'에서 뇌 MRI 촬영을 하면서 사랑하는 사람을 생각하라 하니 뇌에 변화가 온 것처럼 마음은 뇌에 있을 수도 있다. 뇌 구조를 바꾼다고 하면 어렵게 느껴질 수 있겠지만 마음의 구조를 바꾸는 것은 좀 더 쉽게 다가올 수 있다. 예를 들면 실제로는 치료에 도움이 되는 약이 아닌데도 환자가 믿고 복용하니 효과가 나타나는 플라시보Placebo 효과가 그 예라고 할 수 있다. 또한 어렸을 때 "할머니 손은 약손, 손자 배는 똥배"라고 주문을 외우며 할머니가 배를 문지르니 어느새 손자의 아픈 배가 낫는다는 이야기처럼 마음이 변하면 뇌도 기존의 정보에서 새로운 정보로 바꾼다.

미국 클리블랜드 병원 신경과학자인 광예 박사는 젊은 사람들과 노인들을 대상으로 실제 근육 강화는 하지 않은 채 마음속으로 근육을 강하게 수축시키는 '심상 훈련Imarery Training'을 실시한 결과 젊은 이와 노인들 모두 15% 정도의 근육이 강화되었다고 보고하였다. 이 실험의 결과로 뇌는 현실이라고 상상하면 그대로 이루어 낸다는 것을 알 수 있다. 결국, 마음먹기에 따라 뇌 구조의 변화가 나타난다고 볼 수 있다.

뇌 구조를 변화하고자 한다면 첫째, 목표를 설정하라. 필자는 과

뇌교육 전문가와 함께하는
4차 산업혁명 시대 생존전략

거 은행원으로 근무할 때 고객 얼굴을 보면 고객의 통장번호가 기억날 정도로 기억력이 좋았는데 지금은 가족의 스마트폰 번호조차도 제대로 외우지 못한다. 나이가 들어 기억력의 노화도 있겠지만 사용하지 않는 것이 더 큰 비율을 차지한다. 이처럼 뇌는 필요가 없다고 인식하는 순간 가지고 있던 기능조차도 소실된다. 하지만 후천적인 시각장애인이 점자책을 읽는 능력을 개발하는 것과 같이 필요하다고 인식하면 없던 기능도 새롭게 만들어 내기도 한다.

둘째, 목표가 이루어지는 상상을 구체적으로 하라. 단 1%의 의심도 없이 상상하면 뇌가 사실로 인지하고 이루어질 수 있도록 방향을 설정해보라. 오래전 흥미로운 신문기사를 보았다. 반신불수의 중풍환자들이 있는 병실에 커다란 뱀 한 마리가 나타났는데 평소 화장실 출입도 자유롭지 못했던 환자들이 뱀을 본 순간 벌떡 일어나 병실 밖으로 도망갔다는 기사다. 환자들은 자신이 움직이지 못한다는 사실보다 살 수 있다는 목표에 더욱 충실했고 뇌는 주인이 원하는 대로 움직여준 것뿐이다.

셋째, 모든 것을 함께 공유하라. 2013년도에 세계 최초로 민간 인공위성을 쏘아 올린 송호준 씨 기사를 보았다. 고려대를 나와 2007년부터 민간 인공위성 제작업체에서 근무하다가 지식을 공유하지 않는 현세대에 분노하여 직접 만들어 공유하기로 마음먹고 경비가 없었지만 포기하지 않고 빚을 지면서까지 인공위성을 개발하여 쏘아올리고 자신의 최종 목표였던 오픈소스를 행동으로 옮긴다. 함께 살아가야 하는 세상을 대하는 태도가 무엇인지 정확하게 인지하고 실천하였기에 그는 천년을 살고 싶다고 말할 수 있는 듯하다. 항상 자신에게 하는 "일단 하고 보자 안 되면 말고!"라는 외침이 결코 메아리처럼 들리지 않는 이유도 역시 소유가 아닌 공유를 실천하였기 때문이 아닐까.

정확한 목표와 필요성의 인식으로 인해 사회와의 소통이 이루어지고 지식과 정보를 융합하여 이루어 내기 위해서는 송호준 씨처럼 자신의 뇌를 통합시켜야 한다. 뇌를 통합한다는 것은 뇌가 반드시 움직여야만 하는 정확한 목표를 인식하였을 때 가능하다. 즉, 같은 자극이라도 반응이 다르게 나타날 수 있는 것은 자극과 반응 사이의 마음의 공간을 어떻게 사용하였느냐이다. 목표를 구체화하고 이루어지는 상상을 통해 뇌가 목표를 인지하며 결과를 공유하겠다는 커다란 의식으로 무장되었을 때 자신이 원하는 대로 뇌 구조가 변화될 것이다.

청년이여! 호모 파베르가 되자

목표를 세운다고 해서 모든 것이 이루어지는 것은 아니다. 만든다는 것은 머릿속에 존재하는 무형의 생각이 작업이라는 것을 통해 구체화되고 형상화되는 과정이라고 할 수 있다. 하지만 '우리는 생각보다 쉽지 않다'는 경험을 수도 없이 많이 하고 타인에게 어려움을 토로하기도 한다. 말만 번지르르한 사람보다는 직접 행동으로 보여 주는 사람에게 신뢰감이 가는 것은 그 어려움을 알기에 가능하다. 어렵기는 하지만 불가능하지 않은 이유는 프랑스의 철학자 앙리 루이 베르그송Henri-Louio Bergoon이 처음 소개한 호모 파베르이기 때문일 수도 있다. 호모 파베르는 '도구를 이용해 유·무형의 산물을 만

뇌교육 전문가와 함께하는
4차 산업혁명 시대 생존전략

들어내는 인간의 본질'이라고 정의된다.

베르그송은 "우리는 태생적으로 기하학자이듯이 태생적으로 장인이기도 하다. 그리고 심지어 우리가 기하학자인 것은 우리가 장인이기 때문이다Berson, 1907:85"라고 표현한다. 베르그송은 호모 파베르의 개념을 지성에서 시작한다. 기본적으로 지성은 추리의 기능이 있기에 단순한 도구를 제작해도 추리는 필수이다. 하지만 호모 파베르를 도구를 만드는 단순한 메이커로 부르기에는 다소 불편한 점이 있다. 진정한 호모 파베르는 송호준 씨처럼 무엇인가를 만듦으로써 자신의 운명이나 환경까지 변화시킬 수 있는 역량을 갖추어야 한다고 여기기 때문이다. 즉, 인간은 물질적인 도구 외에 '상징'이라는 도구를 사용하여 목표를 구체화하여 원하는 것에 가까이 다가간다.

마음으로 품고 눈으로 볼 때 성공은 구체화될 수 있다. 조직의 사훈이나 가정의 가훈을 말로만 할 때보다 시각화하였을 때 효과가 더 큰 것이 그 증거이다. 시각화는 스스로에게 암시를 주기도 한다. 송호준 씨의 "일단 하고 보자. 아님 말고"의 자기암시처럼 자신만의 암시어를 만들어 보자. 내가 원하는 인생을 표현할 수 있는 상징에 대해 고민해보자.

KAIST 문술 미래전략대학원에서 2030세대가 함께 모여 대한민국의 미래를 스스로 그려가고 만들어가는 "미래세대 열린 광장 2045"의 첫 행사는 서울 건국대에서 "일자리의 미래"라는 주제로 청년 패널과 대학생 150여 명이 치열한 토론을 벌였다.

로봇자동화로 인한 일자리의 감소에 대한 기본소득제의 도입이 핵심 쟁점이었는데 표결결과는 반반이었다. 아무리 취업난에 시달려도 일하지 않는 수입은 원하지 않는다는 것이었다. "기본생계만 보장되면 평생 일자리가 없어도 난 행복할 것이다"라는 질문에 '그렇다27%'에 비해 '아니다73%'라는 답변이 많은 것만 보아도 인간은 일을 통해 자신의 인생을 만들어 가고 그 과정에서 존재감과 성취감 그리고 행복감을 느낄 수 있다는 것을 우리의 마음속에서 이미 눈치 채고 있는 것이다. 그렇다면 '왜 일을 하는가'라는 질문에 '먹고살기 위한 생계유지의 수단이 아니라 나 자신의 자아를 실현하기 위해서'라고 큰소리로 답할 수 있다.

목표가 정해지면 일을 대하는 자신의 태도 또한 변화된다. "나는 할 수 있다"라는 자기 암시를 통해 미래 사회를 두려움이 아닌 기회로 받아들여 미래 인재로 성장할 수 있는 토대를 마련해 보자.

직장인! 4차 산업혁명에 종속될 것인가? 선도할 것인가?

세상의 변화를 먼저 읽고 장기적 안목으로 대처하면 운명도 변한다

－ 군주론 25장

언제부터인가 4차 산업혁명이라는 말이 여기저기에서 들려온다. 마치 이것을 모르면 큰 문제가 생길 것 같고, 시대에 뒤처지는 사람처럼 비칠 정도이니 말이다.

사물인터넷과 인공지능AI으로 대변되는 제4차 산업혁명은 일자리 환경을 엄청나게 빠른 속도로 변화시킬 것이라고 한다. 3D프린터, 드론, 5G, 알파고, 자율주행 자동차, AR, VR, 스마트 팩토리, 빅데이터, 블록체인 같은 말들이 이젠 더 이상 어색하게 않게 일상 속으로 스며들어오고 있다. 그러다 보니 다들 4차 산업혁명에 대해 자연스럽게 관심을 갖게 될 수밖에 없는데 처음 접하다 보면 그 변화의 내용과 빠른 속도에 깜짝 놀란다.

뇌교육 전문가와 함께하는
4차 산업혁명 시대 생존전략

'내 직업은 괜찮은 걸까?' 하고 걱정도 생긴다. 그러나 막상 속내를 들여다볼라치면 그 내용이 그 내용이고, '그냥 그럴 것이다' 정도이지 어느 누구도 속 시원한 대답을 내주지 못하고 있다. 그러다 보니 '에라 모르겠다! 내 당장 먹고살기도 바쁜데' 하고 관심에서 멀어져 가는 게 지금의 현실이다. 그러나 어쨌든 변화는 올 수밖에 없는 것이고 그것을 온몸으로 받아내야만 하는 것이 이 땅에 살아가고 있는, 특히 가장 기본적인 욕구인 먹고사는 문제가 달려 있는 대한민국의 직장인들이다.

2016 세계경제포럼은 〈일자리의 미래The Future of Job〉라는 보고서를 통해 기술 진보가 인간의 일자리에 미칠 영향을 전망했다. 기술 진보로 인해 점차 인간의 역할을 기계가 대체하여 향후 일자리와 직업에 많은 변화가 일어날 것이라는 거다.

그렇다면 우리 직장인들은 이 4차 산업혁명을 어떻게 해석해야 하는가? 또 어떻게 대처해야만 하는가?

'직장인은 누구나 가슴에 사직서를 품고 다닌다'고 하는데, 이는 특히나 대한민국에서 회사에 다니는 사람이면 더 와닿을 수밖에 없다. 많이 좋아졌다고는 하지만 여전히 야근에, 특근에 회식이 반복되는 생활 속에서 살다 보니 직장인 우울이 높고 삶의 만족도, 삶의 질은 OECD 최하위를 달리고 있다.

2016년 3월 16일, 유엔 자문기구 중 하나인 유엔 지속가능발전 해법 네트워크SDSN: UN Sustainable Development Solutions Network, 2016가 발표한 '2016 세계행복보고서World Happiness Report 2016'에 따르면 대

한민국의 행복도는 157개 국가 중에서 58위를 기록하고 있으며, 한국 근로자의 노동시간은 연평균 2,113시간으로 멕시코에 이어 2위에 올랐다. 그리고 한국의 '더 나은 삶 지수BLI'는 OECD 38개국 중 28위, 일과 삶의 균형 부분에서는 36위에 머물렀다.

이를 보면 대한민국의 직장인들은 하루하루를 버티고 있다는 표현이 맞을 듯싶다. 대한민국 실업률이 사상 최악으로 두 자릿수를 달리고 있는 지금의 상황에서는 직업을 가지고 있는 것만으로도 다행이다 싶을 지경이다. 이런 상황에서 4차 산업혁명에 대한 기사는 연일 뉴스에 오르내리고 있으니, 그 어렵다는 '평범한 삶'을 살기 위해 하루하루 전투에 임하는 직장인들에게는 참 신경 쓰이는 일이 아닐 수 없다.

2016 세계경제포럼WEF에서는 '앞으로 사라지는 일자리는 약 714만 개이며 새로운 일자리는 200만 개가 생성되기에 전체적으로 보면 514만 개의 일자리가 감소할 전망'이라고 하는데, 이는 해마다 평균 103개의 일자리가 사라진다는 얘기다. 앞으로 전 세계 7세 아이들의 65%는 지금까지 세상에 없던 새로운 직업을 가질 것이고 2018년에는 종업원보다 스마트 기계가 많은 회사가 50%를 넘어설 것이라고 한다.

2018년이면 내년인데? 허 참! 내 앞가림하기도 바쁜 처지에 이게 다 뭐람!

막연한 두려움과 기대 그리고 왠지 부담으로 다가오는 것이 4차 산업혁명인데 이것은 우리 대한민국의 직장인들에게 위기일까? 기회일까? 뭐! 뻔한 답이기는 하지만 위기도 되고 기회도 된다. 준비

하는 자에겐 기회이고 준비하지 않는 자에겐 위기일 수밖에 없다. 이것은 세월이 아무리 흐르고 4차 아니라 5차 산업혁명이 온다고 해도 진리일 수밖에 없다.

그러고 보면 세상에는 동서고금을 막론하고 변하지 않는 것들이 있다. 세상이 참 빠르고 무섭게 변하고 있는 것 같고, 모르면 뒤처지는 것 같지만 또 한편으로는 그래도 변하지 않는 것이 있다. 그것을 우리는 원칙, 법칙, 진리라는 말로 표현한다. 지금 대한민국의 리더들 사이에 불고 있는 인문학과 고전에 관한 바람은 열풍을 넘어서 광풍이라 할 만하다. 요즘 무슨 모임이든 빠지지 않는 게 인문학 강의인데 대학에서는 인문 관련 학과 입학생이 점점 줄어들어 폐과 위기까지 가고 있는 것에 비하면 참 대조적이다.

또한, 4차 산업혁명이라는 빠른 변화의 바람이 불고 있는 지금 시대를 생각해 보면 참 아이러니하다는 생각도 든다. 하지만 세상만사 결국 사람이 하는 일이니 세상이 아무리 변한다고 해도 AI가 할 수 없는 인간에 대한 깊은 성찰인 인문학의 도래는 필연적이란 생각이 들기도 한다. 그래서 4차 산업혁명과 함께 인문학이 다시 뜨고 있고, 결국 둘이 함께 만나면서 '융합融合' 혹은 '통섭統攝'이 될 거라고들 한다. 물론 이것도 4차 산업혁명이 끝나는 시기약 20년 후가 오면 '인간에 대한 성찰'마저도 AI들이 대신할 수 있게 될 터이지만 말이다.

1차 산업혁명의 시작을 1784년으로 본다면 2차 산업혁명이 1870년 이니 1차 산업혁명에서 2차 산업혁명으로 넘어가는데 100년 정도

걸렸다고 보고, 3차 산업혁명을 1969년으로 보니 2차 산업혁명의 기간 역시 100년으로 본다. 4차 산업혁명의 시작에 대해 학자들마다 좀 다르긴 하다. 클라우스 슈밥 회장은 2016으로 보기도 하고 어떤 학자들은 2020으로 보기도 하는데 어쨌든 3차 산업혁명의 기간은 50년 정도라고 본다면 1, 2차 산업에 비해 기간이 1/2로 줄어들었다. 그렇다면 4차 산업혁명의 기간은 길어야 20~30년 될 것이라 추측해 볼 수 있겠고 30년 후에는 5차 산업혁명을 준비해야 한다는 것인데, 4차 산업혁명도 아직 깜깜한데 5차 산업혁명이라니, 생각할수록 답이 안 나오는 현실이다.

그럼에도 미래를 추측할 수 있는 가장 근접한 방법 중 하나가 역사를 통해 보는 것이 아니겠는가? 역사는 돌고 도는 것이고, 수천, 수만 년의 인류 역사에 비해서 내가 사는 이 시대는 짧기가 그지없으니 아무리 발버둥 친다 한들 역사의 굴레를 벗어날 수 없기 때문이다.

'현명한 자는 역사에서 배우고 어리석은 자는 경험을 통해 배운다'고 한다. 그래서 과거와 현재 그리고 미래를 아우르면서 직장인들이 살아갈 길을 한번 모색해 보자는 뜻으로 이 글을 쓰게 되었다. 4차 산업혁명과 관련해서 변해야 할 것이 있고, 변하지 않는 것이 있다. 그것을 알아보고 미래의 직장인으로 살아가기 위해 나는 지금 무엇을 준비해야 할까? 하는 것을 알아보는 것이 이 장의 주제가 되겠다.

물론 신이 아닌 이상 정확한 미래를 알 수는 없다. 모두 예측이고 추측이니 보고 참조할 게 있으면 참조하면 될 듯하다. 어떤 미래

뇌교육 전문가와 함께하는
4차 산업혁명 시대 생존전략

학자는 '미래는 예측하는 것이 아니라 대응하는 것'이라고도 했다는
데, 일단 좀 알아야 대응을 할 것이니 예측도 필요한 듯하다.

패러다임의
변화

구글에서 인공지능을 연구하는 미래학자 레이 커즈와일Ray Kurzweil은 "2029년에는 인공지능이 사람과 똑같이 생각하고 말하고 느끼게 되어 인류와 인공지능이 협업하는 시대가 되고, 2045년에는 인공지능과의 결합으로 인류의 육체적·지적능력이 생물학적 한계를 뛰어넘는 특이점Singularity이 온다"고 한다. 이것은 인간과 AI의 경계가 사라진다는 말과 같다. 어쩌면 우리는 우리 시대에 '새로운 종의 탄생'을 볼지도 모르겠다. 물론 이러한 부분까지는 너무 먼 듯해서 아직 우리에게 감이 오지 않지만, 미래 사회는 생산성 향상과 삶의 편의성 등의 긍정적인 변화와 함께 많은 이들이 우려하는 일자리 감소 같은 부정적인 변화도 일어난다.

4차 산업혁명의 첫 시작은 독일로부터 시작되었다고 볼 수 있겠다. 전통적인 제조 강국인 독일은 미국의 구글이나 애플, 아마존 같은

뇌교육 전문가와 함께하는
4차 산업혁명 시대 생존전략

글로벌 기업의 약진이 두드러진 상황에서 위기를 느낄 수밖에 없었다. 경각심을 느낀 독일은 2010년에 '하이테크 전략 2010'을 발표했고 그 프로젝트 중 하나가 'Industry 4.0'이다. 인더스트리4.0은 2013년부터 독일 정보통신산업협회BITKOM와 독일 엔지니어링협회VDMA 같은 산업 단체가 추진해 왔는데, ICT와의 접목을 통해 제조업 혁신을 이루겠다는 프로젝트다. 기계와 사람, 인터넷 서비스가 상호 연결된 생산 패러다임의 전환을 가져올 것으로 기대된다. 제조업을 기반으로 세계 경제를 주도했던 선진국들은 중국 등 신흥 시장으로 옮겨간 제조 경쟁력을 되찾기 위해 제조업과 ICT 융합을 도모하고 있다.

김진하 KISTEP 부연구위원에 따르면 제4차 산업혁명의 특성인 '초연결성'과 '초지능화'는 사이버 물리 시스템CPS 기반의 스마트 팩토리Smart Factory 와 같은 새로운 구조의 산업생태계를 만들고 있고, 이로 인해 이미 제조업 분야에서 인간의 노동력 필요성이 점차 낮아지고 있어 "리쇼어링Reshoring" 현상이 나타나고 있다고 한다. 리쇼어링은 중국이나 동남아 같은 임금이 싼 곳에 있던 자국 기업이 다시 국내로 돌아오는 현상을 말한다.

이미 제너럴 일렉트릭GE, General Electric Corp.은 세탁기와 냉장고, 난방기 제조공장을 중국에서 켄터키주州로 이전하였고, 구글Google도 미디어 플레이어인 넥서스 Q를 캘리포니아주州 세너제이에 만들고 있다김진하, 2016. 바로 산업생태계가 변화하기 시작했다는 말이다. 이것은 단순히 제조업만의 예일 뿐이지만 우리 주변의 많은 부분에서 빠른 변화가 일어나고 있기에 이에 따른 미래 사회의 변화를 여러 가지 측면에서 살펴봄으로써 좀 더 현실적인 대응 방안을 모색할 수 있을 것이다.

성공에서 행복으로

예전에 가난하고 배고팠던 시절, 대한민국의 직장인들은 먹고사는 것, 그리고 자식들 굶기지 않는 것이 지상 최고의 목표였다. 그러다 보니 오직 '성공', '돈', 그리고 '부자 되는 것'이 모두의 꿈이었고 이 성공을 위해 참고 견디며 허리띠를 졸라매고 앞만 보고 달려왔다. 얼마 전2000년대 초반까지만 해도 '부자 되세요'라는 광고가 유행할 정도로 모든 척도가 성공에 맞추어져 있었는데, 어느 순간부터 행복과 힐링이 점점 주제로 떠오르기 시작했다.

2012년 이후로 혜민 스님의 『멈추면 비로소 보이는 것들』이 베스트셀러로 떠오르더니 2015년 기시미 이치로와 고가 후마타케의 『미움받을 용기』가 최고의 베스트셀러로 선정이 되었다. 이 책은 알프레드 아들러의 심리학을 재해석한 책으로 무려 100만 부 이상이 팔렸고 지금도 스테디셀러에 올라 있다. 아마도 이 이유는 대한민국의 40대 남성 사망률 1위, 자살률 1위, 산재 사망률 1위, 노인 빈곤율 1위, 출산율 최하위, 직무만족도 최하위, 청소년 행복도 OECD 최하위, 국가 사회복지 최하위라는 수치에서 알 수 있는 듯하다.

가난했던 그 시절 대한민국의 사람들은 성공하는 것이 곧 행복이라는 생각으로 살아왔다. 그러나 국민소득 2만 불을 넘어서면서 더이상 성공과 행복이 동일시되지 않게 되었다. 이는 소득이 증가해도

151

더 이상 행복이 증가하지 않는 현상으로, 소득이 어느 정도 높아질 때까지는 행복도가 함께 증가하지만 일정 시점을 지나면 소득이 올라도 행복도는 더 이상 증가하지 않는다는 '이스털린의 역설Easterlin Paradox'과도 일치한다Easterlin, R. 1974. 영국 경제학자 리처드 레이어드Richard Layard, 2005는 국민소득 2만 불이 넘어서면서 그 이상의 수입은 행복과 아무런 관련이 없다는 설을 제시했다. 대한민국이 2007년에 2만 불을 찍었지만, 경제 위기로 바로 하락했고 2010년부터 꾸준히 2만 불을 유지하고 있기에 이스털린의 역설이 적용되는 시점이라 하겠다.

그렇다면 앞으로도 점점 더 '삶의 질과 행복'이 직장인들의 화두가 될 것이며, 미래 시대에는 이런 삶의 질과 행복을 중시하는 문화가 더 강해질 전망이라는 거다. 욜로YOLO족이 뜨는 것도 이런 부분과 일맥상통한다고 볼 수 있다. 미래창조과학부의 미래준비위원회에서 펴낸 책『미래보고서: 10년 후 대한민국 이제는 삶의 질이다』에는 미래전략을 위한 핵심 이슈로 '삶의 질을 중시하는 라이프 스타일'을 꼽았다. 이것은 삶의 질에 대한 국민적 인식이 점점 높아지고 있다는 뜻인데, 물질적 풍요뿐 아니라 일과 삶의 균형을 중시하고, 전통적 가치보다는 다양한 개인적 가치를 존중하고, 사회적 구성원으로서의 역할보다는 개인의 취향이나 철학에 따른 라이프 스타일이 더욱 중요시되는 시대가 된다는 것이다.

이렇게 보면 앞으로 삶의 질은 많이 좋아질 것이라는 상당히 희망적인 이야기이긴 한데, 막상 그 이유를 들어보면 참 아이러니하다는 생각이 든다. 장기적인 경기 침체의 결과로 경제성장 중심적 사고보

직장인! 4차 산업혁명에
종속될 것인가? 선도할 것인가? 3

다는 일과 삶의 균형에 대한 요구가 증대되리라는 것이다. 이거 좀 씁쓸한 얘기다. 하지만 사실은 그동안 대한민국을 지탱해 왔던 '성실과 효율'을 최고로 여겨왔던 문화에서 '창의성'을 향상시키는 업무 스타일로 변화하는 것이 대한민국이 경제적으로 도약을 하는 데 꼭 필요하기 때문이라고 한다. 그러니 장기적인 침체가 오히려 삶의 질을 높인다니 좀 이상한 듯해도 대한민국의 미래를 위해 이 정도면 그래도 뭐 괜찮을 듯하다.

그렇다면 이제 생각의 변화를 가져와야 한다. 30~40대는 삶의 질과 행복을 위해 직장이나 일보다는 가정을 중요하게 여기고, 자기만의 시간이나 가족과의 시간을 중요시하고 실천으로 옮기고 있다. 그에 비해 50대만 해도 배고픔을 경험한 세대로 생각이 그들과는 좀 다르다.

'선공후사先公後私 – 사적인 것보다는 공적인 것을 우선시 한다'라는 말이 자연스러운 60대 이상은 더 말할 나위도 없지만, 아직 직장의 주류를 형성하면서 가장 파워를 발휘하는 세대인 50대들의 생각의 변화가 있어야 한다고 본다.

그런데 그들의 입장에서는 좀 억울하기도 할 듯하다. 50대는 가족들을 위해 몸 망가지는 줄도 모르고 뼈 빠지게 일하면서 열심히 달려온 것밖에 없는데 어느 순간 보수네, 꼰대네 심지어 수구 꼴통이라고 한다. 그리고 변해야 한다고 하는데, 이거 참 기가 막히는 얘기다. 열심히 일한 게 죄냐? 왜 나만 가지고 그러냐?라고 하고 싶은 마음이 굴뚝같을 거다. 그런데 한편으로 보면 앞만 보고 달려온 게

뇌교육 전문가와 함께하는
4차 산업혁명 시대 생존전략

죄라면 죄일 수도 있겠다. 앞만 보고 달리다 보니 놓친 게 많기 때문이다.

그러다 보니 지금의 대한민국은 불신과 혼돈 그리고 분열의 시대가 되었다. 이 땅의 젊은이들은 '헬조선'이라 하고 대한민국에 희망이 없다고 하며 한국을 떠나고 싶어 한다. 이러한 부분에 대해서 좀 억울하기도 하지만 일말의 책임감을 가질 필요가 있다. 역동의 시기를 살아오면서 아무도 가르쳐주지 않은 길을 고군분투하면서 살아온 것은 사실이지만 '아이가 잘못하면 부모의 잘못'이라 하듯이 어른인 우리가 감내해야 할 몫이기 때문이다.

아이가 잘 클 수 있도록 길을 닦는 것이 부모의 역할이듯이 이 땅의 젊은이들이 행복한 대한민국에서 잘 살 수 있도록 하는 것이 50대의 역할 중 하나라고 보기 때문이다. 어쩌면 그렇기 때문에 새로운 대통령에 대한 기대가 큰 것인지도 모르겠다.

그런데 막상 기업 교육현장에서 만난 직장인들의 얘기를 들어보면 50대만 그런 것만도 아니다. 40대뿐 아니라 정도의 차이만 좀 있을 뿐이지 30대의 직장인들도 벌써 20대와 세대 차이를 느끼고 소통의 문제로 갈등을 일으키고 있으니 말이다.

그래서 지금의 세대는 젊은 세대와 나이 든 세대들이 서로를 인정하고 이해하려는 노력이 필요한 시점이라 생각한다. 50, 60대도 변화를 해야 하지만 30~40대들에게도 변화를 힘들어하는 50, 60대를 포용하려는 마음이 필요하지 않을까? 어쨌든 우리나라 직장이 아직은 가부장적인 영향이 크기에 어른이라고 하는 사람들의 마인드 변화가 그 시발점이 되어야 한다는 것이 내 생각이다.

어른들이 대한민국의 발전에 기여를 한 부분이 크다. 그 부분을 스스로 인정을 해야 하지만 놓친 부분이 있다는 것도 인정하고, 좀 더 여유를 가지고 성공에서 행복으로 패러다임이 바뀌고 있다는 것을 이해해야 한다. 이런 현상은 지금 벌써 직장에서도 나타나고 있는 일이기에 앞으로 더 변화가 심해질 것은 자명한 일이다. 그런데 이런 것은 긍정적인 변화다. 행복한 젖소가 젖을 많이 생산한다는 말이 있듯이, 행복한 직장이 되어야 생산성도 올라가는 시대가 되었고, 양보다 질이 중요한 시대가 되었기 때문이다.

2007년부터 2만 불 시대에 접어든 대한민국이 아직도 3만 불을 넘어서지 못하는 것은 성공에서 행복으로의 패러다임의 전환을 이루지 못한 것이 그 이유가 될 수도 있겠다. 그러나 10년 후에 미래에는 이러한 부분이 될 것이고 또 반드시 되어야 한다. 당연한 결과에 대해 좀 더 넓은 마음으로 받아들일 준비를 할 필요가 있다.

성장에서 분배로(경쟁에서 상생으로)

대한민국이 경제적 성장과 민주주의를 동시에 이룩한, 흔히 말하는 '한강의 기적'에는 국가 주도 아래 대기업 위주의 수출주도형 산업의 성장이 있었고 이 바탕에는 국민들의 헌신과 노력이 있었기에 가능했다.

여기에는 우리 민족의 정서가 잘 반영되어 있다. 절대적 빈곤 속에서 유일한 희망은 가족 중 똑똑한 한 사람이라도 잘되는 것이었고, 그 사람이 잘되면 집안을 일으켜 세울 것이라는 믿음이 있었기에 다른 가족들이 희생을 감내해 왔다. 이는 집안이 일어서면 나도

그 덕을 볼 수 있으리라는 기대가 있었기에 가능했던 것이다.

마찬가지로 어떻게든 잘사는 것이 개인뿐 아니라 국가적 목적이었던 그 시절에 대기업이 성장할 때 중소기업들의 희생이 어느 정도 따를 수밖에 없었고, 그것이 나중에 함께 잘사는 길이라고 믿었기에 감수할 수가 있었다.

그런데 이제 대한민국은 단군 이래 가장 잘사는 시대가 되었다고 할 만큼 성장을 해왔다. 집안이 먹고살 만해졌으니 이제 자신의 성장보다는 나를 위해 희생한 다른 가족들에게 어떻게 도움을 줄까를 고민해야 하는 시절이 왔다는 얘기다.

그런데 현실은 좀 다르다. 중소기업들의 성장을 도와주어야 할 대기업들이 오히려 중소기업의 성장을 막고 자신들만의 리그를 펼치는 장을 만들어 버렸다. 이것이 사회 현상이 되어 버리니 빈부 격차는 점점 커지고 이대로는 못 살겠다는 99%의 불만이 점점 커져 가는 형국이다.

제조업 기준으로 볼 때 기업의 99%가 중소기업이고, 직장인의 77%가 중소기업을 다니고 있는데 이러한 형태가 계속 지속되면 극단적으로는 파국에 이를 수도 있다. 역사적으로도 빈부격차가 커지면 결국 혁명이 일어나는 것을 우리는 보아 왔다. 2011년 부유층 '1%'의 탐욕에 저항하는 월스트리트 시위가 전 세계로 확대되었던 적이 있었다.

지금도 수시로 '갑질'이라는 말이 들려온다. 생살여탈권을 쥔 대기업 앞에서 을의 관계인 협력업체는 감히 거부하는 만용을 부리지 못

〈Ⅲ-1〉 대기업과 중소기업 사업체 수와 종사자 수 비교(제조업 기준)

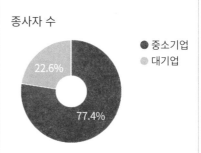

출처: 중소기업청(2014)

한다. 갑과 을의 계약을 빗댄 '을사조약'이라는 패러디가 나오고 있는데, 을사조약은 을이 죽어나는 계약이라는 의미를 빗대어서 한 말이다.

대기업 중심 갑을 문화에서 복합 생태계의 수평 문화로 패러다임이 변화해야 한다. 예전에는 한참 낙수落水 효과라는 말로 중소기업을 달랬지만 이것이 말뿐이라는 것을 알 만한 사람은 다 안다. 대한민국 미래를 위해서는 진정한 동반자 관계로 함께 성장하자는 의식의 변화가 있어야 한다.

사업을 하시는 분들 중에 자수성가한 사람들의 특징이 있다. 물론 다 그러한 것은 아니지만, 일부 그들이 보는 시각 중에 왜곡된 것이 있는데 '안 되는 것은 너희가 노력하지 않아서 그런 것'이라는 거다. '왜 나처럼 열심히 하면 되는데 너희들은 하지는 않고 뭘 바라기만 하느냐?'는 논리인데 뭐 틀린 말은 아니다. 그런데 이 논리가 위험할 수가 있다. 왜냐하면, 예전 그때와 지금은 처한 상황이 많이 달

뇌교육 전문가와 함께하는
4차 산업혁명 시대 생존전략

라졌기 때문이다.

대한민국이 고도성장을 하던 그 시절에는 희망이라는 것이 있었다. 내가 열심히 한 만큼 성과가 나왔고 실패하더라도 다시 일어설 희망이 있었던 시대이고, 지금 같은 저성장 시대에는 아예 출발선이 다르기 때문에 희망이라는 것이 사라져 버린 시대, 즉 노력하고 열심히만 한다고 되는 것이 아닌 시대라는 얘기다.

그리고 자수성가한 사람들은 스스로 자신의 일을 개척해 나온 사람들이다. 내가 모든 결정권을 쥐고 있을 때는 일이 힘들고 어려움이 있기는 하지만 내가 통제권을 쥐고 있기에 결과가 어떻든 내 마음대로 할 수 있는 결정권이 있었다. 그러나 직장에 소속이 되는 순간 모든 것에 통제를 받게 된다. 또 개인이 하던 조그만 구멍가게와 달리 글로벌 시대인 지금은 룰이 달라졌는데 똑같은 것을 요구하면 문제가 생긴다.

자수성가한 기업 중에 2대나 3대를 넘기지 못하는 경우가 꽤 있는데 바로 이런 이유가 크게 작용을 한다. 시대가 바뀌고 규모가 바뀌면 그것에 걸맞은 제도와 시스템을 만들어야 하는데 본인이 해온 것만 생각하고 왜 안 되냐고 다그치다 보면 자칫 시대의 흐름에 뒤처질 수밖에 없다.

우리 옛말에 '배고픈 것은 참아도 배 아픈 것은 못 참는다'는 속설이 있다. 참 어떻게 보면 거슬리게 들릴 수도 있지만, 인간의 속성을 명쾌하게 설명한 말이라 생각한다. 함께할 때는 고통도 이겨내지만 나만 고통스러울 때는 왜?라는 의문이 들게 마련이다.

큰형이 잘되는 것이 집안이 잘되는 것이라고 굳게 믿고 희생을 해왔다. 그런데 집안이 바로 섰고 큰형과 가족은 잘 먹고 잘사는데, 희생하며 참고 살아온 나와 내 가족은 왜 아직도 힘들어야 되지? 하는 것은 참아내기 힘들다. 그 동생이 99%를 차지하고 77% 식구들을 고용하는 형편임은 더 말할 필요가 없다.

잠깐 멈추고 뒤를 돌아보며 다른 사람들에게 손을 내밀 수 있어야 한다. 물론 내가 노력해서 모은 것을 왜? 저 게으른 사람들과 나누어야 하지? 하는 의문이 들 때도 있지만 인류애 뭐 이런 것을 떠나서도 그들을 성장시켜 주는 것이 결국 내가 성장하는 길이기 때문이다. 우리말에 개처럼 벌어서 정승처럼 쓰라고 하는 말이 있는데, 결국은 이것이 나를 위하는 것이기 때문이다.

이런 경향은 기업에서도 나타나고 있다. 세계 최고의 제조업 회사인 GE의 HRD 담당 부사장인 라구 크리슈나무르티는 GE가 지향하는 리더십 모델을 '정해진 틀에 끼워 맞추는 것이 아닌 개개인의 다양성 중시Values Diversity, 명령과 통제가 아닌 연결과 영감 Connects and Inspires, 협력Collaboration' 3가지로 요약하고 있다. 이 중 "Collaboration"에 관해서는 '예전에는 리더들이 이기기 위해서 경쟁했지만 앞으로는 이기기 위해서 협력한다'고 했다. 이런 부분은 GE뿐 아니라 세계적인 기업들이 공통적으로 추구해 가는 리더십 모델이기도 하다.

내가 가진 지식의 양이 최고였던 시대가 저물고 미래는 내가 가진 것을 내놓고 공유하는 사람이 성장하는 시대이다. 기업 형태도 소유에서 공유의 시대로 바뀌어 가고 있다. 에어비앤비, 집카, 우버와

뇌교육 전문가와 함께하는
4차 산업혁명 시대 생존전략

같은 공유경제가 뜨고 있다. 내가 먼저 가진 것을 내어놓았을 때 다른 이들도 손을 내밀어 줄 것이고 서로 손을 잡고 융합해서 함께 나아가는 시대가 미래의 시대이다.

'혼자 가면 빨리 갈 수 있지만, 함께 가면 멀리 갈 수 있다'는 말이 있지만, 미래의 시대에는 혼자만 가려고 하면 아예 갈 수가 없는 시대가 되었다. 대한민국이 빨리빨리 정신으로 이렇게 빠르게 성장을 해 왔다. 지금까지는 그것이 필요한 시대였다. 그러나 앞으로는 천천히 돌아도 보면서 모두 함께 가야 하는 시대가 되었다. 미래의 시대에 그런 능력은 더 필요할 수밖에 없다.

정답 교육에서 창의성 교육으로

"미래에는 기술의 발달로 인해 고부가가치 지식서비스 산업이 더욱 발전할 전망이다. 콘텐츠, 서비스 등 무형 가치의 중요성이 증가하게 될 것은 더 말할 필요가 없다."10년 후 대한민국 미래 일자리를 찾다, 2016. 쉽게 모방이 안 되고 세상에 없는 새로운 것을 만들어 내는 능력을 갖춘 인재, 창의성과 아이디어가 넘치는 인재가 필수적이라는 말이다. 그렇다면 그것에 걸맞은 교육제도와 지원이 반드시 필요하게 된다.

2차 산업혁명 때만 해도 국가가 권력을 쥐고 있었다. 경제발전을 위해 더 많은 사람이 더 빠르게 기술을 습득할 수 있도록 하는 것이 지상 과제였기에 기술을 배우고 가르치는 국가적인 기관이 많았고, 기술을 잘 배우기 위해서는 정해진 것을 잘 외우고 암기하는 것이 필요했다. 바로 주입식 교육이다. 이는 대한민국도 마찬가지였는데, 빠른 시간 내에 선진국을 따라잡는 것이 최고의 목표였던 시대이다 보니 효율과 성과를 중시할 수밖에 없었고, 단기간에 많은 것을 배울 수 있는 교육이 필요했다. 그래서 남들보다 더 빨리 더 많이 할 수 있는 사람들 즉, 남들 3개 만들 때 5개, 심지어 10개까지 만들 수 있는 사람이 달인이라 불리며 칭송을 받았다. 그래서 우리는 전 세계 경제학자들이 깜짝 놀랄 만한 경제적 성공을 이루며 3차 산업혁명의 선두주자로 올라섰다.

문제는 정보화 시대가 되었는데 아직도 주입식 교육이 이루어지고 있다는 것이다. 예전에는 다른 나라를 따라잡기 위해 앞만 보고 달려왔지만, 이제는 우리가 제일 앞서가는 시대다. 패스트 팔로워 Fast Follower에서 퍼스트 무버First Mover: 선도자가 되어서 이젠 세상에 없는 것을 만들어 내야 하기에 창의성을 필연적으로 발휘해야 한다.

그런데 창의성이라는 것이 단순하게 발휘하라고 해서 되는 것은 아니라는 것이다. 그것을 발휘할 수 있는 분위기가 가장 중요하다. 기업에서도 창의성이 중요한 핵심이라는 것은 알고, 그것에 대해 강조는 하는데도 막상 현장에서는 전혀 그런 분위기가 만들어지지 않는다. 한참 창의, 창조 바람이 불 때는 기업교육에서도 창의성 교육이 유행하기도 했었는데 한두 번의 교육으로 창의성이 만들어질 리가 없다. 중요한 것은 바로 창의적인 인재가 생기는 분위기부터 만들어 주어야 한다는 것이다.

뇌교육 전문가와 함께하는
4차 산업혁명 시대 생존전략

이것을 위해서는 첫 번째, 사회적 안전망이 만들어져야 한다. 실패해도 그 실패를 통해 무엇을 배웠는가를 물어야 하고 그것을 함께 만들어 가는 문화가 있어야 한다. 실패 회피에서 실패를 지원하는 분위기, 결과 위주에서 과정을 중시하는 분위기로의 변화가 필요하다. 그럴 때 새로운 도전을 많이 하는 이들이 생기기 때문이다. 그리고 그들의 실패에도 책임을 물을 것이 아니라 그 실패를 축하할 수 있는 건전한 문화를 만들어야 한다.

슈퍼셀이라는 핀란드 게임 회사는 진행하던 프로젝트가 실패하면 샴페인을 터뜨려 자축하는 '실패 축하 파티'를 개최한다. 실패를 권장하는 기업문화를 확실히 갖추고 있는 슈퍼셀은, 실패보다 성공을 많이 한 직원은 오히려 도전 정신이 부족한 것으로 평가받는다. 그 결과 슈퍼셀은 '클래시 오브 클랜', '붐비치', '클래시 로열' 등의 모바일 게임을 잇달아 성공시키면서 연 매출 2조 5,000억 원이 넘는 기업으로 성장했다.

창의 혁신의 선두주자로 불리는 세계적인 회사 '3M'에서 접착력이 약해서 실패한 작품이었던 '포스트잇'이 어떻게 오히려 세계적인 성공을 거둔 상품이 되었는지, 왜 스티브 잡스가 한국에서 태어났다면 공무원 하고 있을 것이라는 얘기가 도는지, 한 번 생각해 보아야 할 듯하다.

두 번째는 신뢰와 믿음이다. 인간에 대한 존중의 부족과 불신, 이런 것이야말로 전형적인 후진 문화라 할 수 있겠는데, 이는 공급은 적고 수요는 많은 사회에서는 어쩔 수가 없다. 저 사람이 저렇게 해서 사기 치지 않을까? 아이디어만 내고 책임을 질 생각을 안 하네, 돈만 떼먹지 않을까 하는 신뢰 부족에 기인하는 바가 크다.

대한민국도 이제 경제적 성장은 웬만큼 이루었으니 흔히 제3의 자본이라고 하는 믿음과 신뢰에 바탕을 둔 '사회적 자본'의 등장이 필수적이다. 비록 실패하더라도 그것을 하는 과정에 금전적인 손해가 있었더라도 그것을 통해 배운 바가 있고, 그것에 그 사람이 노력을 기울이는 모습을 보였다면 그 자체에 대한 노력을 인정해 주는 것이 필요하다는 얘기다. 그래서 실패를 지원하는 시스템에는 과정 역시 중요하게 여기고, 그 과정에 대해서도 평가하는 시스템이 필요하다.

미래에는 남들이 가지 않는 길을 가야 하고, 세상에 없는 제품을 만들어야 한다. 대한민국이 선진국의 초입에 든 순간부터는 추격자가 아닌 탈추격자의 길을 걸어야 한다. 흔히 창의적인 시도 10개 중 8개 정도는 실패한다고 보는데, 그럼에도 불구하고 그것을 감수하고도 시도를 할 수 있어야 세상에 없는 제품이 나오는 것 아니겠는가?

테슬라모터스의 CEO이며 스티브 잡스 이후 세계 최고의 혁신가로 불리는 엘론 머스크Elon Musk는 대규모 실패를 여러 번 겪었다. 인간을 화성에 보낸다는 목표 아래 2006년 로켓을 우주로 쏘아 올렸으나 발사 직후 화염에 휩싸여 불타버렸고 2차, 3차 발사도 실패했다. 이로 인해 천문학적인 돈을 날려버렸으며 비슷한 시기에 시작

뇌교육 전문가와 함께하는
4차 산업혁명 시대 생존전략

한 전기자동차 사업도 중단 위기를 맞았고 금융위기까지 겹치면서 투자자들이 떠나버렸다. 하지만 우여곡절 끝에 발사한 네 번째 로켓이 성공하면서 회생의 발판을 마련하고 승승장구하고 있다.

구슬이 서 말이라도 꿰어야 보배다. 지금의 시대는 지식이 넘쳐나는 시대인데 이 지식은 그냥 널어놓으면 쓰레기밖에 안 되지만 이것을 정리하고 배열해 놓으면 보물이 되는 것이다. 그것을 위해서 필요한 것이 지혜다. 지혜를 발휘해서 문제를 해결하고 새로운 것을 만들어 내는 능력이 바로 창의력이다. 정답을 정해 놓고 그것을 맞추는 교육으로 대한민국의 미래를 기대하기는 어렵다. 그동안의 대한민국은 필요에 의해서 주입식 교육을 받아 왔지만, 이제는 사고의 유연함을 기를 수 있는 창의적 교육으로 바뀌어야 하며, 더 중요한 것은 창의성이 발현될 수 있는 분위기 형성이 반드시 필요하다는 점이다.

필자가 기업 교육을 할 때, 흔히 과거는 조정경기에 비유하고 앞으로 닥쳐오는 시대는 래프팅으로 비유한다. 서로 비교해 보면 금방 느낌이 온다. 지금까지는 시키는 대로만 잘 해도 되는 시대였지만, 미래의 시대에는 언제 어떻게 변할지 모르는 급류와 같기 때문에 매 순간 스스로 답을 찾고 문제를 해결해 나가는 능력이 필수적이다. 이런 급류와 같은 기업 현장 속에서 살아가야 하는 직장인들에게 틀에 매이지 않고 매 순간 문제 해결을 할 수 있는 창의적인 사고가 미래 사회에는 생존과 직결된다고 볼 수 있겠다.

직장 중심에서 일 중심으로

　미래학자들에 의하면 미래에는 평생직장이라는 것이 사라지고 평균적으로 6개의 직업을 갖게 된다고 한다. 이는 내가 어떤 '직장'에서 일하고 있느냐가 중요한 것이 아니고 내가 '잘하는 일'이 중요하다는 것인데, 남들이 흉내 내지 못하는, 혹은 남들보다 내가 잘할 수 있는 일이 있어야 한다는 것이다. 칼자루를 내가 쥐고 있어야 하는데 칼끝을 쥐고 있으면 늘 끌려다닐 수밖에 없듯이 내가 잘하는 일을 통해 내가 원하는 직장을 선택할 수 있어야 한다.

　이것을 위해서는 '내가 잘하는 것, 내가 재능이 있는 게 뭘까?'를 찾아보는 것이 중요하다. 예로부터 겸손을 중요시하는 우리 문화에서는 잘못을 돌아보는 것을 중요하게 생각했다. 물론 이것이 틀렸다는 것은 아니다. 정답이 나와 있던 시대에는 정답에 맞추어서 틀린 것을 없애는 것이 필수적이었다. 그러다 보니 단점을 없애고 보완하는 것에 초점을 맞출 수밖에 없었는데, 이제는 시대가 바뀌었다. 단점을 보완하는 것으로는 미래를 보장할 수 없는 시대라는 것이다.

　단점은 아무리 보완해도 평범함밖에 되지 못한다. 미래의 시대에는 평범함으로 승부해서는 AI를 이길 수가 없다. 단순 반복해서 숙달하는 일이나 수치 계산 등은 인공지능으로 전부 대치될 것이기에 이런 것에 머물러 있다 보면 어쩌면 앞으로 AI의 시중을 들어야 할지도 모른다.

　'어쩌다 어른'이라는 TV 프로그램에서 최진기 씨오마이스쿨 인문학 대표강사가 이런 부분을 명쾌하게 짚은 적이 있다. 앞으로 요리사가 없

뇌교육 전문가와 함께하는
4차 산업혁명 시대 생존전략

어질 직업이라고 하지만 다 그런 것은 아니다. 패스트푸드를 만드는 것 같은 단순한 요리사는 없어지지만, 요리를 예술로 승화시키는 요리사는 오히려 각광을 받을 것이라고 설명을 하는데 참 많이 와 닿았었다.

미래 사회에서 지배하는 자가 되기 위해서는 평범함이 아닌 비범함이 있어야 한다. 이것을 위해서 필요한 것이 타고난 나의 강점을 찾는 것이다. 나의 DNA에 수천, 수만 년 동안 잠재되어 있는 나만의 강점, 그것을 찾아서 그것으로 승부를 했을 때 훨씬 가능성이 커진다. 기계가 할 수 없는 것 중에서 내가 잘할 수 있는 것을 찾아야 한다.

지금까지는 직장이라고 하면 대부분 비슷한 모습이 많았다. 정해진 출근 시간, 퇴근 시간 그리고 야근, 그러다 보니 출퇴근 시간은 늘 교통지옥이다. 그리고 8월에 몰려 있는 휴가철을 봐도, 지금은 냉방기구의 발달로 굳이 이렇게 하지 않아도 되는데 8월이면 약속이나 한 듯이 한꺼번에 휴가를 간다.

예전에 군대를 다녀오신 분들은 나한테 맞는 옷을 입는 것이 아니고 옷에 나를 맞추었던 기억들이 떠오를 것이다. 인간 개개인의 다양성을 무시하고, 있는 틀에 사람을 끼워 맞추는 형태이다. 이는 후진국의 전형적인 모습으로서 공급이 부족했고 수요가 많았던 그 상황에서는 어쩔 수 없는 현실이었다. 그런데 이는 지금의 기업 형태를 봐도 별 차이가 없다. 그러니 앞으로는 당연히 달라져야 할 일이다.

제조업이 대량생산 체제에서 맞춤형 소량 주문생산으로 변화함에 따라 근로 시간과 장소를 선택할 수 있는 유연성이 높아지고 있다. 정해진 시간에 모든 근로자가 한 곳에서 작업해야 하는 대량생산 시스템과는 구별되는 요소이다. 주문량이 많은 경우에는 근무시간을 늘리고, 그 반대의 경우에는 저축된 근무시간을 휴식시간으로 전환할 수 있을 것이며 인터넷 연결은 근무 장소를 선택할 때에도 유연성을 제고시킬 것이다.

미래에는 내가 원하는 곳에서 내가 원하는 일을 하는 시대가 올 것이다. 사무실 개념이 사라지고 내가 원하는 곳을 여행하면서 SNS로 업무를 처리하는 시대, 흔히 디지털 노마드라고 하는 시대가 도래할 것이라는 얘기다. 똑같은 것을 강요하고 싫어도 먹고살려고 어쩔 수 없이 하는 시대가 아닌, 내가 원하는 장소에서 내가 원하는 일을 즐겁게 하는 시대가 온다는 것인데 그러기 위해서 준비해야 할 것은 나의 강점을 찾는 것이다. 나의 강점을 찾고 난 후에 일을 선택하고 시작해야 한다.

발에 맞지 않는 신발을 신고 뛰다 보면 몸도 고통스럽지만, 마음도 불편하다. 분명 노력을 내가 더 많이 하는 것 같은데 왜 나만 처질까? 하는 괴로움이 스스로를 자괴감에 빠지게 한다. 그러다 보니 열심히는 하는데도 일은 점점 힘들어지고 효율은 더 떨어진다. 그러기보다는 시간이 좀 걸리더라도 천천히 자기에게 맞는 신발을 찾고, 그런 다음 달리기에 나서면 시작은 늦어도 결국은 다 따라잡을 수가 있는 법이다. 우리가 너무 급하게 달려왔고 지금도 너무나 급하다.

뇌교육 전문가와 함께하는
4차 산업혁명 시대 생존전략

급할수록 돌아가라는 말이 있듯이 내게 맞는 신발을 찾아 신고, 그런 다음 달려가는 것이 늦는 거 같아도 궁극적으로는 훨씬 빨리 갈 수 있는 방법이다.

변하지
않는 것들

이쯤에서 앞으로 우리가 살아가야 할 미래에는 어떤 것이 변하고 변하지 않을 것인가를 짚어보고자 한다.

"10년 후 변하지 않는 것에 주목하라"

아마존의 CEO 제프 베조스Jeffrey Preston Bezos가 강의 중에 청중들에게 가장 많이 받는 질문 중의 하나는 '10년 후에는 뭐가 바뀔 것 같습니까?'이다. 이때 그의 대답이 흥미롭다. "10년 후에도 바뀌지 않을 것은 무엇인가? 이 질문이 더 중요하다. 사업하는 사람에게는 변수가 없는 아이템을 찾아내는 능력이 필요하다. 그래야 사업 전략을 세울 수 있다. 역발상을 통해 새로운 아이디어를 내고 시간이 지나도 변하지 않는 것을 찾았다면 돈과 노력을 쏟아부어라."

변화하는 것을 인지하는 능력 못지않게 중요한 것이 변하지 않는

뇌교육 전문가와 함께하는
4차 산업혁명 시대 생존전략

것을 찾아내는 능력이다.

철학이 우선, '나는 왜 이 일을 하는가?'

2016년 1월 스위스 휴양지인 다보스에서 열린 '세계 경제 포럼 WEF'에서 클라우스 슈밥 회장은 '4차 산업혁명'의 도래를 얘기하면서 10년 안에(2025년)까지 발생할 일들에 대해 아래와 같이 얘기했다.

이외에도 4차 산업혁명은 세상에 참 많은 변화를 가져올 것이다.

● 인구의 10%가 인터넷에 연결된 의류를 입을 것이며, 인구의 90%가 무한 용량의 무료 저장소를 보유한다. 1조 개의 센서가 인터넷에 연결되며 인구의 80%가 인터넷상 디지털 정체성을 갖게 된다. 10%의 인구가 인터넷이 연결된 안경을 쓴다. 인구의 90%가 언제 어디서나 인터넷 접속이 가능하다. 인구의 90%가 스마트폰을 사용한다. 상업화된 최초의 인체 삽입형 모바일폰이 등장한다.

● 미국 최초의 로봇 약사가 등장한다.

● 3D 프린터로 제작된 인공 간이 최초로 이식된다. 소비자 제품 가운데 5%는 3D 프린터로 제작된다. 3D 프린터로 제작한 자동차가 최초로 생산된다.

● 미국 도로를 달리는 차들 가운데 10%가 자율주행 자동차다.

● 인구조사를 위해 인구센서스 대신 빅데이터를 활용하는 최초의 정부가 등장한다. 인공지능이 기업 감사의 30%를 수행한다. 블록체인을 통해 세금을 징수하는 최초의 정부가 등장한다(클라우스 슈밥, 2016. 재인용).

그러나 이러한 변화에도 불구하고 변하지 않는 것들 역시 있다. 특히 사람과 관련된 부분에는 더 많을 것으로 생각이 되는데 이런 변하지 않는 것들은 원칙, 원리, 혹은 진리라는 이름으로 불린다.

 가장 대표적인 것 두 가지만 찾으면, 첫 번째는 사람이 살아가면서 함께 하는 '일을 대하는 태도 혹은 소명의식'에 관한 부분이다. 일이란 사람에게 생계 수단도 되지만 일을 통해 존재의 의미를 찾고, 삶의 재미와 기쁨을 찾는다. 일터란 그 사람에게 자아실현의 장이다.

 두 번째는 태어나면서부터 인간이 가지고 있는 영원한 질문! 나는 왜 사는가? 나의 삶의 목적은 무엇인가? 하는 부분이다.

 먼저 일에 대해서 알아보면 이렇다. 고려대 서지문[2017] 교수에 따르면 직장이 '일을 통한 자기실현'이라는 것이 문명 세계의 이상으로 확립된 것은 19세기일 것으로 추측된다고 한다. 중세까지 '일'은 고되고 저급한 것이라 하층민이 생존을 위해 하는 것으로 귀족이나 신사, 즉 고귀한 사람은 일하지 않는 사람이라는 생각이 지배적이었다. 여기에 대한 강한 반발로 16세기 루터의 종교개혁 이후 '일'은 단순한 생계 수단이 아니라 '이웃과 사회에 기여함으로써 하느님의 뜻을 받드는 것'이며 그 '사람이 생존할 가치를 보증해 주는 것'이 됐다.

 이런 것을 보면 일이란 고귀하고 신성한 것으로 하늘의 사명을 다하는 것인데 언제부터인가 단순한 생계수단으로 전락했다. 그러면서 일과 쉬는 것이 분리되어서 일하는 것은 힘들고 피하고 싶은 것

뇌교육 전문가와 함께하는
4차 산업혁명 시대 생존전략

이 되어버렸다. 일은 하기 싫어도 해야 되는 것이라는 그 생각의 변화가 없는 한 미래의 어떤 변화가 와도 형태만 달라질 뿐 차이는 없을 듯하다.

그렇다면 과연 일이란 그런 것일까? 원래 고귀했던 것인데 그 뜻이 왜곡된 것일까? 아니면 원래 힘들고 하기 싫은 것인데 그럴듯하게 고귀하고 신성한 하늘의 사명 포장되었던 것일까? 어찌 되었든 인간이 살아가면서 일이란 것에서 벗어날 수 없다면 내가 스스로 일에 대한 의미와 가치를 만들어가는 것이 필요하다.

미래의 일자리는 '삶의 질과 행복이 중요한 키워드가 될 것이다'라고 했다. 내가 하고 있는 일에서 의미를 찾지 못하면서 그 일을 반복하는 것처럼 고통스러운 일은 없다. 뇌과학적으로도 인간의 뇌는 '의미'에 반응한다. 인간의 뇌는 어떤 의미를 부여할 때 그것을 할 수 있는 힘을 스스로 이끌어 낸다는 것인데, 내가 하고 있는 일에 스스로 어떤 가치를 부여하느냐에 따라서 즐거운 일이 될 수도 있고 힘들고 고통스러운 일이 될 수도 있다는 뜻이다. 이것은 긍정심리학과도 일맥상통하는 이야기인데 내가 무슨 일을 하든 스스로 긍정적인 의미를 부여하자는 얘기다.

예를 들어 청소를 하더라도 기왕이면 나는 '이 세상을 깨끗하게 하는 일에 기여하고 있다'는 의미를 부여하거나 '나는 노동이 아니라 운동을 하고 있는 것이다'라는 식으로 말이다.

하버드대학교 심리학과 교수인 엘렌 랭어Ellen Langer, 2015가 쓴 책 『마음 챙김Mindfulness: 마음이 삶을 어디까지 바꿀 수 있는가』에는 하루 종일 힘든 육체노동을 하는 호텔 객실 청소원들을 대상으로 한 흥미로운 실험이 소개되고 있다.

호텔 객실 청소원들에게 그들의 일을 마치 헬스클럽에서 운동하는 것처럼 생각하라고 지시했다. 침대보를 씌우고 침구를 정리하는 일이 헬스클럽에서 기구를 써서 근력운동을 하는 것과 별 차이 없다는 것을 알려주었고, 실제 얼마 정도의 칼로리가 소모되는가를 알려주었다. 단지 그 하나만 바꾸었을 뿐인데 아무런 변화가 없었던 통제집단에 비해 실험집단은 체중, 허리─엉덩이 비율, 체질량지수, 혈압이 줄었다. 이 모두가 자기 일을 운동으로 여기겠다는 마음의 변화가 작용한 결과였다.

이를 뇌교육학적으로 본다면 쉽게 말해서 '뇌를 속이는 것'이라고 생각을 해도 될 것이다. 기왕 해야 하는 일을 그냥 하기보다는 나 스스로 가치와 의미를 부여할 때 뇌는 그런 에너지를 발휘하게 되어 있다. 흔히 잘되는 식당을 가 보면, 그 식당의 주인은 특유의 신념을 가지고 있는 곳이 많다. 스스로 자신만의 신념과 철학을 만들어 놓고 그것을 지키고자 하다 보니 그 마음이 고객에게도 그대로 전달이 되어서 손님이 몰리는 것이라 볼 수 있다.

앨빈 토플러Alvin Toffler 이후 세계적인 미래학자 다니엘 핑크Daniel Pink는 그의 저서 『새로운 미래가 온다』에서 미래 인재의 6가지 조건을 제시했다. 여기에서 공감과 스토리가 중요한 요소이다. 식당을 하더라도 잘 운영하기 위해서는 고객의 마음을 움직이는 공감과 스토리가 있어야 하고 그 바탕에는 '나는 왜 이 일을 하는가?'에 대한

뇌교육 전문가와 함께하는
4차 산업혁명 시대 생존전략

주인의 철학이 포함되어 있어야 한다. 잘 되던 식당이 주인이 바뀌니 한순간에 손님들이 떨어져 나가는 것도 같은 이치라 하겠다.

〈Ⅲ-2〉 발뮤다 더 고항 밥솥

출처: 발뮤다 홈페이지(2017)

발뮤다 더 고항

발뮤다 더 고항BALMUDA The Gohan은 발뮤다라는 일본의 백색가전 제조업체에서 새로 출시한 밥솥의 이름이다. 고항ごはん은 밥이라는 의미로 식사를 공손하게 표현한 것이며 밥통계의 아이폰으로 불리는 발뮤다가 '발뮤다 더 토스트'로 빵 맛의 혁명을 일으키더니 2017년에 새로 출시한 밥맛 좋기로 소문난 밥솥이다. '반찬이 맛있어도 밥이 맛없으면 안 된다'는 신념으로 최고의 밥맛을 내는 밥솥을 만들었다고 한다.

이 발뮤다는 고정 열성 팬들이 많이 있는데, 사람들은 왜 이 발뮤다에 열광하는 것일까? 바로 제품을 사는 사람들에 대한 진정한 배

려와 고민이 들어 있기 때문이다. 애플의 아이폰에 광팬들이 있는 것과 비슷하다.

발뮤다는 테라오 겐이라는 사람에 의해 설립되었다. 이 사람이 기인 같은 사람이다. 젊은 시절 록스타를 꿈꾸었다는 그는 고등학교에 다니다 그만두고 책 몇 권과 워크맨을 가지고 지중해로 여행을 떠났다. 1년 동안의 방랑자 생활을 하며 나름의 깨달음을 얻게 되었다고 하는데, 2003년 도쿄에서 '최소에서 최대를'이라는 모토를 갖고 깔끔하고 세련된 디자인으로 자연에 기술을 더하고 철학을 담은 기업 발뮤다를 설립했다. 이 정도면 잡스의 축소판이라 할 만하다.

〈Ⅲ-3〉 발뮤다 오리지널 밥주걱(수제 제작)

출처: 발뮤다 홈페이지(2017)

뇌교육 전문가와 함께하는
4차 산업혁명 시대 생존전략

그런데 참 이런 것이 멋져 보이기는 하는데 현실에서 실행하기가 쉽지 않은 것이 또 이 부분이다. 예로부터 '퍼주고 망한 장사 없다'고 하는데, 왜 음식점 10개 중의 9개는 문을 닫는가를 보면 알 수 있다. 그리고 거상 임상옥은 "장사는 이문을 남기는 것이 아니고 사람을 남기는 것이다"라고 하는데 우리 회사에는 왜 인재가 남아 있지 않을까? 이를 봐서도 알 수 있듯이 그만큼 자신만의 신념을 지키기 어렵다는 것인데, 철학이나 신념은 자기 스스로에 대한 깊은 성찰과 깨달음에서 나오기 때문이다. 스티브 잡스의 말처럼 "내일 내가 죽는다고 해도 이 일을 할 것인가"에 대한 스스로의 끊임없는 질문과 통찰에서 나오는 소명 의식이기 때문이다. 그래도 그런 일을 찾은 사람은 진정 행복한 사람이다.

KAIST의 이민화 교수는 '지금까지 산업혁명은 물질의 혁명이었으나, 4차 산업혁명은 정신의 혁명이며 자아표현과 자아실현의 욕구를 충족시키는 인문의 혁명'이라고 한다. 그리고 4차 산업혁명의 새로운 일자리는 바로 정신 소비에서 비롯될 것이며, 정신의 소비가 정체성을 결정하는 '경험경제'가 도래하고 있다고 한다.

물질의 혁명에서 정신의 혁명으로 넘어가고 있는 지금의 시기에 일에 대한 신념과 소명의식이 있는 사람이 성공할 확률이 높아질 것은 자명한 사실이지만, 앞으로 다가올 미래에는 이런 소명의식이 없는 사람과 기업은 사라지고 말 것이다.

삶에 대한 깊은 성찰과 고민

메멘토 모리Memento Mori!

라틴어로 자신의 "죽음을 기억하라" 혹은 "너도 죽는다는 것을 기억하라"는 뜻으로 옛 로마에서는 원정에서 승리를 거두고 개선하는 장군이 개선식을 치르며 시가행진을 할 때 노예를 시켜 행렬 뒤에서 큰 소리로 외치도록 했다고 한다. 로마인들이 가장 영광된 일로 생각하고, 평생 단 한 번이라도 해보고 싶은 것이 개선식이다. 그 최고의 자리에서 '너도 언젠가는 죽을 것이니, 전쟁에서 승리했다고 너무 우쭐대지 말고 겸손하게 행동하라'는 것을 깨닫게 해주려는 뜻일 게다.

사람은 누구나 죽음을 피할 수 없기에 죽음 앞에서 겸손할 수밖에 없고, 내 생에 마지막 순간은 어떤 모습이 되어야 할 것인가를 생각할 때 현실의 삶을 제대로 준비할 수 있는 법이다. 그 사람의 진정한 가치는 '관 뚜껑 닫았을 때 알 수 있는 법'이라고 했다. 내가 죽은 뒤에 내 장례식에 온 사람들이 나에 대해 어떤 말을 할까를 생각해 보면 알 수 있지 않을까?

나는 누구인가? 내 삶의 목적은 무엇인가? 하는 인문학적 질문이야말로, AI와 함께 살아가야 하는 미래 사회에는 더 깊은 고민으로 대두될 것이다. 앞으로 몸을 쓰는 노동이나 단순 반복되는 일들은 기계로 대체될 것이기에, 인간들은 예술과 철학적 깊이에 매진하는 시대가 될 가능성이 높아지기 때문이다. 로마 시대에 힘쓰는 일은

뇌교육 전문가와 함께하는
4차 산업혁명 시대 생존전략

노예들이 하고 귀족들은 시와 노래에 심취했기에 문화가 발달할 수 있었고, 이것이 나쁜 쪽으로는 흘렀을 때는 타락과 쾌락에 빠져 있는 모습과 비슷하지 않을까?

일에 대한 철학을 찾기 전에 먼저 해야 할 것이 '삶에 대한 의미'를 찾는 것이다. 이 부분은 부모들에게도 해당이 되는데, 부모가 되려는 사람은 먼저 자신의 삶에 대한 깊은 성찰이 있어야 한다. 그래서 부모가 아이의 스승이 되어야 한다. 청년기의 뇌는 혼란한 뇌이다. 그 혼란의 시기에 그들이 방황하지 않도록 부모들이 삶의 의미와 가치를 정리해 주어야 한다.

사춘기의 혼란한 시대에는 삶에 대한 깊은 고민에서 나오는 질문이 고개를 든다.

"공부는 왜 해야 돼요?"

"아빠, 엄마는 뭘 위해 사세요?"

"삶의 목적이 뭐예요?"

아이들의 이런 질문에 자신 있게 대답을 할 수 있는가?

우리 시절만 해도 이런 질문을 하면 아버지에게 뒤통수를 한 대씩 맞았다. '쓸데없는 생각하지 말고 공부나 하라고!' 그러면 아이는 '아! 이게 쓸데없는 질문인 건가?' 하면서 시키는 대로 공부하고, 직장 구하고, 가정을 꾸리게 된다. 그러다 나이 40이 넘어서면서 자신의 아이들이 다 크고 직장이 안정되면 그때 바빠서 놓쳤던 질문이 다시 고개를 든다. 그래서 이것을 흔히 '사추기思秋期'라 칭한다. 예전에 우리의 "아버지들이 쓸데없는 생각하지 말고 공부나 해!"라고 했던 것은 그들도 몰랐기 때문이다.

부모 세대들이 몰랐기 때문에, 또 나도 모르기에 내 아이에게도 정확히 전달을 할 수 없는 안타까운 현실이 반복된다. "나는 누구인가? 내 삶의 목적은 무엇인가?"에 대한 진지한 성찰이 필요하다.

술자리에서 친구에게 그런 것을 물어보면, '술맛 떨어지게 쓸데없는 소리 한다'고 하고, 배우자에게 이야기하면 '왜 그런 생각을 하느냐고, 무슨 일이 있냐?'고 묻는다. 우리가 함께 고민하고 생각해야 할 가장 기본적이고 당연한 일들인데 우리는 그런 것은 철학 하는 사람이나 도 닦는 사람들이나 하는 이야기라고 여기며 그런 이야기를 하면 이상한 사람으로 치부하고 터부시한다. 부모가 삶에 대한 성찰과 철학이 정립이 안 되어 있는데 어떻게 아이들에게 '네가 원하는 삶을 살아라'고 얘기할 수 있을까?

전혜성 박사1929년는 19세의 나이에 해방된 조국에 무언가 보람된 역할을 해보고 싶다는 열망으로 이화여대 2학년을 마치고 미국으로 유학을 떠났다. 보스턴대학원을 졸업하고 예일대에서 강의를 하면서 평생을 정체성을 고민하는 이민 1.5, 2세대들에게 우리의 뿌리를 알리려 노력하신 분이다.

6명의 자녀를 낳았는데 자녀들이 모두 하버드대와 예일대를 졸업하고 첫째 고경주는 미 보건복지부 차관보, 셋째 고홍주는 국무부 법률고문을 지냈으며 미국에서 '가장 모범적인 동양계 미국인 가정'에 선정되기도 했다. 전혜성 박사는 자신의 책『생의 목적을 아는 아

이가 큰 사람으로 자란다』에서 부모 스스로 생의 목적을 알고 실천 해나가는 것이 바로 아이를 잘 키울 수 있는 비결이라고 이야기한다. "생의 목적을 아는 아이는 어떤 역경 속에서도 흔들리지 않는다. 뿌리가 깊은 나무가 비바람에 쓰러지지 않듯, 자신의 정체성과 목적이 단단한 사람은 세상의 섬김을 받게 된다"고 했다.

결국, 아이의 문제가 아닌 부모의 문제다. 부모가 삶의 목적에 대해 분명해야 하고 이를 통해 아이의 인생의 동반자가 되어야 한다. 부모들이 가장 기본적인 이 부분이 안 되어 있다는 것이 문제인 듯하다.

직장도 마찬가지로 그냥 먹고살기 위한 일터가 된다면 얼마나 비참한 것인가? 직장은 삶의 의미를 실현하는 자아실현의 장이 되어야 한다. 지금까지 우리 선배 세대들은 먹고사는 문제에 치중해왔다. 나의 부모도 나의 부모의 부모도 마찬가지의 삶을 살아왔다. 그러다 보니 성공이 늘 행복보다는 우선해 올 수밖에 없었다. 그들 덕분에 대한민국의 먹고사는 문제가 해결되었다. 그러나 앞으로 미래는 삶의 질과 행복이 우선인 시대이다. 나는 왜 사는가? 내 삶의 목적은 무엇인가? 그것에 대한 답을 찾았을 때 언제 어디서나 당당할 수가 있는 법이다.

칙센트 미하이Mihaly Csikszentmihalyi 박사는 몰입의 즐거움이라는 책에서 소명의식을 강조한다. "행복해지기 위해서는 그 사람이 어떤 일을 하는가가 중요하다. 자신의 존재에 의미를 주는 목표를 개발하지 못하거나 자신의 에너지를 충분히 써먹지 못할 경우, 우리는 좋은 감정의 극히 일부만을 맛보게 된다."고 했다.

직장은 자아실현을 하는 곳이다. 자아발견 → 자아실현 → 자아완성의 순서대로 가장 먼저 내 재능을 찾아서 → 직장에서는 그것을 실현하고→ 궁극적으로 세상을 유익하게 만드는 자아완성에 이르는 것, 이것이 바로 삶의 목적이 되어야 하지 않을까?

이런 부분들이 뇌교육의 목적과 일맥상통함을 느낀다. 뇌교육의 목적은 우리나라의 중심철학이자 건국이념인 '홍익인간'에서 찾는다. 홍익인간이라 함은 널리 세상을 이롭게 한다는 뜻으로 건국 시조인 단군의 통치 이념이다. 나만 좋은 게 아니고 나도 좋고 남도 좋은 것, 그래서 모두가 좋은 세상이 바로 '홍익인간 재세이화'이다.

인간이 가진 자연적 능력이 기술과 결합하면 더욱 시너지 효과를 낼 수 있다는 것은 자명한 사실이지만 인간이 기계와의 공존을 추구하려면 인간 스스로가 '업그레이드' 되어야 하고 의식의 성장이 이루어지지 않으면 안 된다.

인공지능은 인류의 의식이 이입된 것이기에, 인간 자체의 탐욕과 이기심이 바뀌지 않으면 인공지능은 인류에게 치명적인 무기가 될 것이기 때문이다. 인공지능의 윤리 문제는 정확히 말하자면 인간 자체의 윤리 문제다. 모든 것을 조정하는 열쇠는 바로 인간에게 있으며 인간의 의식 성장과 영적 자각이 없으면 이루어질 수 없기 때문이다. 로봇과 인류가 함께 열어가는 미래를 위해서는 인간의 삶에 대한 깊은 성찰과 고민이 필요하고, 어쩌면 그 해법을 우리 민족 고유의 '홍익인간' 정신에서 찾아보는 것도 답이 될 수 있겠다.

뇌교육 전문가와 함께하는
4차 산업혁명 시대 생존전략

4차 산업혁명
대처하기 & 살아남기

지금까지 4차 산업혁명에 대비해서 변해야 할 것과 변하지 않는 것에 대해서 알아보았다. 그렇다면 이제 미래 시대에서 살아남기 위해 직장인으로서 무엇을 기획하고 준비해야 하는가?

앞으로 닥쳐올 미래에 인간은 어떤 가치를 창출해 내야 할 것인가? 결국은 기계가 대체할 수 없는 부분이어야 할 것이고, 그러기 위해서는 호기심과 도전정신, 그리고 창의적인 문제 해결 능력을 갖춘 인재가 필요하다. 미래전략 보고서2017에서는 사람과 기계가 함께 만드는 더 큰 혁신의 세상을 이야기한다. 그리고 4차 산업혁명은 로봇, 인공지능AI, 사물인터넷IoT 등을 통한 기술 융합의 핵심으로 세계의 산업구조를 혁명적으로 변화시킬 물결임이 틀림없다고 한다.

우리 주변에는 지금도 다양한 변화가 일어나고 있다. 영국의 브렉시트나 트럼프의 당선에서 민족주의나 보호무역 정책이 더 확산될 것이라는 것과 AI, 로봇, 사물인터넷, 드론, 3D프린터와 무인자동차의 비약적인 발전이 있을 것이며 이로 인해 실업 및 비정규직 그리고 사회 양극화 현상은 더욱 심화될 것이라는 것을 짐작할 수 있다. 더불어 저출산이나 고령화 문제도 점점 심해지리라는 것은 불을 보듯 뻔한 일이다.

미래창조과학부 미래준비위원회2017에서는 미래 인간에게 필요한 3대 미래 역량을 3가지로 분류했다.

- 획일적이지 않은 문제 인식 역량: 인문학적이고 감성적인 해석방법으로 복잡한 문제를 유연하게 해석하고 능동적으로 자료를 탐색하여 일반적인 틀을 벗어난 새로운 방식으로 문제를 인식하는 것
- 다양성의 가치를 조합하는 대안 도출역량: 개개인이 갖는 다양성을 조합해 기계와 차별화된 대안을 탐색하고 도출할 수 있는 역량
- 기계와의 협력적 소통 역량: 디지털 기술과 정보를 잘 이해하고 활용하는 역량

이 세 가지를 보면 알 듯 말 듯 좀 어렵다. 여하튼 이러한 부분에 대해서 우리 직장인들이 무엇을 준비해야 할 것인가에 대해 인간의 뇌를 활용하는 교육인 뇌교육적인 측면에서 한번 알아보고자 한다.

미래 사회를 한마디로 하면 초연결, 초지능, 그리고 가상과 현실의 연결인데 이 모든 것이 뇌의 속성과 연관되어 있다. 인공지능은

뇌교육 전문가와 함께하는
4차 산업혁명 시대 생존전략

생물학적으로는 인간의 뇌에서 비롯되고 기술적으로는 인간의 창의력에서 비롯된 것이기 때문에 인공지능의 추구 방향에 대한 핵심 키는 인간이 가지고 있다고 할 수 있다최민자, 2016.

흔히 말하기를 인간은 자기 뇌의 잠재능력을 1%밖에 쓰지 못하고 있다고 한다. 뤽 베송 감독의 "루시"라는 영화의 마지막에 보면 뇌의 능력을 100% 쓰게 된 주인공의 몸이 사라지면서 모든 기기에 "I'm Every Where"라는 글귀가 뜨는 장면이 나온다. 이것처럼 인간이 뇌의 능력을 100% 활용하게 된다면 어쩌면 신의 영역까지 이를지도 모른다. 그러나 그러기까지 아직은 많은 부분이 베일에 싸여 있는 것이 인간의 뇌인데, 지금까지 밝혀진 뇌과학에서 미래 사회를 대비할 수 있는 해답을 찾아보자.

인간의 뇌에는 1,000억 개의 뇌세포뉴런: Neuron가 존재한다. 우주에 있는 별의 숫자가 1,000억 개라고 하니 예로부터 우리 선조들이 사람을 소우주라 한 것이 이해가 가는 듯하다. 그런데 이 뇌세포가 하루에 10만 개씩 죽어 나가면서 다시 생성되지 않는다고 한다. 이런 얘기를 듣고 나면 깜짝 놀라는 분들이 있다. 뇌세포가 매일 그렇게 많이 없어지면 어떡하지? 어떻게 해야 사라지지 않게 하지? 고민하는 분들이 있는데 뇌세포는 하루에 10만 개씩 사라져도 10일이면 100만 개라서, 100년을 산다고 해도 없어지는 것은 인간이 가진 뇌세포의 3% 정도니까 뇌의 기능에는 크게 영향을 미치지는 않는다. 사실 뇌세포의 숫자보다 더 중요한 것이 바로 '시냅스'이다. 뇌세포와 뇌세포 사이의 연결이 시냅스인데 1개의 뇌세포에 10,000~30,000

개 정도의 시냅스가 존재한다고 하니 우리의 뇌에는 약 1,000조 개가 있다는 말이 된다. 바로 이 시냅스의 수가 얼마나 많은가조밀함? 혹은 연결이 튼튼하냐가 흔히 표현하는 머리가 좋고 나쁘고를 결정하는 것으로 알려져 있다.

뇌세포 사이를 연결하는 시냅스의 숫자가 많아져야 하는데 이 시냅스는 새로운 경험을 하거나 새로운 지식을 통해서 만들어진다. 새로운 경험이나 새로운 지식을 얻을 때 새로운 시냅스가 생기는 것이며, 그것을 계속 반복할 때 연결이 튼튼해지는 것이다.

새로 시냅스가 만들어질 때는 뇌에서 화학작용이 일어나기 때문에 머리가 쥐가 나듯이 아프고 지끈지끈할 수밖에 없다. 그러나 일단 시냅스가 형성된 후에 그 일을 계속 반복하다 보면 시냅스의 연결이 튼튼해지면서 그 일이 쉬워지는 것이다. 처음 운전 배울 때 앞만 보고 운전하다가 운전이 익숙해지면 음악 들으며 딴 생각하면서도 운전이 가능한 것과 같다. 특히 몸으로 익힌 것이 가장 잘 기억에 남는다. 그래서 가장 좋은 교육은 체험식 교육이다. 수영을 한번 배워두면 언제라도 할 수 있듯이, 자전거 한번 배우면 시간이 지나도 조금만 연습하면 익숙해지듯이, 몸으로 익히면 오래 기억이 된다.

폴 맥린MacLean, 1990에 의하면 뇌는 뇌간brain stem, 대뇌변연계Limbic System: 구피질, 대뇌피질Neocortex: 신피질의 3층 구조로 되어 있으며, 기능은 독립적이지만 서로 상호 작용한다고 했다.

파충류의 뇌라고도 부르는 뇌간은 뇌의 3층 구조 중 진화학적으로 가장 먼저 생성 발달된 뇌의 형태로 3개의 층 중 가장 안쪽에 존

재하며, 움직임 즉 신체와 밀접한 연관이 있다. 가장 원시적인 형태의 뇌인 뇌간은 심장을 뛰게 하는 것, 호흡, 소화시키는 것, 호르몬 작용 등과 관계가 있고 생명을 유지시키는 역할을 한다.

대뇌변연계구피질는 뇌간에 이어서 두 번째로 진화한 뇌이며 정서, 감정의 영역, 즉 희로애락을 느끼는 뇌이다. 파충류는 감정이 없지만 개나 고양이 같은 포유류는 감정을 가지고 있기에 포유류의 뇌라고도 한다.

뇌의 3층 구조 중 가장 바깥에 위치해 있고 가장 나중에 진화되었으며 인간만이 지니고 있는 뇌의 부위가 바로 대뇌피질이다. 이 대뇌피질 덕분에 인간이 사고思考할 수 있으며 인간의 뇌 중에서 가장 큰 부위를 차지하고 있기도 하다. 이 대뇌피질이 미래 인재의 핵심인 창의력과 문제 해결 능력을 발현할 수 있는 부위이기도 하다.

기존의 좌뇌와 우뇌의 역할이 서로 다르다는 설에 대해 이견이 제시되면서 좌·우뇌 수평적 통합이 힘을 잃기 시작했다. 그러면서 대뇌피질사고 − 대뇌변연계감정 − 뇌간생명으로 연결되는 수직적 통합의 '삼위일체 뇌'를 이해함으로써 지知, 정情, 의意를 조화롭게 발달시켜 인간 마음을 통합할 수 있는 심성교육心性敎育 차원의 교육이 요즘 대세로 떠오르고 있다.

4차 산업혁명 시대에 살아남기 위해서는 AI가 대체할 수 없는 것, 즉 감성과 창의·창조가 필요한 시대라는 것을 볼 때 인간의 뇌를 활용한다는 것은 상당히 의미가 있다. 예로부터 우리 동양에서는 몸과 마음이 분리되지 않고 연결된 것으로 보았는데, 요즘 뇌과학이 그

부분을 일정 부분 증명해 주고 있다. 정서는 몸과 마음을 연결하는 것으로서, 정신과 신체의 연결망을 통해 교환되는 정보의 영향을 받는다. 즉, 정서는 변연계뿐만 아니라, 시상, 대상피질, 편도체, 시상하부, 전전두엽 피질 등 인지를 담당하는 부위와도 밀접하게 관련되어 있어서 신체적인 변화까지도 일어난다.

평생교육이 일상화되는 미래 시대에는 단편적인 발달이 아닌 신체, 정서, 인지의 삼위일체의 통합적인 발달이 필요하다. 대뇌피질은 인지 뇌, 변연계는 감정 뇌, 뇌간은 신체 뇌라고 표현되기도 하는데, 이 3가지의 뇌를 고루 발달시킴으로써 전인적인 교육이 될 수 있다고 한다. 이는 4차 산업혁명 시대를 맞이한 기업에서도 예외가 아닐 것으로 생각한다.

『대한민국에서 직장인으로 산다는 것』이라는 책이 있다. 이 책의 저자 김상훈은 직장인 731명과의 심층적인 인터뷰를 통해 그들을 괴롭히는 갖가지 문제점을 7가지 증후군으로 분류한 다음 크게 '일, 사람, 미래'의 세 가지 주제로 나누어 각 증후군의 형태와 원인을 알아보고 이를 극복한 사람들의 실제 사례를 소개하고 있다. 이 책이 나온 지 10년이 되었으니 지금은 좀 달라졌으려나 하고 이 책을 다시 봤지만 어쩌면 그렇게 변화가 없을까 싶을 정도로 그때나 지금이나 똑같다. 참 신기할 정도이다.불론 조금 좋아지기는 했겠지만. 그런데 앞으로 10년 후는 과연 달라질까? 글쎄다?

이 책의 저자는 '리베로형 직장인'으로 살라고 조언한다. 축구에서 '리베로'는 포지션의 제한을 받지 않고 공격과 수비에서 자유롭게 활

약하기 때문에 다양한 장점을 지니고 있다. 이 부분이 뇌교육이 추구하는 바와 비슷하다. 4차 산업혁명 시대에는 신체, 정서, 인지를 통합적으로 활용하여 유연한 문제 해결 역량을 발휘할 수 있는 통섭, 융합형 인재가 필요하다. 깊이와 넓이를 함께 가진 T자형 혹은 우산형 인재가 필요하다는 얘기인데, 그런 인재가 되기 위한 뇌교육적인 방법을 하나하나 짚어보자.

운동과 명상

몸을 위한 운동이 중요하다는 것은 모두 알고 있다. 이는 뇌과학적 측면에서도 이해할 수 있는데, 뇌의 태생적 발달 자체가 움직임과 연관이 있기 때문이다. 뇌는 동물에게만 있는 기관이다. 식물은 뇌가 없고 동물의 형태를 띠면서 뇌가 생성되기 시작했다. 횟집에서 술안주로 올라오는 멍게우렁쉥이를 보면 알 수 있는데 어릴 때 멍게는 올챙이처럼 꼬리를 달고서 움직인다. 그러다가 어느 곳에 정착하게 되면 이제부터는 움직일 필요가 없기 때문에 자신의 뇌를 소화시켜서 없애 버린다. 그러고는 평생을 그 자리에서 움직이지 않고 마치 식물처럼 살아간다.

이처럼 뇌는 움직임과 밀접한 연관을 가지고 있기에 뇌의 활동을 원활히 하기 위해서 신체적 활동, 도전, 그리고 움직임을 권한다. 하버드 의대 임상 정신과 존 레티이 교수는 『운동화 신은 뇌』라는 책을 썼는데, 제목만 봐도 뇌를 개발하기 위해서는 무엇을 해야 하는가가 답이 나온다.

신체적 운동은 만성 스트레스로 생기는 과잉 코르티솔의 부식 효과를 억제하여 우울증과 치매를 방지한다고 했고, 포도당이나 자유 라디칼, 흥분성 신경 전달 물질인 글루탐산염의 적정 수치를 조절하여 뉴런들을 보호한다고 했다. 또한, 신체적 운동은 신경 전달 물질과 신경 영양 인자, 뉴런들 사이의 연결이 모두 늘어나 우울증이나 불안증으로 오그라든 해마의 상태가 좋아지게 한다.

그래서 뇌교육에서는 신체의 움직임을 중요시하고 교육 중에서는 뇌 체조를 기본으로 한다. 캐나다의 신경외과 의사 팬 필드는 신체의 각 부위와 연결된 뇌의 지도를 그리기도 했는데, 직접 접촉할 수 없는 뇌에 신체 활동을 통해 자극을 주고 활성화할 수 있다는 것이다. 뇌 체조는 평소에 쓰지 않던 근육을 사용함으로써 직접 접촉할 수 없는 뇌의 구석구석을 자극해 주는 것인데, 생활 속에서는 평소에 내가 익숙하지 않았던 운동이나 신체의 움직임을 해 주는 것이 도움이 된다.

그런데 몸의 운동 못지않게 마음의 운동이 중요하다는 사실을 간과하는 경우가 많다. 몸과 마음은 수레의 양 바퀴와 같다고 볼 수 있다. 그래서 양쪽 모두 단련이 필요한데 우리는 몸의 건강을 위해 육체를 단련해야 한다는 것을 알면서도 정신을 단련해야 하는 것의 중요성은 모르고 있다. 다행히 요즘에는 정신적 건강멘탈 헬스의 중요성이 대두되고 있는데 그중에서 가장 주목을 받는 것이 바로 명상이다. 이 명상은 감성적인 부분뿐 아니라 창의성 발휘에도 긍정적인 영향을 미치기 때문에 4차 산업혁명 시대에 꼭 맞는 뇌의 활용법이다.

지난 2001년 미국의 뇌과학자 마커스 라이클 박사는 사람이 아무

뇌교육 전문가와 함께하는
4차 산업혁명 시대 생존전략

런 인지 활동을 하지 않을 때 활성화되는 뇌의 특정 부위를 발견하고 이 부위를 '디폴트 모드 네트워크Default Mode Network; DMN'라고 명명했다. 이는 마치 컴퓨터를 리셋하게 되면 초기 설정Default으로 돌아가는 것처럼 아무런 생각을 하지 않고 휴식을 취할 때 뇌의 디폴트 모드 네트워크DMN가 활성화되는데, 이 DMN이 활성화되면 창의성이 생겨나며 특정 수행 능력이 향상된다는 것이다.

일본 도호쿠 대학 연구팀은 fMRI를 이용해 아무런 생각을 하지 않을 때 뇌 혈류의 흐름이 활발해지는 것을 발견했는데, 이 상태에서 실험 참가자들이 새로운 아이디어를 신속하게 내는 과제에서 높은 점수를 받은 것으로 나타났다. 이는 뇌가 쉴 때 백색질의 활동이 증가하면서 창의력 발휘에 도움이 된다는 것을 의미한다.

그러나 현대인들의 뇌는 잠깐의 휴식조차 허락하지 않는다. 지하철을 탈 때도 가만히 있기보다는 스마트폰으로 무언가를 열심히 하며, 잠깐 쉬는 시간에도 휴식이라는 이름 아래 게임을 즐기거나 TV를 본다. 하루 종일 끊임없이 뇌를 혹사하는 바쁜 현대인들에게 잠깐씩이라도 뇌가 쉴 수 있는 시간을 주는 것이 절실하다. 뇌에 휴식을 주는 시간은 자기의식을 다듬는 활동을 하는 기회가 되며 평소에는 미처 생각하지 못한 영감이나 문제 해결 능력을 주기 때문이다.

또한, 미래에 필요한 능력 중 하나가 바로 소통 능력이다. 이것이야말로 AI가 할 수 없는 능력이며 클라우스 슈밥 회장은 "기술이 결코 대체할 수 없는 인간의 교감. 기계의 시대, 사람의 존재는 더욱 커질 것이다"라고 한다. 미래에는 다른 사람의 마음을 읽어내고 인간관계를 형성하는 능력이 중요한데, 여기에 필수적인 것이 바로 긍정 마인드이다.

항상 웃고 긍정적인 말을 하는 사람과 늘 인상 쓰고 부정적인 얘기를 하는 사람 중 누구에게 사람이 몰릴 것인가는 말하지 않아도 알 수 있는 일이다. 마틴 셀리그만MARTIN E. P. SELIGMAN의 영향으로 긍정심리학이 대세인 요즘이지만 미래에는 그 가치가 더 커질 것이라는 얘기다. 모두 긍정 마인드가 중요하다는 것을 알고는 있는데 문제는 어떻게 그 마인드를 형성해 나가야 하는가? 하는 것이다. 그 답은 바로 뇌에 있다.

인간의 뇌는 태생적으로 부정적으로 태어났다. 이것은 생존 본능과도 연관이 있는데 코끼리나 호랑이처럼 강한 힘이 없었던 인류에게 세상은 위험투성이였을 것이다. 항상 생존을 위협하는 것에 둘러싸여 있었던 인간의 뇌는 위험에 민감하게 반응하도록 진화해 왔다. 그러다 보니 어떤 일이 생기거나 무언가가 나타났을 때 경계하고 의심하는 것이 당연한데, 생존을 위해 사물을 부정적인 시각으로 보도록 진화되어 왔다는 것이다. 그런 인간이 대뇌피질의 발달로 인해 과학 문명을 발전시키고 최상의 포식자라고 해도 좋을 만큼의 위치에 올라섰다. 그런데 세월의 흔적이라는 것이 무섭기 때문에 아직도 우리의 뇌는 부정적인 습관을 그대로 유지하고 있다. 워낙 깊이 각인되어 있기 때문에 그냥 바뀌지는 않고 의도적인 노력이 필요하다.

잘못된 습관을 버려야겠다고 생각하면 할수록 그 생각이 더 나게 마련인데, 이것이 뇌과학이고 시냅스의 작용이기 때문이다. 보라색

코끼리를 상상하지 말라고 하면 더 생각이 나는 것과 같은 이치다. 이때는 잘못된 습관을 그냥 없애려고 할 것이 아니라 의식을 다른 곳으로 돌려야 한다. 부정적인 생각이나 안 좋은 생각을 없애는 데 좋은 것이 산책하거나 운동을 하는 것이다. 몸이 뇌를 깨우는 가장 좋고 효과적인 방법이기 때문이다. 예를 들어 담배 생각이 날 때는 산책이나 운동으로 의식을 전환하는 것이 가장 좋은 방법이다.

뇌의 시냅스는 길에 비유할 수가 있다. 길에 사람이 다니면 길이 점점 넓어지지만, 사람이 다니지 않으면 풀들이 자라면서 나중에는 길이 사라져 버린다. 시냅스도 마찬가지로 계속 그 일을 하면 점점 숙달되어서 시냅스가 튼튼해지는데 그 일을 하지 않으면 점점 얇아지고 나중에는 사라져 버린다.

이것이 습관과 연관이 있다. 긍정적인 습관을 많이 가진 사람은 긍정의 시냅스의 가지가 많고 튼튼하게 연결되어서 삶이 긍정적으로 형성이 되지만, 반대의 습관을 가진 사람은 자신도 모르게 부정적으로 형성된다.

긍정 시냅스를 형성하는 일환으로 요즘은 많은 사람들이 명상에 심취하고 있다. 부정적인 의식들은 뇌의 속성이고 본능적인 것이기에 그냥 없애려고 하면 쉽지 않다. 내부의식, 잠재의식까지 들어가야 한다. 내가 하는 행동에 대해 나의 뇌가 인지하고 있는 것은 단 5%밖에 되지 않고 95%는 잠재의식, 무의식 속에서 일어난다. 즉 내가 매 순간 하고 있는 행동의 95%는 내가 인지하지 못하는 상태에서 거의 무의식적으로 일어난다는 것이다.

나도 인지하지 못하는 나의 행동을 바꾸기란 하늘의 별 따기와 같다. 그래서 사람이 바뀌기가 죽기보다 어렵다고 하는 것이 아닐까? 오죽하면 사람이 갑자기 바뀌면 '죽을 때가 됐나 보다'라는 말이 있을까? 그만큼 변화라는 것이 어렵다는 말인데, 내가 하는 일의 대부분이 내가 인지하지 못하는 상태에서 일어나기 때문이다. 그래서 변화를 위해서는 잠재의식, 무의식까지 내려갈 방법이 필요한데 그 방법의 하나가 명상이다.

명상Meditation은 외부로 향해있던 마음을 자신의 내적인 세계로 향하게 하여 자신의 내면을 바라봄으로써 집착하고 있는 것을 놓게 하고 마음을 정화하는 과정이다. 명상은 '지금 여기에', '깨어 있음', '알아차림', 'Now Here' 등 여러 가지로 표현되는데, 한마디로 말하면 몸이 여기 있을 때 내 의식도 함께 머물러 있는 상태를 말한다. 아이들이 행복한 이유는 지금 현재에 의식이 머물러 있기 때문인데, 어른들은 지나간 과거에 대한 후회와 오지 않은 미래에 대한 두려움으로 의식이 현재에 머물러 있지 못하고 항상 의식이 왔다 갔다 한다.

예를 들면 학교에서 학생들이 강의를 들으면서 딴생각 속으로 빠져 버리면 선생님의 얘기가 하나도 안 들린다. 몸은 여기 있지만 의식은 다른 곳에 가 있는 상태이기에 선생님이 무슨 말을 했는지 전혀 기억하지 못한다. 그래서 학생들이 딴생각을 하면 선생님이 분필로 칠판을 '땅' 하고 친다. 그럴 때 번쩍 정신이 들게 되는데 그 순간이 바로 일종의 명상 상태 즉, 깨어 있는 상태라고 할 수 있다.

뇌교육 전문가와 함께하는
4차 산업혁명 시대 생존전략

그런데 '명상' 하면 대부분의 사람들이 다리를 꼬고 앉아서 눈을 감고 있는 것이라 생각을 하는데 명상은 여러 가지 형태가 있다. 달리기를 하다가도 명상을 경험하고, 산책명상, 호흡명상, 기공명상, 식사명상, 심지어 일명상도 있다. 일 속에 빠져들어 잡념이 없이 몰입하는 것이 일명상이다. 대부분의 사람들은 가부좌 틀고 앉으면 대부분 졸거나 잡념에 빠져들게 마련이다. 그래서 누구나 쉽게 할 수 있는 명상법으로 권할 만한 것이 산책명상이다. 산책을 하면서 온전히 그 속에 빠져 보는 것이다. 매일 30분이라도 온전히 자연 속에서 자신만의 시간을 가져볼 필요가 있다. 요즘은 웬만한 직장 근처에 작게나마 다 공원이 있으니 쉽게 활용할 수가 있다.

바다에 파도가 치면 물결이 일렁이고, 흐려져서 바닷속에 있는 것들이 보이지 않지만 파도가 잔잔해지면 바닷속에 있는 바위도 보이고, 해초류와 물고기도 보인다. 이렇듯 사람도 고요히 있을 때 맑아지고 밝아지는 것이다. 평소에는 바쁜 세상사 속에서 수많은 정보와 파장 속에 있다 보니 맑지 못하고 어두워지는데 이럴 때 고요함이 필요하다.

흙탕물을 조용히 두면 맑아져서 속이 다 보이듯이, 사람 역시 마음을 편안히 하고 이완하다 보면 뇌파가 가라앉으면서 그때 비로소 내 잠재의식 속에 있던 내가 보이기 시작한다. 불교 명상법인 위파사나 중에 '보면 사라진다'는 말이 있다. 알면 바꿀 수가 있다는 것이다. 물론 푸시 업 몇 번 한다고 근육이 생기지 않듯이 명상 잠깐 한다고 멘탈 헬스가 강해지는 것은 아니다. 일상생활 속에서 꾸준히 생활화하는 것이 필요하다. 명상을 통해 긍정 마인드뿐 아니라 창의성을 증대할 수도 있고, 궁극적으로는 자기 삶의 목적까지도 찾을 수가 있다.

고요함 속에서 자신을 바라보면 자신이 그 일에 애정을 갖고 임할 만한 이유를 찾을 수 있다. 일을 해야 한다는 '의무감'으로만 하는 게 아니라 일을 '즐기기' 시작할 수 있다는 뜻이다. 이것이 곧 심리학자들이 말하는 '내적 동기'와 '외적 동기'의 차이다.

인문학 공부하기

인간과 기계가 함께 손잡고 가는 시대! 인문학의 필요성은 더 커질 것이다!

> 사람이 중심이다. 그 어떠한 기술적인 발전에서도⋯⋯.
> ─ 독일 제4차 산업혁명 플랫폼 일자리 4.0 워킹그룹 ─

인문학이란 무엇인가?

교육학 용어사전에 보면 인문학人文學, Humanities이란 '인간의 사상 및 문화를 대상으로 하는 학문영역'을 말하며 자연을 다루는 자연과학에 대립되는 영역으로, 자연과학이 객관적으로 존재하는 자연현상을 다루는 데 반하여 인문학은 인간의 가치 탐구와 표현활동을 대상으로 한다. 광범위한 학문영역이 인문학에 포함되는데, 미국 국회법에 의해서 규정된 것을 따르면 '언어Language · 언어학Linguistics · 문학 · 역사 · 법률 · 철학 · 고고학 · 예술사 · 비평 · 예술의 이론과 실천, 그리고 인간을 내용으로 하는 학문이 이에 포함된다'고 되어 있다.

뇌교육 전문가와 함께하는
4차 산업혁명 시대 생존전략

즉 인간에 관한 모든 것을 다루는 학문이기에 뭐라고 딱 한마디로 정의하기는 쉽지 않다. 그런데 우리가 인문학을 칭할 때 흔히 쓰는 표현이 있는데 바로 문·사·철文·史·哲이다. 문학, 역사, 철학을 이르는 말인데, 그 이유는 문학을 공부하면 정서적으로 깊어지고, 역사를 공부하면 미래를 예측하는 힘이 생기고, 철학을 공부하면 자신의 삶에 대한 통찰력이 깊어지기 때문이다. 그래서 한국 사극의 개척자로 불리며 10년 가까이 〈조선왕조 5백 년〉을 드라마로 방영하며 신화를 만들어 낸 신봉승 교수는 "문학 서적 300권, 역사 서적 200권, 철학 서적 100권 해서 총 600권은 읽어야 지성인이다"라고 하면서 문·사·철 600을 주장하셨다. 이러한 인문학이 4차 산업혁명 시대의 대안으로 떠오르고 있다.

제4차 산업혁명 시대는 연결의 시대이다. 연결은 상호 간 소통을 통해 이루어진다. 소통이 원활하게 이루어지지 않는다면 원하는 목표를 달성할 수가 없다. 즉 소통 역량에 따라 결과가 달라질 수 있다. 인간과 인간, 인간과 기계, 기계와 기계가 연결된다. 앞으로 기업 영역에서뿐만 아니라 사회 전반에서도 소통은 더욱 중요시될 것이다. 그런데 소통의 혁신은 가장 중요한 인문학적 아젠다의 하나이다.

4차 산업혁명에 시대에 필요한 핵심 인재들은 소프트웨어 엔지니어, 데이터 분석가 등 디지털 세계에서 주도적으로 일할 소프트웨어 전문성을 갖춘 인력들이 될 터이고, 엄청나게 방대한 데이터를 혼자서 처리할 수 없기에 필연적으로 통섭과 융합형 인재가 필요하다. 이런 사람들을 유연한 문제 해결 능력을 갖춘 사람들이라고 하는데 이

직장인! 4차 산업혁명에
종속될 것인가? 선도할 것인가? 3

것저것 조금씩 잘하는 제너럴리스트가 아니라 자기의 전문분야에도 충분한 능력과 소양을 갖추고 있으면서도 다양한 지식을 두루 겸비한 사람, 즉 인문학적 소양을 가진 사람을 말한다. 일명 '비빔밥형 인간'이라고도 한다.

인문학은 4차 산업혁명에 꼭 필요한 '창의성'과도 밀접한 연관이 있다. 구텐베르크Johannes Gutenberg는 '하늘 아래 새로운 것은 없다'라는 말을 남겼다. 창의·창조라는 것이 세상에 없는 것을 만드는 것이 아닌, 있는 것의 조합이라는 말이다.

4차 산업혁명의 시작에 대해서는 이견이 많지만 스마트폰의 출현을 4차 산업혁명의 시작으로 보는 학자들이 꽤 있다. 그런데 스마트폰도 가만히 보면 세상에 없는 것을 만든 것이 아니다. 기존에 있던 컴퓨터와 핸드폰 그리고 MP3를 합친 것이 스마트폰이다. 바로 융합의 산물인 것이다. 그래서 혁신의 아이콘으로 불리던 스티브 잡스는 "애플은 기술과 인문의 교차로 위에서 만들어진 것이다"라고 하면서 '소크라테스와 점심을 같이할 수 있다면 애플을 다 주어도 여한이 없다'고 했다.

사실 인문학은 근본 목적은 '나는 누구인가?', '내 삶의 목적은 무엇인가?'에 관한 부분이기에 인간의 근본에 대한 깊은 성찰을 필요로 한다. 이 역시 AI가 해결해 줄 수 없는 부분이다. 명상의 근본 목적은 깨달음인데 수련을 하다 보니 스트레스가 해소되는 효과를 발견하게 되었고, 이것이 현대인들에게 잘 맞고 필요하기에 명상이 주목을 받는 것처럼 인문학도 인간의 근본에 대한 성찰인데 하다 보니

뇌교육 전문가와 함께하는
4차 산업혁명 시대 생존전략

소통, 창의에 도움이 되어서 많은 이들이 필요성을 느끼는 것이다.

4차 산업혁명 시대 인문학이 필요한 또 하나의 이유가 인공지능 윤리에 관한 부분이다. 80년대에 어린 시절을 보낸 많은 사람들이 기억하는 외화 시리즈가 있다. 우리나라에서는 "전격 Z 작전"이라는 제목으로 방영되었던 미국 드라마 '나이트 라이더Knight Rider'다. 이 드라마에서 나오는 최첨단 인공지능이 장착된 자동차 이름이 바로 '키트KITT'다. 나이 드신 분들은 아직도 주인공이 시계를 보면서 '키트, 빨리 와 주게'라고 외치던 모습을 생생하게 기억한다. 그런데 이런 자동차가 현실이 될 날이 머지않았고, 사실 기술은 벌써 상용화될 만큼 발전을 했는데 장애가 되는 것이 바로 '인공 윤리'이다.

예를 들면 무인자동차 운행 시 갑자기 행인이 튀어나와 어쩔 수 없는 상황이라면 주인을 구해야 하는가? 아니면 주인이 다치더라도 행인을 구해야 하는가? 하는 부분은 자율주행 자동차 상용화의 걸림돌이자 딜레마와 같다. 이러한 장애를 제거하기 위해선 모두가 함께 모여 인간 존중에 대해 깊은 성찰과 고민, 그리고 그것에 관한 광범위한 협의와 합의가 필요하다.

윌 스미스 주연의 영화 '아이로봇'에도 비슷한 얘기가 나온다. 아이와 자신이 함께 물에 빠졌을 때 구하러 온 로봇에게 아이를 구하라고 명령을 내리지만, 로봇의 입장에서는 아이보다는 주인공을 구하면 살 확률이 훨씬 높기에 그 명령을 어기고 주인공을 구하게 된다. 이런 부분은 AI가 이해할 수 없는 부분이기도 하고 인간만이 가지고 있는 영역이기도 하다. 자신의 이상과 꿈을 위해 죽음마저도 넘어설 수 있는 부분이 바로 인간만이 가지고 있는 대뇌피질의 영역이기 때문이다.

그리고 자칫하면 인간을 살해하는 킬러 로봇의 등장과 인간보다 지능이 뛰어난 우수한 AI에 의해 인간이 지배받는 공상과학 영화에서나 나올 법한 일이 일어날지도 모른다. 그래서 인공지능에 관한 윤리는 반드시 필요한 부분이다.

앞으로 이 세상에는 AI라는 새로운 종이 탄생할 수도 있다. 4만 년 전에 이 지구에는 4종류의 인류가 공존하고 있었는데 그중에서 호모 사피엔스만 살아남았고 나머지 종은 도태되었다. 마찬가지로 앞으로 미래의 세계는 AI라는 종만 살아남고 호모 사피엔스라는 종은 기록 속에서만 존재하게 될지도 모른다. 이런 일들이 호모 사피엔스의 입장에서는 끔찍한 일이겠지만 이 지구의 섭리에는 진화의 논리에 따라 흘러가는 하나의 흐름일 뿐일 것이다.

인공지능에 대한 윤리적 제어를 통해 인간과 인공지능의 공존을 추구해야 한다는 목소리가 높아지고 있는 것은 이 때문이다. 이런 일의 방지를 위해서는 인간에 대한 철저한 탐구와 이해가 필요한데 인문학이 중요한 이슈가 되는 이유 중의 하나다. 앞으로는 인간이 아닌 인공시능의 윤리를 연구하고 판단하는 법리 해석가가 등장을 해야 할지도 모른다.

대한민국의 30~40대 직장인들은 아직도 10대, 20대를 주입식

공부로 살아온 세대이기에 미래의 시대에 맞게 좀 더 유연한 사고를 기르기 위해서는 인문학 공부가 많은 도움이 될 것이다. 그런데 인문학이 시작하기가 좀 어렵기는 하다. 그래서 무엇부터 시작해야 하는가를 잘 모르는 분들에게 『꿈꾸는 다락방』의 저자이자 베스트셀러 작가인 이지성 씨의 『리딩으로 리더하라』라는 책을 추천하고 싶다. 나 역시 참 감명 깊게 읽었고 주위에 추천을 많이 한 책인데 이 책은 인문학의 중요성과 어떻게 시작해야 하는가에 대해 다루고 있다. 그리고 아이들에게 추천하는 인문학책들을 친절하게 설명해 놓아서 인문학에 입문하기를 원하는 분들에게 도움이 될 것이다.

평생교육을 통한 뇌 유연화

미래의 직장인들은 하나의 직업이 아닌 다양한 직업을 거칠 것이기 때문에 그에 따라 다양한 경험과 지식이 필요하고, 같은 직업이라 할지라도 필요한 업무 능력은 지속적으로 변화할 것이기에 빠른 변화에 적응하기 위해서는 평생교육이 필수적이다. 미래에 필요한 역량인 창의성 역시 그 바탕에 수많은 지식과 경험이 있어야 하고 그 지식을 잘 활용하여 그것을 융합할 수 있는 능력을 필요로 하기에 평생교육이 일상화되어야 한다는 것이다.

세계적인 글로벌 기업에는 벌써 이러한 바람이 불고 있다. 미국 통신 회사 AT&T는 2020년까지 자사 네트워크의 75%를 소프트웨어 기반의 운영 시스템으로 교체하기로 하면서 동시에 28만 명이나 되는 임직원들에 대한 교육을 강화하겠다고 했다. '평생학습'을 조직 문화로 만들고자 하는 비전을 가지고 있는 AT&T는 현재 직원의 절반가량인 14만 명이 새로운 기술을 배우기 위해 교육을 받고 있으며, 연간 교육 예산이 25% 증가했다. AT&T는 미래에 필요한 신규 직무 요건들을 체계적으로 정리해서 마련하고, 이에 기반을 두어 180만 개 이상의 개별 강좌, 사내 전문 학위 과정Nano-Degrees, 정규 학위과정 등 다양한 교육 프로그램을 준비했다. AT&T는 '향후 일자리의 1/3 정도가 줄어들 것이며, 교육을 원하지 않는 직원들이 자연스럽게 정리될 것'으로 전망하고 있다.

뇌교육에서는 교육의 목적을 대뇌피질의 사고를 유연하게 하는 것으로도 정의한다. 지식의 다양성과 깊이를 통해 뇌 속의 시냅스 연결을 용이하게 하고 이것을 통해 문제해결 능력을 극대화하는 것이다. 미래 세상에는 인공지능을 탑재한 로봇 조교와 협업하는 일이 증가할 것으로 예상된다. 이를 위해서는 고착화되지 않은 뇌의 유연성이 필수적이다.

황인경 LG 경제연구원 책임연구원에 따르면 '요즘처럼 하루가 다르게 변하는 디지털 경영 환경에서 글로벌 기업들은 그때그때 빠르게 대처할 수 있는 유연한 조직을 만드는 방안에 골몰하고 있다'고 말한다. GE, 마이크로소프트, IBM, 시스코 등 많은 기업들이 연간 평가를 폐지하고 있는데, 빠르게 바뀌는 환경에 그때그때 대응하는 팀 조직이 활성화됨에 따라, 1년에 한 번씩 이루어지던 조직 및 개인 평가는 더 이상 효과적이지 않기 때문이다.

랭킹, 등급 제도를 폐지하는 기업 역시 늘어나고 있는데, 랭킹은 구성원들 간의 경쟁을 부추기고 사내 정치를 초래하기 쉬워 오히려

팀 조직을 운영하는 데 해가 된다고 판단하기 때문이라고 한다. 평가는 이제 육성의 관점에서 주로 이루어진다. 필요에 따라 주기적으로, 또는 수시로 수행 업무에 대해 피드백을 하면서 잘한 점, 개선할 사항, 지원해 줄 사항, 향후 커리어 등을 논의한다고 한다.

이러한 기업의 유연한 변화에 발맞추어 개인 역시 배움을 통해 유연한 사고를 가져야 한다. 예전에는 나이 든 사람들이 지식이 많았기에 대우받는 시대였지만 미래로 갈수록 SNS의 발달에 따라 젊은 사람들이 지식에 접하는 기회가 더 많아지는 시대가 되었다. 그래서 이제는 나보다 젊은 사람들의 얘기에 귀를 기울이고 그들의 얘기를 들어야 한다.

미래의 시대는 탈권위의 시대이다. 흔히 말하는 '꼰대'가 되지 않기 위해서는 나를 내려놓고 나보다 어린 사람들에게 배우겠다는 겸손함이 필요하다. 그런 마음으로 경청하려고 노력하는 그 모습에 오히려 그들이 마음을 열고 다가오지 않을까? 이것은 30대의 직장인들도 마찬가지이다. 20대에게는 30대도 벌써 꼰대가 될 수밖에 없으니까!

컴퓨터를 한 번도 보지 못한 아프리카의 아이들에게 노트북을 주었더니 아이들이 켜고 사용을 하는 데 평균 6분 정도의 시간이 걸렸다고 한다. 젊을수록 기술에 적응하는 속도가 빨라지는 시대이기에 기술의 무한 발전이 이루어지는 미래에는 오히려 젊은이들에게 묻고 배우고 의견을 구해야 한다.

뇌과학적으로 봐도 나이가 들어갈수록 사람은 바뀌기가 어렵다. 로켓 엔지니어이자 과학 실험 동영상 시리즈로 유명한 데스틴 샌들린Destin Sandlin은 그의 유튜브에서 자전거의 핸들을 반대 방향으로 만들어 놓은 '거꾸로 자전거' 실험을 보여준다. 기존의 자전거와 달리 핸들을 왼쪽으로 틀면 오른쪽으로 움직이고, 오른쪽으로 틀면 왼쪽으로 움직이도록 방향을 바꾸어 놓았다. 이 새로운 패턴의 알고리즘에 익숙해져서 자전거 타기가 자연스럽게 되는 데 어른들은 8개월 정도 걸린다고 한다. 그것에 비해 아이들은 단 2주만에 그것에 익숙해진다고 하니 어른들이 패턴을 바꾸기가 그만큼 어렵다는 얘기다. 그런데 어른들이 다시 제대로 된 자전거로 바꾸어서 익숙해지는 데는 단 20분밖에 걸리지 않았다.

이렇듯 사고는 한번 굳어버리면 바꾸기가 쉽지 않다. 그리고 어른이 될수록 더 심해질 수밖에 없다는 것을 먼저 인정을 해야 한다. 물론 나이가 들어가면서 점점 통합적인 사고를 하게 되니 손해 보는 것은 아니다. 하지만 유연하게 움직이면서 포용하고 받아들일 준비가 되어 있어야 한다는 것이다.

미래 시대의 근로 유형은 가족적이며 사생활을 보장하는 형태로 바뀌기 때문에 일자리의 공간적·시간적인 유연성을 가져올 것이다. 재택근무는 더욱 확대될 것이며, 직접 만나야만 할 경우는 점점 줄어들 것이기에 서로 간의 신뢰형성이 특히 필요해진다. 글로벌 시장에서 가상세계, 플랫폼, 클라우드 협력 작업은 더욱 증가할 것이다. 이런 이유로 유연한 사고와 열린 마음으로 소통하고 포용하는 능력의 필요성은 더욱 커질 수밖에 없다.

뇌교육 전문가와 함께하는
4차 산업혁명 시대 생존전략

윤종록 정보통신산업진흥원장의 강의에서 재밌는 일화를 들은 적이 있다. 세계 최대 반도체 칩 제조업체 가운데 하나인 인텔이라는 회사가 있다. 개인용 컴퓨터 핵심 부품인 CPU를 만드는 회사이고 웬만한 노트북이나 컴퓨터에는 인텔 인사이드라고 쓰여 있다. 1968년 7월 화학자 고든 무어와 로버트 노이스가 공동으로 설립한 이후 1997년 전 세계 PC칩 시장의 80%를 점유했으며, '18개월을 주기로 컴퓨터의 성능은 2배로 향상되고 컴퓨터 가격에는 변함이 없다'는 법칙은 인텔의 창립자 고든 무어Gorden Moor가 자신의 경험을 통해 발견한 법칙이다.

그런데 2004년에, 인텔이 새로운 모델을 출시했을 때 문제가 발생했다. 속도는 무어의 법칙에 따라 두 배로 증가했는데 발열과 소음문제가 심각하게 대두된 것이다. 어느 정도인가 하니 "프레스캇 10초면 펄펄 끓습니다", "아버님 댁에 프레스캇 한 대 놔드려야겠어요"라는 패러디가 난무할 정도였다. 그러다 보니 "뜨겁고 시끄러운 CPU, 더 이상 못 참겠다"고 발열과 소음을 문제 삼아 소비자들이 글로벌 IT기업 인텔을 상대로 CPU에 대한 '공개 리콜'을 추진하기도 했었다.

무어의 법칙이 스톱되고, 100달러이던 인텔의 주가가 16센트로 떨어지면서 인텔이 망하기 직전까지 갔다. 이때 이스라엘 연구소에서 이것을 해결해보자고 하며 10명이 팀을 짠다. 그런데 5명은 반도체 전문가인데 5명은 반도체의 반 자도 모르는 비전문가로 구성이 되었다. 왜 그런지는 모르지만, 그것이 이스라엘 사람들의 특징인 듯하다. 우리는 이해할 수 없는?

그중 트럭 운전사도 들어 있었다. 하루 종일 논문 얘기하고, 알 수 없는 반도체 얘기를 하는데 반도체 비전문가들은 얼마나 지루했겠는가? 소득 없이 하루가 지나가고 집에 가려고 하는데 갑자기 트럭 운전사가 방을 나가면서 "에이, 바보 같은 놈들. 엔진 속도만으로 속도를 올리니 엔진이 타버리지, 기어 박스 하나만 더 놓으면 될 텐데……."라고 얘기를 했다. 그때 그 말을 흘려듣지 않았던 전문가 중 한 명이 '아!' 하고 깨달았다.

기어 박스라는 게 뭔가? 예를 들어 자전거를 탈 때 기어가 없으면, 내가 페달 열 번을 밟아 주어야 바퀴가 열 바퀴 돈다. 그런데 기어를 달면 내가 5바퀴만 페달을 밟아도 바퀴는 10바퀴를 돌게 되는 것이다.

우리 같으면 그냥 흘려들었을 이 이야기를 가지고 전문가들이 다시 토론을 한다. 그래서 나온 것이 칩이 두 개 들어가 있는 듀얼코드다. 2006년도 듀얼코드 코어2 듀오가 등장하면서 데스크톱에서는 이전 버전보다 성능이 40% 향상, 전력 소비는 40% 줄었다. 이후로 인텔의 주가가 다시 30배로 뛰면서 인텔이 살아나기 시작했다. 지금 인텔의 승승장구에는 이런 비하인드 스토리가 존재한다.

미래에는 엄청난 정보와 기술의 발전이 이루어지기 때문에 나 혼자 모든 것을 할 수가 없다. 그리고 내가 보는 시각에는 한계가 있다. 그래서 문제 해결을 위해서는 어쩔 수 없이 배움이 필요하고 심지어 나보다 어린 사람일지라도 배우겠다는 마음의 자세가 필요다. 다른 사람의 말에 귀를 기울이고 그것을 포용하고 수용하는 유연함이 더

욱 필요한 시대다.

취미의 생활화, 호모 파덴스형 인재가 되자

미래의 직장인들은 삶의 재미와 의미를 함께 추구하는 호모 파덴스형 인재가 되어야 한다.

인간의 뇌는 지루한 것을 싫어한다. 차만 타면 조는 사람이 있는 것은 같은 리듬을 반복하기 때문에 뇌파가 떨어져 졸리는 것이고, 같은 이치로 사람과 사람과의 관계에도 권태기라는 것이 생긴다. 뇌에 활력을 주기 위해서는 끊임없이 새로운 것에 도전하는 삶이 필요하다. 그런데 이 도전이 꼭 거창해야 할 필요는 없다. 크든 작든 상관이 없다. 그래서 직장인들에게 취미 생활을 권한다. 그 취미는 몸을 움직여서 하는 일이면 더 좋고, 반드시 성취감을 느낄 수 있는 것이 필요하다. 뇌에 활력을 주는 데 필요한 것이 '재미'와 '의미'이기 때문이다.

물론 '재미'라는 가치에 고통과 시련, 스트레스가 배제되는 것은 아니다. 힘든 운동을 통해 근육이 강화되는 것과 마찬가지로 마음의 시련을 통해 마음의 근육이 강화된다. 운동 과정에 아픔이 없다는 것은 새로운 근육이 생기지 않는다는 뜻이다. 목표를 이루는 과정에 정신적 스트레스가 없다면 새로운 마음의 근육이 생기지 않는다. 의미 있는 목표에 재미있게 도전할 만한 것이 필요하다.

송강호 주연의 '반칙왕'이란 영화가 생각이 난다. 15년 전 영화이면서 단순한 코미디 영화인데도 느낌이 묘하게 오래 남는다. 김지운

감독이 제작했고 송강호, 장진영 주연으로 2000년에 개봉한 영화 반칙왕은 평범한 은행원이 레슬링을 통해 삶의 자극을 꿈꿔보는 이야기다. 최근에 이 영화가 실화를 바탕으로 만들었다는 사실을 알게 되었다. 은행원에서 레슬링 선수로 전향한 백종호 씨의 실화란다. 백종호 씨는 실제로 은행원이면서 프로레슬러 생활을 20여 년간 해 왔다고 하는데 단순한 코미디 영화가 아닌 공감 스토리라 느낌이 남달랐나 보다. 이렇듯 미래의 시대에는 취미가 자신의 일로 발전할 수 있는 기회가 점점 더 많아질 것이다.

특히 같은 일을 반복해야 하는 직장인들에게는 이러한 탈출구가 꼭 필요할 듯싶다. 직장인들 중에 주말이면 누워 자거나, 혹은 TV 앞에서 시간을 보내는 이들이 많다. 그 이유는 직장 생활하면서 생긴 스트레스로 인해 피곤하기 때문이라고 하는데, 정말 피곤해서 그런 것일까? '재미'와 '의미'의 부족이 피곤을 만들어내는 것은 아닐까?

필자는 군인을 대상으로 인성교육을 할 기회가 많다. 그런데 대부분 병사들은 앉자마자 존다. 군대를 다녀온 남자들은 다 공감을 할 것이다. 왜 그리 앉기만 하면 졸리는지? 그런데 정말 피곤해서 그런 것일까? 그 나이면 흔히 하는 말로 쇠를 씹어 먹어도 소화시킬 나이인데, 하루 종일 뛰어다닐 수도 있을 나이인데도 앉으면 조는 이유는 왜일까?

뇌교육적 견지에서는 그 이유를 '의미'와 '가치'에 둔다. 의미 있고 가치 있는 일을 할 때는 삶에 대한 만족도가 높아진다는 연구 결과가 있다. 자신이 관심이 있는 것, 열정을 발휘할 수 있는 것이면 에너지가 넘치게 되어 있다. 병사들이 교육에 집중할 가치와 의미를

뇌교육 전문가와 함께하는
4차 산업혁명 시대 생존전략

느끼지 못하고, 그리고 재미가 없으니 뇌가 지루해하고 무료해하는 것이 아닐까 한다.

어느 날 인성교육을 진행하면서 댄스를 진행한 일이 있었다. 조별로 스스로 댄스를 만들어서 발표하는 시간이었는데, 정말 하루 종일 교육을 해도 조는 사람 한 사람 없었고 교육이 끝났는데도 넘치는 에너지를 주체 못 하는 모습을 보았다. 시간이 좀 지난 후에 그 부대의 부대장을 만났는데 하는 말이 참 재미있었다. 인성교육이 끝난 바로 그다음 날이 부대 대청소하는 날이었는데, 예전 같으면 불만도 많고 해서 속도가 늦어졌을 텐데 그때는 병사들이 다들 너무나 활기차게 불만도 없이 처리해서 자신이 너무 편했다는 것이다.

어쩌면 우리 직장인들에게도 그런 에너지를 쏟을 곳이 필요하지 않을까? 사실 가장 좋은 것은 따로 취미 생활을 할 필요 없이 직장이 취미가 되면 좋을 텐데! 직장생활이 재미있으면 안 되는 걸까? 좋은 소식은 미래 직장이 그렇게 될 가능성이 높아진다는 것이다. 그런데 그렇게 될 때까지 무작정 기다리기만 할 게 아니라 스스로 찾아가는 것이 좋을 듯하다. 물론 일 속에서 기쁨을 찾으면 가장 좋겠지만 그것이 도저히 답이 안 나온다면 반칙왕처럼 다른 곳, 전혀 엉뚱한 곳에서 나의 열정을 한번 찾아보는 것이 뇌를 활성화시키는 방법이 될 것이다. 그런 면에서 보면 취미는 나에게 활력을 심어주는 방편이다. 그리고 혹시 아는가? 취미가 직업이 될지?

역사학자인 요한 하위징아는 인간만의 특징을 놀이로 파악했다.

호모 루덴스는 놀이 인간을 의미한다. 호모 파베르가 지성으로 물질을 만드는 것이라면 호모 루덴스는 물질적 이해와는 상관없이 놀이에 몰두한다는 것이다. 호모 루덴스가 재미라면 호모 파베르는 의미가 된다.

그렇다면 우리가 원하는 삶은 재미인가?, 의미인가?. 아마도 두 가지가 융합된 삶을 우리는 원할 것이다. 일과 놀이를 따로가 아닌 하나로 볼 수 있다면 우리는 일 자체를 즐길 수 있을 것이다. 의미 있는 목표에 재미있게 도전할 때 소위 멘탈이라는 마음의 근육이 강화된다. 충분한 훈련을 거친 선수들은 무거운 역기를 가볍게 들어올리듯이 창조적 도전을 통하여 마음의 근육을 강화하면 더 큰 목표 달성이 가능해진다. '혁신의 리더십'이라는 기업가 정신이 시대정신으로 부상하는 시대가 도래하고 있다. 즐길 수 있을 때 가장 큰 성과가 창출된다는 것은 이미 주지하고 있는 사실이다.

인류의 진화는 놀이의 호모 루덴스와 의미의 호모 파베르를 융합하여 호모 파덴스의 시대를 만들어냈다. 결국, 미래의 삶은 놀이와 의미를 동시에 만족할 수 있는 일자리에 주목하게 될 것이다. 왜냐하면, 호모사피엔스로 시작된 인류가 호모 루덴스와 호모 파베르의 결합인 호모 파덴스로 옮겨가기 때문이다. 그러기 위해서는 무엇보다 유연함이 필요하다. 일에만 파묻힐 것이 아니라 놀이도 함께 해야 한다는 것이다.

역사는 돌고 돈다는 말이 있듯이 1차 산업혁명에 의해 손으로 하던 많은 일들이 기계로 대치되었는데, 4차 산업혁명 시대에는 디지털 DIY가 유행할 전망이며 직접 손으로 만든 작품들이 더 가치가

있을 것이다. 내가 직접 내 취향에 맞게 만든 세상에 하나밖에 없는 나만의 개성이 포함된 것들이 각광을 받을 전망이다. 앞으로 미래에는 웬만한 기술들은 다 공유가 되기 때문에 혼자서 뭐든지 만들어 낼 수가 있다. 내가 아이디어와 기술이 있으면 이것을 발전시켜 크라우드 펀딩으로 자금도 모을 수가 있다. 즉, 즐겁게 놀이하듯이 일하는 시대가 도래할 것이라는 얘기다.

〈Ⅲ-4〉 호모 파덴스의 시대

🧠 **호모 파베르** *Homo Faber*		**호모 루덴스** ✈ *Homo Ludens*
산업화 시대		**탈 산업화** 시대
지성으로 물질을 만드는 인간	➕	**놀이**에 몰두하는 인간
기능 중시		**경험** 중시
의미 추구		**재미** 추구
'재미'없이 의미만 추구하면 개인은 **탈진**		'의미'없이 재미만 탐닉하면 사회와 **유리**

의미있는 목표에 재미있게 도전하는
호모 파덴스의 시대
도래

출처: 창조경제연구회(2016)

현실만 쫓아서 시키는 것만 하던 사람이 앞으로 설 자린 없다. 평범함을 넘어 비범함으로 가야 한다. 세상에 정답이 없는 시대가 왔다. 예전에 얘기하던 스펙이 나에게 미래를 보장해 주지 못한다. 직장인들도 내가 열정을 낼 수 있고, 내가 잘할 수 있는 나만의 강점을 찾기 위해 늘 새로운 도전을 해야 한다.

미래에는 두 마리 토끼를 잡아야 하는 시대이고 내가 원하는 곳을 다니면서 일할 수 있는 디지털 노마드의 시대다. 그래서 유연한 사고와 도전 정신이 필요한데, 이 준비를 취미를 통해서 만들어 가는 것은 어떨까? 어쩌면 이것이 바로 호모 파덴스가 추구하는 의미와 가치일 것이다.

뇌교육 전문가와 함께하는
4차 산업혁명 시대 생존전략

장년, 지금처럼
가야 하는가

　필자는 2016년 공기업을 명예퇴직한 베이비붐1955~1963년 출생자
세대의 한 사람으로 4차 산업혁명이라는 거대한 파도 속에서 아무
런 대비도 없이 삶의 터전이었던 직장을 떠나야만 하는 50대 이상
의 장년층에게 동병상련의 마음을 가지고 있다. 평균수명의 증가 추
이를 보면 앞으로 살아가야 할 날이 더 많은 작금의 현실 속에서 컴
맹이 아니라는 위안만으로 살기에는 너무나도 닥쳐올 파도가 높다.
현재를 직시하고 미래를 조망하는 데 도움이 되는 글을 통해 그들이
갖고 있는 불안감을 해소하고, 그간의 직장생활로 몸에 밴 안이함
속에 묻혀 있는 착각을 일깨워 자긍심을 가지고 다시 한번 내면의
성공을 위해 달려가는 데 필요한 자양분을 얻었으면 하는 마음이다.

　지금 우리나라는 세대를 불문하고 고용불안을 피부로 느끼고 있다.

모든 사람들이 청년의 취업난과 장년층의 중도퇴직 불안으로 대변되는 두 번의 직업절벽 고통을 겪고 있기 때문이다.

이러한 일자리 위기 상황은 앞으로도 나아질 것으로 기대하기 힘들 것 같다. 왜냐하면, 4차 산업혁명으로 인한 기술혁신의 영향이 매우 크기 때문이다. 이러한 일자리 위기의 심화에도 불구하고 4차 산업혁명을 지연시키거나 그 내용을 변경할 수 있는 아무런 장치가 없는 게 작금의 현실이다.

글로벌 경쟁시스템이 존속하는 한 4차 산업혁명은 이미 정해진 방향으로 질주할 것이다. 지난 2016년 스위스 다보스에서 열린 세계경제포럼WEF의 핵심의제가 "제4차 산업혁명의 이해"였음에도 불구하고 4차 산업혁명이 초래할 일자리 위기의 해법에 대한 논의는 심층적으로 이루어지 않았다. 왜냐하면 참석자들의 관심은 일차적으로 '기업의 관점에서 4차 산업혁명의 진전에 어떻게 성공적으로 대응할 것인가'였기 때문이다. 하지만 기업을 떠나 만약 4차 산업혁명이 이미 우리 시대의 현실이고, 이로 인한 일자리 위기를 피할 수 없다면 미래에 대한 불안을 조금이나마 벗어나기 위해서는 장년층들도 미래 예측에 대한 관심과 필요성에 관하여 눈을 돌려야 할 것이다.

미래 예측은
과연 필요한가?

4-1

미래란 무엇인가?

미래는 아직 현실화되지 않은 사건 또는 상황이라 할 수 있다. 이러한 미래의 첫 번째 특징은 아직 정해져 있지 않다는 것이다. 운명론을 믿는 사람들은 미래가 이미 정해져 있다고 말하기도 하지만 일반적으로 보면 미래는 '정해져 있지 않은 상태'라고 말할 수 있다. 이처럼 정해지지 않은 미래는 다양한 요소들과의 상호 작용에 의해서 서서히 현실로 만들어진다. 즉 이를 결정하는 매우 다양한 요소들이 시간에 따라서 동적으로 상호 작용한다는 점이 큰 특징인 것이다.

다시 생각해보면 미래를 결정하는 모든 요소들을 찾아내어 시간의 흐름에 따라 결합하고 상호 작용을 연구한다면 미래를 그릴 수도 있다는 말이다. 하지만 세상에는 미래에 영향을 주는 요소가 너무나 많기에 관련 요소 모두를 고려할 수가 없다. 그렇다면 결국 중요한 영향을 주는 핵심 요소를 찾아내어 그것들을 중심으로 집중적으로

217

연구하는 방법이 현실적이라고 할 수 있다.

이러한 현실적인 한계로 인해 몇 가지 핵심 요소들이 보여주는 미래를 보고 우리는 미래에 대하여 어렴풋이 상상을 하게 된다. 이와 같이 그려지는 미래는 정확하지 않기 때문에 일반적으로 유일하지 않고 발생 가능한 다양한 모습을 갖게 된다.

미래학이란?

미래학은 영어로 "Futures Studies"이다. Future에 복수 's'를 붙이는 이유는 앞서 말한 바와 같이 미래를 한 가지로 보지 않고 여러 가지의 가능한 미래를 염두에 두고 있기 때문이다. 미래학은 미래에 일어날 일을 시간 축 위에서 전망하고 연구하는 융합 학문이라고 할 수 있는데 과거의 데이터와 기존 경험을 바탕으로 미래를 예측한다. 즉 미래의 데이터, 패턴 변화 등을 예측한다.

미래라는 것은 갑자기 나타나면 놀라운 일이 되고 이미 예측하고 있었다면 당연한 일이 된다. 이런 미래를 관리할 수 있다면 앞으로 나가는 방향을 원하는 방향으로 바꿀 수 있고 피할 수도 있다. 따라서 미래의 위기 대응력이 높아진다고 할 수 있다.

그렇다면 시간의 개념을 가지고 미래를 어떻게 정의할 수 있을까. 흥미 있는 설문조사가 있어서 소개한다. 2013년 3월 KAIST 미래전략연구센터는 서울 및 6대 광역시에 거주하는 성인남녀_{만 20~65세} 750명을 대상으로 '대국민 미래의식 설문조사'를 실시하면서 미래에 대해서 어떤 시간적인 관점을 가지고 있는가를 알아보았다. 600여

명이 응답했는데 우리나라 국민들은 대개 13.1년을 미래로 생각한다는 결과가 나왔다.

이 말은 변화된 미래를 생각할 때 마음속으로 대부분 13년 후를 생각한다는 것이고 세부적으로 살펴보면 젊은 사람보다 나이 든 사람이, 고학력자보다 저학력자가, 고소득층보다 저소득층의 사람들이 이를 좀 더 짧게 생각하는 경향이 있다는 것을 알 수 있었다.

왜 미래를 예측하는가?

우리 사회는 끊임없이 변화하고 있다. 사람들의 생활 방식이나 사고방식도 변화하고 있으며 일정한 간격을 두고 사회구조나 가치 체계도 변화하고 있다. 하지만 이러한 사회변화를 살펴보고 미래를 예측할 수 있다면 장년층에게도 미래는 위기보다는 기회가 될 수 있을 것이다.

누구도 가보지 못한 10년 또는 20년 후의 미래는 불확실하며 결정되어 있지 않은 상태다. 따라서 이런 미결정 상태의 미래 예측은 정확할 수 없다. 그럼에도 불구하고 미래를 예측해야 하는 필요성이 계속하여 증대하고 있는 것은 현대 사회가 시간이 갈수록 복잡해지고 급변하다 보니 미래에 대한 불안감과 궁금증이 늘어나기 때문이다. 불확실하고 복잡한 미래일수록 예측이 어려워 포기하기 마련인데 그럴수록 더 관심을 갖고 미래 예측을 하는 것은 무슨 이유일까?

급변하는 사회변화를 살펴보고 미래를 예측하는 사람은 변화를 주도할 수 있으며, 그 속에서 미래를 내다보는 영감을 얻기도 하며,

뇌교육 전문가와 함께하는
4차 산업혁명 시대 생존전략

비전과 전략을 수립하는 데 많은 도움을 받게 되며, 결국에는 조직의 리더로서 인정을 받을 수 있기 때문이다.

미래를 누구보다 먼저 내다보고 예측함으로써 자신의 회사를 세계적인 기업으로 성장시킨 사람 가운데 대표적으로 엘론 머스크테슬라 CEO가 있다. 그는 2002년 전자상거래 업체인 페이팔PayPal을 매각하여 확보한 1억 8천만 달러의 상당액을 스페이스X민간우주개발업체에 베팅했다. 당시 그의 나이는 31세. 갓 30이 넘은 나이에 그는 우

〈Ⅳ-1〉 미래 예측의 필요성

출처: 3차원 미래 예측으로 보는 미래경영, 재구성 (2015)

장년, 지금처럼
가야 하는가 4

주여행 로켓 개발이라는 어마어마한 도전을 시작한 것이다.

액체연료 로켓인 '팰콘1'을 개발하는 데 성공했지만, 우주 비행은 번번이 실패로 끝났다. 그것도 3번이나 실패하면서 엘론 머스크의 꿈은 2008년 거의 산산조각이 났다. 막대한 자금을 들였던 스페이스X의 팰콘은 연속 3차례나 궤도에 오르지 못했고 2년이면 출시될 것이라던 테슬라의 전기차 '로드스터'는 4년이 넘어서야 첫 모습을 드러냈다. 비용도 무려 1억 4천만 달러를 소진했다. '제너럴모터스 GM'을 넘어설 것이라던 상상은 물거품이 될 처지였다. 2008년 그는 파산 직전까지 내몰렸고 모든 희망이 꺼져 가고 있었다.

그러던 그에게 크리스마스가 다가오던 바로 전주 일요일이었다. 미 우주항공국NASA이 엘론 머스크에 전화를 걸어왔다. 그러고는 "15억 달러 계약을 체결하자"고 제안했다. 악몽이 될 뻔했던 2008년 크리스마스는 미래에 대한 그의 확고한 선견지명으로 '메리 크리스마스'를 맞이할 수 있었다. 5년여가 지난 2013년에 수직 이·착륙이 가능한 로켓을 개발해 우주여행의 초석을 다지는 데도 성공했으며 2014년도에 스페이스X는 민간업체로는 유일하게 ISS국제우주정거장 화물선을 운행하고 있으며 민간우주개발 업체로는 최초로 자체 발사대까지 갖추게 되었다. 화성 탐사의 꿈이 이제 서서히 현실이 되어 가고 있는 것이다.

이러한 그의 선견지명으로 테슬라Tesla는 자율주행 자동차 시대를 맞아 2017년 현재 미국의 자동차 기업 가운데 시가 총액 1위에 올라있다. 리더의 미래에 대한 확고한 신념과 예측, 비전을 향한 끊임없는 노력의 결과인 것이다. 그리고 미래예측의 정확도를 높이기 위

뇌교육 전문가와 함께하는
4차 산업혁명 시대 생존전략

해서는 기본적으로 예측자의 전문성을 높이고 좋은 데이터를 활용해야 한다. 그렇다면 이제 50대 이상의 장년층도 그간의 경험과 노하우를 바탕으로 전문성을 높이는 노력을 통해 미래를 예측하고 조망할 수 있을 것이라고 기대해본다.

산전 수전 공중전을 거쳐 온 그대는 멋쟁이

지금의 50대들이 태어난 1950~60년대는 인구의 도시 집중화 현상과 함께 급속한 경제성장이 이루어지던 시기이다. 그 당시 초등학교 풍경은 급속한 출산율 증가로 인해 2부제 수업을 하기도 했으며, 쌀 부족으로 혼식을 장려하여 도시락 검사를 통해 보리가 섞여 있는지를 확인받고 점심식사를 해야만 했다. 하지만 이들이 노동시장에 참여하기 시작한 1980년대는 경제성장률 10%대의 고도성장이 이루어지던 시기이기도 하다.

이들의 고교 시절은 교련수업을 받는 마지막 세대였으며, 대학 시절 전두환 노태우 대통령에게 항거하는 민주화 운동의 주역으로 지금의 대한민국 민주화에 이바지한 공이 매우 크다 할 것이다. 급속한 경제성장으로 대학 졸업 후 취업이 비교적 수월하였으며 '수출만이 국가가 살 길'이라는 정책에 힘입어 전 세계를 상대로 수출증대에 매진하여 국민소득 1만 불 시대를 열게 만든 장본인들이다.

뇌교육 전문가와 함께하는
4차 산업혁명 시대 생존전략

IMF 시대를 맞아 졸지에 직장을 잃거나 부도를 맞아 거리로 내몰리는 위기도 맞게 되지만 이에 굴하지 않고 IMF 위기를 극복하고 세계 10대 무역국으로 우뚝 서는 데 일익을 담당하게 된다.

지금의 대한민국이 있기까지 부모를 모시는 마지막 세대로서 한편으로는 자식 교육에 등뼈가 휘어지는 줄도 모르고 달려온 그들이 이제 어느덧 조직에서 그리고 근로현장에서 하나둘 퇴직하고 있다. 이들의 노고에 우리는 존경의 박수를 보내야 할 것이다.

장년의 뇌가 뛰어난 이유

50대 장년층은 화려한 지난 세월을 뒤로하고 이제는 신체적인 기능 저하와 더불어 누구보다 자신 있었던 인지능력이 감소함에 어깨가 축 처져 있겠지만 장년기의 뇌가 그 어느 때보다도 통찰력이 뛰어남을 알게 된다면 깜짝 놀랄 것이다.

장년층이 갖게 되는 가장 최대의 고민은 계속 잊어버린다는 것이다. 뭘 하려고 분명히 문을 열고 나왔는데 도대체 뭐 때문에 나왔는지 떠오르질 않는다는 것이다. 출장을 위해 칫솔을 가방에 넣어 놓고선 한참 칫솔을 찾아서 온 방 안을 뒤진다. 결국, 가방에 있는 칫솔을 발견하고는 허탈하게 웃으며 자신의 머리를 자책한다. 실로 뇌세포의 기능이 저하되고 있음을 실감하는 순간이다.

그러나 뇌과학자들은 지난 몇 년간, 장년의 뇌가 깜빡깜빡해도 가장 뛰어나고 똑똑하다는 새로운 사실을 알아냈다. 사람들은 나이가 드는 것처럼 뇌도 함께 늙을 것이라고 생각하지만 그렇지 않다는 것이다.

장년의 뇌는 연결망의 패턴을 탄탄하게 형성하는 덕분에 더 영리하게 판단하고 종합적으로 인식한다. 그리고 어떤 문제를 해결하는데 있어서도 놀라운 직관과 통찰력을 발휘한다.

　미국의 저널리스트 바버라 스토로치Barbara Strauch는 2010년 출간한 『가장 뛰어난 중년의 뇌』를 통해 재미있는 사실을 말했다. 복잡한 인지기술을 측정하는 검사에서　평균적으로 40세에서 65세 사이의 장년이 '지각 속도'와 '계산 능력'을 제외하고 '어휘', '언어 기억', '공간 정향', '귀납적 추리'에서 최고의 수행력을 보인다고 밝혔다. 나이가 들면서 속도가 느려지는 것은 사실이지만, 패턴을 인지하고 핵심을 꿰뚫어 보는 능력은 장년의 뇌가 탁월하다는 것이다. 49~69세의 조종사들을 대상으로 3년에 걸쳐 모의 비행장치 조종 실험을 진행한 결과, 나이 든 조종사들이 처음에는 모의 장치를 잘 다루지 못했지만, 시험이 반복되면서 '다른 비행기와 충돌 피하기' 면에서는 젊은 조종사들보다 더 뛰어난 능력을 보였다고 한다.

　이처럼 장년의 뇌가 뛰어난 문제 해결력과 판단력을 보여주는 것은 장년 뇌의 특성에 기인한다. 뇌과학자들은 다양한 연구를 통해 뇌 속의 신경세포인 뉴런의 긴 팔을 덮고 있는 미엘린Myelin, 즉 뉴런을 통해 전달되는 전기신호의 누출을 막아주는 보호막이 장년이 될 때까지 계속 증가해 평균 50세 무렵에 절정에 달하는 것을 발견했다. 뇌는 뉴런의 세포체인 회색질, 그리고 뉴런의 긴 팔인 백색질로 이루어져 있는데, 나이가 들면서 백색질을 구성하는 미엘린이 계속 증가했다. 미엘린이 더 많다는 것은 뇌 신호 전달이 더 훌륭하다는 것을 뜻한다.

뇌교육 전문가와 함께하는
4차 산업혁명 시대 생존전략

장년 뇌의 또 다른 특징은, 편도가 긍정적인 자극에 더 반응한다는 것이다. 뇌의 안쪽에 위치한 편도는 공포감을 비롯한 부정적인 것에 민감하게 반응하도록 설정되어 있다. 그런데 뇌 실험 결과, 장년의 편도는 다른 세대보다 부정적인 것에 덜 반응하는 것으로 나타났다. 그래서 장년은 더 긍정적이고 쾌활하고 낙관적이다.

장년 뇌의 특징 가운데 또 하나는 '양측편재화'이다. 젊었을 때는 좌뇌, 우뇌 중 한쪽을 주로 사용했지만, 장년이 되면 좌뇌와 우뇌를 모두 사용한다. 양쪽 뇌를 같이 사용한다는 것은 더 활발하게 뇌를 써서 과제를 수행한다는 것을 의미한다. 신속하게 문제를 인식해서 더 빨리 해결책을 찾아내는 장년의 뇌는 그래서 더 침착하고 뛰어나다.

새로운 시작을 준비하는 장년기

그러나 장년이 되면 처리속도가 느려지고, 주위가 쉽게 흩어지며, 건망증이 심해지는 것은 무시할 수 없는 사실이다. 특히 대부분의 장년은 누군가를 보고 이름을 알긴 아는데 혀끝에서 맴도는 이른바 '설단 현상'을 겪게 된다. 그리고 약간만 건드려도 주의력이 흩어지는 현상 때문에 가끔 멍해지기도 한다. 하지만 이러한 현상이 자주 일어난다고 해서 좌절할 필요는 없다. 과학자들은 이것을 젊은 시절의 패턴에서 나이 든 시기의 패턴으로 이동하면서 생기는 자연스러운 현상이라고 말한다. 생의 전환기를 준비하면서 뇌가 잠시 휴식을 취하는 것이다.

뇌를 나무에 비유하자면, 나이가 들면서 신경세포가 손실되는 것은 불필요한 가지를 쳐내는 것과 같다. 그러나 신경세포가 줄어드는 대신 그들 사이의 연결 고리는 증대된다. 이 연결 작용은 시간이 지날수록 증가해 사물을 종합하는 능력이 점점 향상된다. 나이가 들고 경험이 풍부해지면 뇌는 더욱 정교해지고 효율적으로 변해간다는 것이다.

장년의 뇌는 노화의 늪에 빠지는 것이 아니라 계속 재조직화되고 있어 여러 가지 측면에서 젊은이들에 비해 무르익은 능력을 보유하고 있다. 과거에 장년이라면 40대부터라는 인식이 많았지만, 이제는 평균 연령이 길어져서 장년이라 함은 50대에서 60대까지를 말하고 있다. 장년 이후의 삶은 이제 새로운 삶의 시작이다. 자신의 뇌를 어떻게 가꾸느냐에 따라 나머지 반평생의 삶의 질이 결정되는 것이다.

이와 더불어 명상 같은 마음 수련을 통하여 자신의 안과 밖의 에너지를 키우는 것은 장년 이후의 삶을 준비하는 필수 과정이 될 것이다. 이제 장년은 내가 과연 원하는 것은 무엇이고, 내가 가장 좋아하는 일은 무엇인지를 가슴으로 고민하여 자신의 에너지를 꺼내서 쓸 것인지 아니면 잠자게 내버려두고 세월을 축내면서 살 것인지를 스스로 판단해야 할 것이다.

당신이 가야 할 길은 100세 시대가 아니다
우리 주변을 살펴보면 100세 시대에 대한 인식과 함께 준비에 대

뇌교육 전문가와 함께하는
4차 산업혁명 시대 생존전략

한 필요성이 많이 회자되고 있는 것을 피부로 느낄 수 있다. 한 걸음 더 나아가 영국 일간지 가디언The Guardian의 기사에 따르면 캐나다 맥길대McGill University의 지그프리드 헤키미Siegfried Hekimi 교수는 인간 수명의 한계는 계속 확장될 것이며 2300년이 될 때까지 가장 길게는 150살까지 사는 사람이 나올 수 있다고 예상했다.

하지만 이와 같은 내용이 식상하다는 듯이 세계 최고 인터넷 기업 구글의 공동 창업자인 세르게이 브린Sergey Brin과 래리 페이지Larry Page는 2013년 바이오기업 칼리코Calico를 설립하였는데 칼리코는 '캘리포니아 생명 기업California Life Company'의 약자로서 구글 창업자들은 노화의 비밀을 알아내 인간의 수명을 획기적으로 연장하는 것이 칼리코의 목표라고 밝혔다. 칼리코 설립 아이디어를 낸 빌 매리스Bill Maris 전 구글벤처스GV 최고경영자CEO는 블룸버그와 인터뷰에서 "사람이 500세 이상 사는 게 가능하냐고 물으면 내 답은 '그렇다'이며 돈을 많이 버는 것과 오래 사는 것 중 무엇을 먼저 선택하겠느냐"라고 반문하면서 바이오 연구에 대한 투자 이유를 설명했다.

신약 하나 만드는 데에도 일반적으로 10년 넘는 시간이 걸리는데, 칼리코가 수명 연장이라는 거창한 목표를 내세우자 업계에서는 황당하다는 반응을 보였다. 하지만 이듬해 구글은 글로벌 제약사 애브비Abbvie와 칼리코의 노화 연구에 15억 달러약 1조 8,000억 원를 공동 투자하는 계약을 맺었다. 애브비로 말하자면 연간 27조 원이 넘는 매출을 올리는 세계 10위 제약사이다. 창업 당시 억만장자의 호기로움으로 간주되던 회사가 글로벌 제약사와 손을 잡을 정도로 발전한 것이다.

장년, 지금처럼
가야 하는가 4

인간의 수명을 연장하기 위해 칼리코는 어떤 일을 하고 있을까. 설립한 지 3년이 지났지만 언론 보도에 의하면 칼리코는 공식적으로 연구 결과를 발표한 적이 없다. 언론 취재도 거부하고 있다. 미국 매사추세츠공과대MIT가 발간하는 '테크놀로지 리뷰'지에 따르면 칼리코에 참여한 과학자들이 학회 등에서 간헐적으로 밝힌 연구 내용 등을 토대로 "칼리코의 연구·개발R&D은 두더지쥐, 효모 같은 실험 생물을 통해 진행되고 있다"고 밝히고 있다.

좀 더 자세히 살펴보면 첫 번째, 벌거숭이두더지쥐 같은 경우에는 아프리카 동부 지역에 살고 있는데 이 동물은 몸길이가 8cm에, 이름 그대로 털이 거의 없다. 땅속에서 마치 개미처럼 우두머리 암컷을 중심으로 집단생활을 하는 보잘것없는 동물이다. 하지만 수명은 32년으로, 같은 크기의 다른 쥐보다 10배 이상이다. 사람으로 치면 800세 이상 사는 것이다. 암에 걸리지도 않고, 통증도 느끼지 않는다.

〈IV-2〉 구글의 바이오헬스 투자

출처: 조선닷컴(2016.12.26.)

연구에 의하면 과학자들은 벌거숭이두더지쥐가 세포의 변형을 막는 물질을 만들어내 암세포가 증식하지 못하게 한다는 사실을 밝혀냈다. 다른 동물보다 단백질 합성 과정에서 오류가 발생하는 비율도 낮았다. 통증 신호를 전달하는 단백질의 형태가 달라 통증을 느끼지 않는다는 사실도 드러났다.

이와 관련하여 칼리코의 과학자들은 벌거숭이두더지쥐의 혈액이나 분비물을 분석해 구체적으로 어떤 물질이 수명과 관련되는지 살피고 있다. 동시에 벌거숭이두더지쥐의 유전자를 해독하는 프로젝트도 진행 중이다. 어떤 동물의 유전자를 해독하려면 표준이 되는 유전자 지도가 필요하다. 하지만 칼리코는 구글의 인공지능 기술을 활용해 지도 없이도 특정 동물의 유전자를 각각 따로 분석하는 기술을 개발했다. 이를 위해 칼리코는 인공지능 전문가인 대프니 콜러 박사를 최고 컴퓨터 책임자로 영입하기도 했다.

칼리코가 주목한 두 번째 생물은 빵이나 술을 빚을 때 들어가는 발효 세균인 효모이다. 칼리코의 최고 과학책임자인 데이비드 보트스타인 박사는 2016년 11월 MIT 강연에서 효모를 배양하면서 오래된 세포를 분리하는 기술을 소개했다. 효모는 감자에서 싹이 나듯 나이 든 세포에서 새로운 세포가 돋아나 증식한다. 그는 오래된 세포와 새로 나온 세포에서 작동하는 유전자가 어떻게 다른지 추적하고 있다고 밝혔다. 여기서 수명을 연장하는 단서를 찾을 수 있다는 것이다. 실제로 칼리코의 노화 연구를 책임진 신시아 케니언 부사장도 과거 선충^{지렁이 모양의 실험동물}에서 DNA 한 부분을 바꿔 3주이던

230   장년, 지금처럼 /4
                                          가야 하는가

수명을 6주로 늘린 바 있다.

칼리코 과학자들은 포유동물에서도 같은 방법이 가능하다고 본다. 미국 코네티컷주에 있는 비영리 연구 기관인 '잭슨연구소'는 지난 4월부터 칼리코와 함께 쥐 1,000마리를 키우면서 노화와 수명을 예측할 수 있는 생체 물질을 찾고 있다. 사육비만 300만 달러약 36억 원가 들어가는 대규모 프로젝트이다. 다른 연구에서 찾은 노화 관련 유전자나 물질을 쥐에게 실험해볼 수도 있는 것이다.

다른 경쟁 업체들 또한 칼리코보다 단기간에 성과를 낼 수 있는 연구에 집중하고 있다. 세계적인 온라인 전자상거래업체 아마존 Amazon 창업자인 제프 베저스Jeff Bezos는 2017년 유니티 테크놀로지 Unity Technology에 1억 2,700만 달러를 투자했다. 이 회사는 늙은 세포가 더 이상 자라지 못하게 해 노화를 방지하는 약을 개발하고 있다. 최근 늙은 세포가 노화의 주범이라는 연구 결과가 나오고 있기 때문이다. 유니티 테크놀로지는 노년층의 관절에 이 약을 임상 시험할 계획이다. '센스SENS연구재단'은 오이신 바이오테크놀로지Oisin Biotechnologies를 세워 인체에서 노화 세포를 없애는 유전자 치료법을 개발하고 있다. 페이팔Pay Pal, 미국 전자상거래회사 창업자인 피터 틸 Peter Andreas Thiei이 센스재단의 연구를 지원하고 있다.

구글 역시 최근의 연구 동향을 예의주시하고 있다. 칼리코도 대학 연구자들이 젊은 생쥐의 혈액이 늙은 생쥐를 회춘시킬 수 있는지 알아보는 연구를 지원했다. 하지만 칼리코의 우선순위는 여전히 노화의 근본 원인을 찾는 장기 연구이다. 구글은 대신 다른 바이오 분야 자회사나 투자사를 통해 단기적인 성과를 노리고 있다.

뇌교육 전문가와 함께하는
4차 산업혁명 시대 생존전략

이제까지 살펴본 바와 같이 지금의 장년층은 100세 시대를 준비하는 데 급급할 것이 아니라 바이오산업과 사물인터넷, 인공지능의 발전으로 인해 앞으로 내가 언제까지 살 수 있을지를 가늠할 수 없는 초장수사회를 준비해야 할 것이다.

그런데 주변을 둘러보면 퇴직 후 가지고 있는 부동산과 얼마간의 퇴직금을 담보로 유유자적하면서 편히 살겠노라고 당당히 외치는 분들이 있다. 제발 인생이 그리되었으면 한다. 하지만 유유자적도 하루 이틀이지 이제까지 산 날보다 더 많은 날을 그렇게 살 수 있을지 의문이 드는 것은 무슨 이유일까?

노인 기준 65세는 어디서 왔을까?

초장수사회가 성큼 다가온 지금 대한민국은 2017년 5월부터 65세 이상 고령자가 전체 인구의 14%를 넘는 고령사회에 진입했다. 고령 인구 비율이 2017년 2월 13.7%로 높아졌는데, 매달 0.1% 포인트씩 상승하고 있어 고령사회 진입 시기가 예상보다 1년 빨라지게 됐다는 것이다. 평균수명이 늘어나고 저출산은 더욱 악화된 결과다. 2022년으로 예상했던 건강보험 적자 시기가 2018년으로 앞당겨지고, 노인장기요양보험은 이미 밑 빠진 독이 되고 있다.

새삼 고령화 쇼크를 우려하지 않을 수 없다. 전문가들은 초고령사회_{고령 인구 20% 이상} 진입 시기도 예상보다 2년 앞당겨진 2024년으로 추정하고 있으며 이대로 가면 2050년 고령 인구가 38.2%로 세계 최고령국이 된다. 피할 수 없는 미래인 것이다. 하지만 우리가 어떻게 대응하느냐에 따라 미래는 달라질 수 있다고 생각한다. 그런 점

장년, 지금처럼
가야 하는가 4

에서 노인 기준 연령을 높이는 방안을 이제는 본격적으로 논의할 때가 되었다고 생각한다. 대한노인회는 지난 2015년 정기이사회를 통해 만장일치로 노인 기준의 단계적 상향65→70세을 제안했고, 문재인 정부 역시 노인일자리 창출 활성화 방향을 고민하고 있는 지금이 적기라고 생각한다.

노인의 기준이 되는 65세는 UN이 정한 국제기준이다. 하지만 그 유래가 1889년 독일의 철혈재상 비스마르크 시절이었다는 것을 아는 이는 드물 것이다. 그는 세계 최초로 국민연금을 도입하면서 수급연령을 65세로 정하였다. 당시 독일인 평균수명은 고작 49세였다. 120년이 훌쩍 지나 평균수명 80세를 웃도는 지금의 현실에는 전혀 맞지 않는 옷이다. 요즘 실버세대는 산에 가보면 등산로를 가득 메울 만큼 건강하고 의욕도 대단하다. 『백 년을 살아보니』의 저자 김형석 교수는 "인생 전성기가 65~75세"라고 강조할 정도다. 그런데도 65세만 되면 복지대상으로 규정하여 정작 당사자인 노인들도 위축되고 있는 게 현실이다.

유엔이 노인을 65세 이상으로 정한 지 60여 년이 지난 지금, 선진국은 노인 연령 기준을 바꾸고 있다. OECD경제협력개발기구는 66~75세를 'Younger Old', 75세 이상을 'Older Old'라고 분류하고 있고 UN국제연합은 80세 이상을 'Older Old'라고 정하고 있다. 이제 80세까지 일하는 시대가 당연시되고 있는 것이다.

<IV-3> OECD 노인 연령 기준

출처: 한국경제매거진 제129호(2016)

　실제로 다양한 전문가들의 의견을 종합해 볼 때, 평생 현역은 노후 문제를 해결하는 데 대단히 효과적인 것은 물론이고, 그 당위성에 대해서도 공감할 수밖에 없다. 은퇴 나이가 늦을수록 의료비용이 낮아지고 더 오래 산다는 것은 이제 정설이 됐다. 은퇴 나이가 늦을수록 치매 발병 위험도 낮아진다. 은퇴 후 머리 쓰는 일 없이 놀고 먹는 생활보다는 일하면서 정신적인 활동을 왕성히 유지하는 것이 치매 예방에 도움이 된다는 얘기다. 100세 장수인들의 장수 비결을 살펴보면 다음과 같은 공통점이 있다. 규칙적인 생활, 머리를 쓰는 것, 다른 사람과 어울리는 것, 바쁘게 사는 것. 모두 일을 함으로써 해결할 수 있는 문제들임을 알 수 있다.

물론 노인 기준 조정에 앞서 따져볼 게 한두 가지가 아니다. 각종 노인복지와 연금 지급연령, 정년 등과도 맞물려 있다. 하지만 보건복지부의 '2014 노인실태조사'에 따르면 스스로 노인이라고 생각하는 기준이 70세 이상이라는 응답자가 78.3%이다. 우리보다 먼저 고령사회를 맞이하고 있는 일본은 노인 기준을 65세에서 70세로 높이는 방안에 착수했고, 독일은 2029년까지 67세로 높인다고 한다. 생산 가능 인구 감소를 걱정할 게 아니라 건강하고 경험·연륜까지 갖춘 고령 인력 활용을 모색할 때이다. 이제는 실버세대를 노인이란 틀에 우리 스스로 가두지 말아야 할 것이다.

최근 정부는 정년을 연장하는 대신 임금을 줄이는 방안을 추진하고 있다. 앞으로 우리나라의 인구구조 변화를 생각하면 고령자라도 준비만 돼 있다면 얼마든지 일할 기회를 얻을 수 있을 것으로 예상된다. 2013년엔 생산 가능 인구 6명이 고령자 1명을 부양하지만 2018년엔 5명이, 2050년엔 1.4명이 부양해야 한다는 노인부양비 통계를 보면 그렇게 될 수밖에 없음을 알 수 있다.

일자리가 노인에게 장수를 주는 것뿐만 아니라 현실적인 노후대책이라는 것이다. 중소기업협력센터가 실시한 '2017년 중장년 은퇴준비 실태조사'에 따르면 은퇴 이후 필요한 노후생활비는 월 279만 원으로 나타났으며 안정적인 노후 생활을 위해 69.4세까지 일하기

를 희망한다고 밝혔다. 이를 보면 중·장년 상당수가 정년이 지난 후에도 노후준비는 부족하고, 건강은 양호해 경제활동을 하고 싶어 한다고 볼 수 있어 연령에 상관없이 원하는 만큼 일할 수 있는 노동환경 구축과 사회적 인식의 변화가 필요한 시점이다.

결국, 제일 좋은 노후대책은 평생 하고 싶은 일을 할 수 있는 것이 아닐까 싶다. 누구나가 평생 현역으로 살 수 있게 된다면 그것이 노후대책이고 세대 간의 갈등을 줄여줄 것이다. 사회적인 측면에서도 노인의 경험이 젊은이들에게 전수되지 않는다면 크나큰 손실이기에 이 또한 평생 현역이 장려돼야 하는 이유가 될 것이다.

다만 평생 현역이 거저 얻어지는 것은 아닐 것이다. 통계청의 조사에 의하면 평균 은퇴 준비 기간은 14.9년인데 부자일수록 이 기간이 늘어나는 경향을 보였다. 소득 상위 20%에 해당하는 그룹의 경우 무려 은퇴를 위해 평균 19.9년을 준비하는 것으로 나타나고 있다. 또 한 가지 주의해야 할 점은 취업에 대한 눈높이를 조금 낮추어야 한다는 점이다. 현실을 인정하고 보수와 직책에 대한 욕심을 내려놓아야 하며 인생 후반기에 젊은 사람들과 일자리를 놓고 경쟁하는 것은 금물이다. 실제로 장년 인턴으로 제2의 인생을 연 사람들의 조언을 들어보면, 좋았던 시절만 생각하면 자존심 때문에 일하기 힘들다고 이구동성으로 말한다. 금전적으로 허락한다면 꼭 돈 버는 일이 아니어도 좋다. 봉사 활동이나 비영리조직NPO 등 사회적 기여와 자아 성취를 하고, 약간의 용돈이라도 벌 수 있다면 해보는 것이 좋다.

중요한 것은 책임감을 가지고 적당히 긴장하며 규칙적인 일정대로 움직이는 것이다. 현역 때는 지겨운 일터를 빨리 벗어나고 싶어 하지만 적절한 스트레스는 정신적, 육체적 건강에 꼭 필요하다. 단, 미리 준비해야 한다. 그 준비 기간이 충분할수록 세컨드 라이프가 만족스러울 것이다. 그렇다면 우리가 잘 알고 있는 선진국과 주변국들은 인구의 고령화 문제를 어떻게 풀고 있을까? 이것을 알게 되면 좀 더 쉽게 모범 답안을 찾을 수 있을 것이다.

주변 국가의 고령화 대책은 무엇인가?

주요국영국, 프랑스, 네덜란드, 일본의 고유한 경제 사회적 구조와 특성에 주목하여 저출산·고령화에 직면한 그들의 지속 가능한 성장을 둘러싼 주요 현안과 대응방안을 분야별로 분석해보자.

첫 번째, 영국은 높은 출산율과 이민자의 지속적인 유입으로 인해 인구 증가가 계속될 것으로 예상되어 저출산에 대한 우려는 없다. 그러나 인구구조의 고령화가 성장에 미칠 부정적인 영향이 우려되는 실정이다. 영국 정부가 출산율 제고를 위한 명시적인 가족 정책을 시행하지는 않았으나, 세제 혜택과 여성의 고용률 제고를 위한 가족 정책을 적극적으로 추진한 것이 결과적으로 출산율 제고에 기여하고 있는 것으로 나타났다. 영국 노동정책의 특징은 노동시장의 유연성을 강조하는 것인데, 이는 고령자 고용정책에서도 나타난다.

영국의 고령자 고용률은 주변국에 비해 높은 것으로 나타나는데, 이는 노동시장의 유연성 이외에도 연금의 낮은 소득대체율로 인해 고령자가 파트타임 형식의 노동을 선호하기 때문이다. 고용과 연금

뇌교육 전문가와 함께하는
4차 산업혁명 시대 생존전략

정책에서 영국은 가급적 시장 메커니즘을 활용하고 있어 '대륙형 모델'과는 구분되는 모습을 보인다.

향후 고령화로 인한 지출증대는 영국의 재정 건전성을 계속 악화시킬 것으로 전망된다. 이에 대비하여 영국 정부는 2000년대 이후 중장기 재정개혁의 주요 목표로 고령화에 대비한 재정 안정성의 확보를 들고 있다. 국가재정의 많은 비중을 차지하는 연금부담을 줄이기 위해 민간연금의 활용도를 높이고 연금수령 연령을 연장하는 방향으로 개혁을 추진하고 있으며, 이 과정에서의 노인 빈곤율 증가를 우려하여 고령 저소득층에 대한 지원을 강화하고 있다. 이처럼 저출산·고령화와 관련된 영국의 정책을 종합해 볼 때 영국의 대응 전략에는 자유주의적 복지체제의 특성과 보수주의적 복지체제의 특성이 혼재되어 있음을 알 수 있다.

두 번째, 프랑스는 정부에서 저출산을 우려하고 있는 것이 아님에도 불구하고 여전히 강력한 가족 정책을 펼치고 있다. 이는 아동을 사회의 공동재로 인식하는 프랑스식 공화주의 전통에서 비롯된 것이다. 저출산·고령화에 대비한 프랑스의 노동력 확보 정책은 사회정책과 고용정책의 유기적 결합을 토대로 하는 높은 여성 고용률 증대에 초점을 맞추고 있다. 높은 출산율과 여성 고용률을 유지하고 있는 프랑스는 양면에서 성공한 사례로 꼽힌다. 그 배경에는 영국과 마찬가지로 일·가정 양립과 양성평등을 중시하는 가족 정책이 자리하고 있다.

프랑스는 조합주의적 고용시스템과 조기퇴직 문화로 인해 고령자 고용률이 낮은 것이 특징이다. 1970년대 중반 고실업 문제에 대처하기 위해 실시한 조기 퇴직제가 고용에 긍정적인 영향을 끼치지는 못한 가운데 연금재정의 악화를 초래한 것으로 평가된다.

이러한 배경에서 프랑스 정부는 수차례에 걸쳐 연금개혁을 실시하여 왔는데, 개혁 과정에서 사회적 갈등이 빈번하게 노출되는 어려움을 겪어 왔다. 최근 프랑스 정부는 연금수령 연령의 연장, 연금·근로 겸직의 확대, 고령 노동자의 구직 면제제도 폐지 등 고령자의 고용을 확대하는 방향으로 개혁을 추진하고 있다. 그러나 점차 엄격한 선별 이민 방식으로 변화하는 이민 정책을 봤을 때, 프랑스 정부는 이민을 인구 고령화에 대한 대안으로 고려하지 않고 있음을 알 수 있다.

세 번째, 네덜란드는 여성 노동시장의 유연성을 유지하는 한편 일·가정 양립 정책을 동시에 추구하여 높은 출산율과 여성 고용률을 유지하고 있다. 이를 위해 정부와 기업은 노동시장의 유연성과 고용의 안전성을 동시에 확보할 수 있는 유연 안정성을 추구하는 한편, 출산과 육아를 지원하였다.

네덜란드는 전통적으로 가부장적인 질서가 강해 여성이 육아를 담당하는 경향이 강했으며, 이로 인해 여성의 일·가정 양립이 어렵다는 지적을 받아왔다. 이에 네덜란드 정부는 우선 노동시장의 유연화를 통해 여성이 다양한 형태로 취업할 수 있도록 유도하였으며, 이러한 정책이 여성고용에 대한 차별로 이어지지 않도록 양성 간 그리고 정규직·비정규직 간 격차 완화를 골자로 하는 고용 안정성을

뇌교육 전문가와 함께하는
4차 산업혁명 시대 생존전략

확보하고자 노력하였다.

또한, 네덜란드 정부는 육아가 개인의 문제가 아닌 정부와 기업의 공동 책임임을 강조하며 출산과 육아가 수월한 환경을 조성하였다. 네덜란드 정부가 출산율 제고뿐만 아니라 여성의 노동참가율 제고를 추구하게 된 배경으로는 석유 위기를 계기로 사회정책의 중심축이 이전의 복지Welfare에서 일Workfare로 전환된 점을 들 수 있다. 네덜란드의 이민 정책은 영국, 프랑스와 마찬가지로 엄격하고 선별적으로 변하고 있어 더 이상 노동력 공급의 주요 원천이 되지 못하고 있다.

현재 네덜란드 정부의 재정 상황은 비교적 양호한 편이나 인구 고령화가 진행됨에 따라 재정 부담이 증가할 전망이다. 이에 대비하여 네덜란드 정부는 세대 내 형평성을 제고하고 양성 간, 정규·비정규직 간에 공평한 연금제도를 구축하고자 연금 개혁을 추진하고 있으며, 재정 부담을 완화하기 위해 민간연금에 세금을 부과하는 방안을 검토하고 있다. 또한, 연금의 재정 건전성 제고와 더불어 고령 노동자 확보를 위해 실업수당 기간을 단축하고 수령 조건을 강화하였으며 차제에 연금수령 연령 연장을 검토 중이다.

네 번째, 일본은 아시아에서 가장 먼저 저출산·고령화로 인한 잠재성장률 저하 및 경제 활력 저하를 우려하는 나라가 되었다. 과거 수차례에 걸쳐 저출산 대책을 추진하였으나 그 성과가 미미하자 일각에서는 일본의 대책은 실패라고 단정하기에 이르렀다. 실패 원인으로는 출산율 제고와 여성의 노동 참가율 제고를 위한 핵심 조건이라 할 수 있는 일·가정 양립과 양성평등이 실현되지 못했기 때문으

장년, 지금처럼
가야 하는가 4

로 유추할 수 있다.

저출산·고령화에 직면한 일본 정부는 잠재성장률 저하를 막기 위한 독자적인 성장 전략이 필요하다고 판단하여 신성장 전략을 수립하였다. 신성장 전략은 저출산·고령화 대책으로서 기존에 미진했던 분야를 더욱 강화하는 한편 성장과 복지의 동시 추구를 목표로 하는 몇 가지 정책을 제시하고 있어 눈길을 끈다. 그러나 결정적으로 이 전략에 소요되는 재원의 구체적인 조달방안이 제시되고 있지 않아 추진 의지에 의구심이 제기된다. 일본은 재정 악화 상황이 심각하여 사회보장개혁이 시급히 요구되는 실정이다.

이상과 같은 해외의 사례를 통해 우리는 저출산·고령화에 대비한 다양한 대응 전략 간의 유기적인 연계가 중요하다는 것을 알 수 있을 것이다.

뇌교육 전문가와 함께하는
4차 산업혁명 시대 생존전략

4차 산업혁명 시대
당신의 경력은 무용지물인가?

4-3

앞에서 살펴본 바와 같이 전 세계적으로 고령화에 대한 다양한 사례와 고민이 있다는 것을 알 수 있다. 하지만 세계는 4차 산업혁명이라는 소용돌이 속에 혼돈과 불안, 그리고 기대감을 가지고 동분서주하고 있다. 유전학, 인공지능AI, 로봇공학, 나노기술, 3D 프린팅, 사물인터넷, 드론, 생물공학이 긴밀히 얽혀 빠른 속도로 서로의 영역을 확장하는 가운데 가정, 공장, 농장, 도시가 공급망 관리부터 기후 변화에 이르기까지의 광범위한 문제들을 해결하는 데 첨단 디지털 시스템의 혜택을 누리고 있다. 또한 공유경제Sharing Economy의 부상으로 사람들은 빈집부터 자동차까지 거의 모든 것을 경제적 가치 창출에 활용하게 되었다.

이에 발맞춰 50대 이상의 장년층도 4차 산업혁명이 과연 무엇이고 앞으로의 일자리는 어떻게 변해갈 것인지 제대로 알아야 할 것이다.

전 산업이 급속히 변화하는 역동적인 과정에서 기술 변화는 새로운 일자리를 비롯해 무한한 기회를 창출하지만 동시에 일자리를 파괴하는 등 많은 사람의 삶의 터전을 송두리째 흔들어 버릴 수도 있다. 그러므로 주된 일자리에서 물러나고 있는 장년층들도 당신의 경력이 무용지물이 될 것이라는 생각에서 벗어나 4차 산업혁명이 갖는 함의를 다양한 시각에서 분석하여 그 결과를 바탕으로 효용은 극대화하고 폐해는 최소화할 수 있는 혜안이 필요한 시점이다.

4차 산업혁명과 일자리

4차 산업혁명이란 무엇일까? 1784년을 기점으로 영국에서 시작된 증기기관과 기계화로 대표되는 1차 산업혁명, 1870년을 기점으로 전기를 이용한 대량생산이 본격화된 2차 산업혁명, 1969년을 기점으로 컴퓨터 정보화 및 자동화 생산 시스템이 주도한 3차 산업혁명에 이어 로봇이나 인공지능을 통해 실제와 가상이 통합돼 사물을 자동적, 지능적으로 제어할 수 있는 가상 물리 시스템의 구축이 기대되는 산업상의 변화를 4차 산업혁명이라고 일컫는다.

4차 산업혁명이 3차 산업혁명의 발전 선상에서 다뤄지기보다 3차 산업혁명과 구분되는 또 다른 산업혁명으로 간주되는 가장 큰 이유는 기술 변화가 전례 없이 빠른 속도로 전 방위적으로 이뤄지고, 그 영향이 광범위하기 때문이다. 일부에서는 4차 산업혁명이 정보기술IT, 자동화 같은 기존의 기술 성취 위에 세워져 전례 없는 속도로 생산성이 향상되고 자동화가 고도로 발전돼 높은 일자리 대체 효과Job-replacement Effects가 나타나고 있다며 부정적으로 바라보기도 한다.

뇌교육 전문가와 함께하는
4차 산업혁명 시대 생존전략

비관론자들은 정보통신기술ICT의 혁신적 활용, 머신 러닝, 사물인 터넷, 3D 프린팅의 확산이 갖고 있는 파괴적 효과 때문에 기술 변화에 의한 실업이 지속적으로 증가할 것이며 사회는 일자리 없는 미래로 치닫고 있다고 주장한다. 실제로 그간 4차 산업혁명의 일자리 파괴 잠재성을 추정하기 위한 노력들이 다양하게 전개돼 왔다. 영국 옥스퍼드대학이 지난 2013년 낸 보고서에 의하면 기술적인 관점에서 미국 일자리의 47%가 앞으로 10~20년 안에 사라질 위험이 있다고 추정했다. 같은 연구에서 영국, 독일, 프랑스에서도 일자리의 35% 정도가 사라질 수 있다고 전망됐다. ILO국제노동기구는 2016년 아세안ASEAN 국가들에서 생산라인에 로봇이 도입되면 의류·신발 산업 일자리의 90%가 사라질 것이라는 전망을 내놓았다.

그러나 많은 연구자들은 4차 산업혁명의 일자리 창출 잠재력을 높이 평가한다. 기술 혁신의 직접적인 효과로 기존의 일자리가 파괴될 수는 있지만 기술 혁신의 산물로 새로운 경제활동이 일어나고, 이로 인한 일자리 창출의 잠재력이 크다는 것이다.

첫째, 신기술과 고용 간에는 상보성相補性이 있다. 현금입출금기 ATM의 도입으로 은행원의 대량 실업이 예고됐으나 여유가 생긴 은행들이 고객을 위한 대인 서비스를 늘려 고용은 줄어들지 않았다.

둘째, 기술의 긍정적 파급효과Spillover Effect가 일자리를 창출한다. 근로자의 일자리를 대체하는 로봇이나 '스마트'해진 기계는 이들의 개발, 생산, 유지·보수를 위한 고용을 늘리게 된다.

셋째, 한 가지 기술 혁신은 또 다른 기술 혁신을 부른다. 새로운 과학 지식은 새로운 기술뿐 아니라 새로운 상품의 개발을 가능케 한다. 창의적인 기업가는 새로운 상품과 서비스, 사업 모델을 획기적으로 개발하며 새로운 일자리를 창출한다.

넷째, 가격효과와 소득효과가 일어난다. 기술 발전으로 생산성이 향상되면 그에 따라 임금, 소득, 구매력이 오르는 반면 가격은 떨어질 수 있다. 이는 상품에 대한 수요를 늘리고 생산을 증가시킨다.

4차 산업혁명이 일자리 창출 효과가 있을 것이라고 보는 또 다른 관점이 있다. 1950년대의 급속한 기계화와 자동화가 고용에 미친 영향에 대해 당시 ILO 사무총장은 "과거 경험에 비춰 볼 때 기술 혁신이 세계 고용 감소로 이어진다고 믿을 이유가 없다"고 말했으며 기술 혁신이 일부 부문의 일자리를 감소시키긴 하지만 장기적으로는 오히려 다른 부문의 일자리 창출을 통해 전체 고용을 증가시켰다"고 밝혔다.

또한, 당시 횡행하던 기술 비관론Techno-Pessimism에 대응한 ILO의 1972년 보고서는 '기술 변화로 인한 고용 하락 효과는 대부분 두려워했던 것보다 미미했다'고 밝혔다. 1960년대 미국에서도 린든 B. 존슨Lyndon Baines Johnson 대통령이 설립한 국가위원회가 이러한 우려는 근거가 없는 것이라고 결론지었다. 실제로 1960년부터 2015년까지의 고용률을 살펴보면 남녀의 고용률은 서로 다른 방향으로 변화해 왔지만, 전체 고용률은 55년간 10% 상승했다고 밝히고 있다.

4차 산업혁명 시대 일자리를 논하기 위해서는 몇 가지 정책적 논

의를 필요로 한다.

첫째, 4차 산업혁명으로 전체 일자리는 늘어난다 하더라도 그것이 고급 일자리와 저급 일자리에 편중되고 중급 일자리가 크게 줄어든다면 일자리의 양극화가 심화되고 많은 사람의 삶의 질이 떨어질 수 있다는 것이다.

둘째, 일자리의 파괴와 창출 과정은 특정 근로자, 기업, 사회에는 고통스럽고 힘들며 경제적 조정을 필요로 한다. 이러한 조정 작업을 시장에만 맡길 수는 없기 때문에 산업정책, 무역정책, 투자정책, 교육정책, 직업훈련정책, 거시경제정책, 노동 시장정책 등을 활용하는 정부의 적극적인 개입이 필요하다.

셋째, 지금의 4차 산업혁명은 다른 어느 때보다도 소득불평등이 매우 높은 시점에 진행되고 있어 생산성 증가로 발생한 이득을 다양한 경제·사회 주체들 간에 어떻게 배분하는가가 중요한 정책 과제로 인식되어야 한다.

이러한 일자리에 대한 논의와 함께 50대 이상의 장년들에게는 재교육이 필수적으로 수반되며 4차 산업혁명 시대에 우리 모두는 주된 일자리를 몇 번씩 바꿔야 하는 점을 감안한다면 평생학습은 선택이 아니라 필수라고 할 수 있다.

장년, 지금처럼
가야 하는가 4

평생학습 시대를 맞이하며

평생교육은 인간의 전 생애에 걸친 꾸준한 재교육을 통해 경제에 새로운 활력을 불어넣고 개개인의 삶이 윤택하게 지속될 수 있도록 하는 중요한 분야다. 이미 우리보다 먼저 출산율 저하, 노동력 감소 문제를 겪은 유럽 선진국은 평생교육 활성화를 통해 난관을 헤쳐 나가고 있다

교육이 기술을 따라가지 못하면 불평등이 야기된다. 기술 혁신으로 변화된 노동시장에서 교육을 통해 유용하게 쓰일 기술을 갖추지 못한 근로자들은 뒤처질 수밖에 없기 때문이다. 산업혁명은 공립학교 등장에 주요한 역할을 했다. 이후 공장과 사무실의 자동화는 많은 사람을 대학으로 몰리게 했다. 이와 같이 기술 혁신과 교육은 번영으로 가는 길에 서로 맞물린 톱니바퀴 같은 역할을 해 왔다.

특히, 4차 산업혁명 시대를 맞이하여 새로운 기술의 습득과 기존 업무의 패러다임 변화에 대한 대처를 위해 교육을 받지 않는다면 이제까지 평생을 바쳐 만든 나의 경력이 휴지 조각이 될 수도 있다. 왜냐하면, 우리와 동고동락할 로봇·인공지능과 협업을 하기 위해서는 새로운 교육이 필요하기 때문이다.

일할 수 있는 연령이 높아지고 근로 환경이 급속히 변하고 있어 젊은 시절 한때 열심히 공부한 것으로 버틸 수 있는 시대가 아니기 때문에 기존의 고전적인 교육방식은 설 자리를 잃어갈 것이며 기술 변화에 따라 새로운 방식의 신기술 교육이 지속적으로 필요하게 될

것이다. 이와 관련하여 최근 교육 시장의 혁신은 근로자가 새로운 방식으로 기술을 배울 수 있는 길을 열어 놓고 있다. 제너럴 어셈블리, 플루럴 사이트, 유대시티, 코세라 같은 온라인 대중 공개강좌무크, Massive Open Online Courses가 그것이다.

이러한 대중 공개강좌 플랫폼은 4차 산업혁명이 요구하는 신기술들을 중심으로 근로자가 필요한 교육을 온라인에서 받을 수 있는 기회를 제공하고 있다. 일부 단기프로그램들은 과정 수료 시 수료증을 발급해 근로자의 경력관리에도 도움을 준다. 이제 학습은 비용과 공간의 문제가 아니라 시간만 확보되면 할 수 있게 되었다. 하지만 대부분 영어로 강의가 진행되는 경우가 많고 한글 지원이 안 되기에 한글 기반의 무료 온라인 강좌를 들을 수 있는 대표적인 국내 사이트를 알아보면 다음과 같다.

〈Ⅳ-4〉 한글 기반 무료 온라인 강좌 국내 사이트

구분	URL 주소
한국교육학술정보원 KOCW	http://www.kocw.net
국가평생교육진흥원 K-MOOC	http://www.kmooc.kr
서울대학교 스누온	http://snuon.snu.ac.kr
서울특별시 평생학습포털	http://sll.seoul.go.kr
경기도일자리재단	https://www.dream.go.kr
플라톤아카데미TV	https://goo.gl/bcp1VO
한국정보화진흥원 배움 나라	http://www.estudy.or.kr

그런데 오늘날의 평생학습은 고학력자에게 유리하게 돼 있어 평생학습의 기회가 불평등을 오히려 더 심화시키는 측면도 있다. 따라서 21세기 경제가 하위 계층을 대량으로 양산시키는 우를 범치 않기 위해서는 모든 근로자가 일하면서 신기술을 배울 수 있는 효과적인 평생학습의 기회를 균등하고 저렴하게 제공할 수 있는 정책이 필요하다. 평생학습의 기회가 모든 계층에게 균등하게 주어질 수 있는 정책으로 한 가지 생각해볼 수 있는 정책은 평생학습 바우처이다.

싱가포르의 예를 들면, 싱가포르 정부는 25세 이상 국민이 공인된 교육기관500여 곳에서 수강할 때 사용할 수 있는 '개인학습계좌'를 개설해 수백 달러를 지급하기 시작했다. 한편으로 기업은 교육기관이나 무크 등과 협력해 업무에 필요한 강좌를 개설할 수 있으며 소규모 사업주나 자영업자를 위해서는 노동조합이 평생학습 제공자 역할을 담당할 수 있다.

영국에서는 노동조합이 운영하는 교육프로그램이 진보와 보수를 가리지 않고 모든 정치 집단의 지지를 받고 있다. 기술 변화가 일자리의 질에 미칠 영향을 예상하기는 쉽지 않지만 부정적인 영향을 최소화할 수 있는 정책적 도구들을 미리 잘 활용한다면 불필요한 사회 불안과 소외 현상을 최소한으로 줄이면서 유연하고 공평한 기술 학습과 삶의 질 추구의 기회를 극대화할 수 있을 것이다.

인간에게 모름지기 삶의 목적은 행복을 추구함에 있고, 행복은 일직업

을 통하여 성취되며, 일할 수 있는 능력은 평생교육을 통해 개발된다고 본다면 50대 장년들에게 평생교육이란 삶의 질 향상을 위한 마중물이 될 것이다. 그렇다면 퇴직으로 주된 일자리에서 물러나야 하는 50대들에게 어떤 직업이 인공지능과 로봇에 의해 대체되지 않고 여전히 인간의 영역으로 남아 있게 될까? 먼 미래를 내다볼 때 방대한 빅데이터를 바탕으로 스스로 학습하고 예기치 못한 상황에 대한 최선의 대처방식을 직접 고안하여 문제를 해결해 내는 인공지능의 능력을 인간이 이겨낼 분야가 얼마나 남아 있을까 하는 의문이 들기도 한다. 하지만 이러한 현실을 맹목적으로 받아들이고 새로운 도전을 회피하기보다, 수십 년 동안의 사회생활에서 터득한 노하우를 바탕으로 지혜를 총동원하여 해결책을 제시하려는 노력을 기울이는 것이, 인공지능 시대에 장년층이 나아가야 할 길일 것이다.

이처럼 인공지능 시대 일자리 문제에 대처하기 위해 우리가 갖추어야 할 마음가짐은 "최선을 희망하되, 최악에 대비하라Hope for the best, Prepare for the worst"라는 유명한 경구로 요약될 수 있다.

인공지능과
로봇으로 보는 미래

인공지능은 기계 학습을 통하여 전문가의 영역을 대신하고 있다. 선망의 직업인 변호사, 법무사, 회계사, 의사, 기자, 금융인 등 전문직이 사라진다는 것이 많은 전문가들의 예측이다. 오히려 행동이 수반되는 로봇의 상용화는 더 많은 시간이 필요하여 육체노동의 대체는 전문직보다 늦어질 것이라 한다.

인공지능의 허와 실

"컴퓨터는 놀랍게 빠르고, 정확하지만 대단히 멍청하다. 사람은 놀랍게 느리고, 부정확하지만 대단히 똑똑하다. 이 둘이 힘을 합치면 상상할 수 없는 힘을 가지게 된다." 아인슈타인의 말이다. 사람에게 고양이를 인지하는 것은 쉬우나, 체스는 어렵다. 반대로 인공지능에게 체스는 너무나 쉽지만 고양이 인지는 대단히 어렵다. 걷는 것은 인공지능에게 어려운 과제이나, 사람은 누워서 떡 먹기이다.

뇌교육 전문가와 함께하는
4차 산업혁명 시대 생존전략

이렇듯 사람에게 쉬운 것은 로봇과 인공지능에게 어렵고 사람에게 어려운 것은 로봇과 인공지능에게 쉬운 것을 일컬어 '모라벡의 역설 Moravec's Paradox'이라고 한다. 즉 인공지능과 사람은 상호 배척이 아니라 상호 협력을 해야 최적의 효과를 낼 수 있다는 것이다. 가장 훌륭한 미래 예측이란 '미래를 만드는 것'이라는 점에서 인공지능과 인간의 협력을 통한 더 나은 세상의 일자리 시나리오를 제시해 보고자 한다.

예를 들어 기자라는 전문 업무의 대부분은 사실상 단순한 반복 작업의 연속이다. 신문과 방송 편집 과정에는 과거 자료를 찾는 재미없는 일들이 널려 있다. 인공지능은 기존의 전문가 업무에서 단순한 업무를 분담하여 업무의 질을 높여 준다. 우려되는 문제는 전문직의 생산성이 증가하면서 기자들의 퇴출이 이루어질 것이라는 점이다. 그런데 전체 언론의 수요가 증가한다면 전체 일자리는 줄지 않을 것이라는 점이 간과되고 있다. 초연결 지능사회는 필연적으로 개인화 서비스가 폭증하게 된다.

매스미디어에서 MCN Multi Channel Network을 거쳐 개인 미디어로 다양화되면서 폭증하는 언론의 수요를 인공지능 도우미와 협력하는 언론인들이 공급하게 될 것이고 어쩌면 언론인들의 일자리는 더 늘어날지도 모른다. 개인화는 언론만의 문제가 아니다. 금융, 법률, 교육, 자문, 의료 등 모든 분야에서 인공지능이 생산성을 올리는 이상으로 개인화된 새로운 시장이 등장할 것이다.

인공지능 기반의 4차 산업혁명은 우리에게 초생산성 사회가 도래하고 있음을 알리고 있다. 지난 50년간 내구재에 비하여 의료, 법률 등 고급 서비스의 생산성 향상은 크게 밑돌았다. 서비스 생산성의 한계는 이제 인공지능 혁명으로 돌파되어 초생산성 사회의 도래를 예고하고 있다. 그런데 인공지능은 생산은 증가시키나 소비를 만들지는 않으므로 결국 소비시장 붕괴로 대공황의 재도래를 예상하는 사람도 있다. 즉 미래 사회에서는 공급이 아니라 수요 문제의 해결이 사회적 관건이 될 것이라는 시각이다. 그래서 미래 사회의 일자리 문제에 대한 속내를 들여다볼 필요가 있다.

인류 역사상 기술혁신이 일자리를 줄인 증거는 없다. 성장의 시기에 양극화는 축소되었고 정체와 위기의 시기에 양극화는 확대되었다. 1, 2, 3차 산업혁명 역사의 교훈은 기술혁신이 산업 형태를 바꾸나, 전체 일자리를 줄이지 않았다는 점이다. 기계의 등장과 IT의 등장으로 생산성은 증가되나, 시장의 수요가 더 빨리 증가했다. 결과적으로 기술의 진보와 대항하는 일자리는 사라지고, 기술의 진보가 창출하는 신시장에서 새로운 일자리가 만들어졌다. 그렇다면 4차 산업혁명에서도 동일한 역사가 반복될 것인가.

4차 산업혁명은 정신혁명

1차 산업혁명 시기인 19세기 초 벌어진 기계 파괴 운동, '러다이트Luddite Movement' 운동을 상기해 보자. 러다이트 운동Luddite Movement은 산업혁명으로 인해 기계가 인간의 노동력을 대체하던 1811년에서 1812년 사이에 일어난 사회운동이다. 러다이트 운동은 이 운동에 앞장선 지도자 네드 러드Ned Ludd의 이름을 따서 붙여지

뇌교육 전문가와 함께하는
4차 산업혁명 시대 생존전략

게 되었다.

산업혁명으로 기계가 생산을 대체하게 되자 고용 감소, 임금 하락 등으로 실업자가 증가하게 되고 이에 일자리를 잃어버린 노동자들은 그 원인이 공장의 기계 때문이라며 기계를 부수게 되었다. 하지만 결과적으로 공장의 생산성 증가가 농업의 생산성 혁명을 촉진했고 저가의 의·식·주라는 물질을 제공했다. 80%를 넘었던 농업 인구의 대부분이 도시로 이동했다. 지금 미국의 농업 인구는 2%이고 이 중 유통이 1%이다. 즉 1, 2차 산업혁명을 통해 80%의 인구가 하던 일을 기술혁신으로 1% 인구가 하게 되었으며 79%에게는 다른 일자리를 제공하였다.

3차 산업혁명인 정보혁명으로 타이피스트Typist와 공장의 일자리가 사라졌으나, 이 기간 중 정보서비스업들이 대거 등장하여 이들을 흡수했다. 미국의 통계를 보면, 1960년부터 50년간 제조업 일자리의 3분의 2가 서비스 업종으로 이동했고, 노동 시간당 생산성은 108%, 급여는 85%가 증가되었고 노동 시간은 감소했다. 즉 지금까지의 산업혁명은 일자리를 축소시키는 것이 아니라, 생산성의 증가로 삶의 질을 끌어올려 새로운 수요를 창출해 왔다는 것이다.

1960년부터 50년간 미국의 기술혁신과 고용의 상관관계 통계에 의하면, 기술혁신 시기에 생산성과 고용이 비례하여 성장했음이 입증되고 있으며 반대로 금융위기와 같은 어려운 시기에는 기술혁신도 더디고 생산성도 저하되는 양극화가 확대되는 현상이 나타나고 있다. 결국 양극화는 필연적으로 생산성이 저하된 국가에서 더욱 심화되고 있는 것이다. 역사적으로 볼 때 '기술혁신은 생산성 증가를 통하여 일자리를 늘리고, 양극화를 축소시킨다'는 것이다. 그러므로 기술혁신을 선도하고 생산성을 향상시켜 양극화를 함께 해소해야 할 것이다.

그러나 기술혁신이 일자리를 없애고 양극화를 심화시킬 것이라는 우려는 1, 2, 3차 산업혁명의 전 과정에서 항상 등장하고 있었다. 산업혁명기마다 많은 전문가들이 '이번은 다르다'고 주장했지만, 결과적으로 일자리 수는 줄지 않고 일의 형태만 바뀌었다. 생산성 증대는 소득 증대로 이어져 새로운 소비 수요를 창출했고 소비가 증대되지 않으면 경제위기가 올 수 있어 양극화는 결코 부자들에게도 도움이 되지 않는다는 것은 이제 상식이 되고 있다.

하지만 지금의 4차 산업혁명은 다르다는 주장도 강하게 대두되고 있다. 지금까지는 물질의 혁명이었으나, 이번에는 정신의 혁명이라는 이유다. 왜냐하면, 소비에는 물질 소비만이 아니라 정신적인 소비도 엄연히 존재하고 있기 때문이다. 1, 2차 혁명이 생존 욕구를 위한 물질혁명이고, 3차 혁명이 관계 욕구를 위한 인터넷 연결혁명이라면 4차 혁명은 경험 욕구를 위한 정신 소비혁명이 될 것이라고 볼 수 있기 때문이다.

이와 관련하여 매슬로의Maslow 욕구 5단계와 산업혁명을 연결해 보면, 1, 2차 산업혁명은 생존과 안정의 욕구를 충족하는 물질혁명이었다. 이어서 나타난 3차 산업혁명은 사회적 욕구를 충족하기 위해 컴퓨터를 바탕으로 한 인터넷의 혁명이었다. 사회라는 의미의 소셜Social 현상이 인터넷 기반의 3차 혁명의 대표적인 상징이 된 이유

255

일 것이다.

이제 4차 산업혁명은 존경의 욕구를 실현시키기 위해 현실세계와 사물인터넷, 가상현실 등의 발달로 촉발된 가상세계가 인간을 중심으로 연결되어 궁극적으로 가야 할 자아표현과 자아실현의 '나'의 욕구를 충족시키기 위한 전 단계가 될 것이다. 세상의 모든 것이 연결되고 지구촌이 하나가 되어 지구촌 시민으로서 존경받을 수 있는 연결의 혁명이다. 이제는 물질이 아니라 정신의 혁명인 것이다.

이제 4차 산업혁명의 새로운 일자리는 바로 정신 소비에서 파생될 것이다. 정신의 소비가 정체성을 결정하는 '경험경제'가 도래하고 있고 시간이 가장 중요한 자원이 되는 것이다. 개개인의 맞춤 경험을 제공하는 정신의 생산-소비가 새로운 일자리의 주역이 될 것이며 언젠가 다가올 5차 산업혁명은 자아실현의 욕구를 충족시킬 수 있는 영성의 혁명이 될 것이라고 생각한다.

〈Ⅳ-5〉 매슬로의 욕구 5단계와 산업혁명

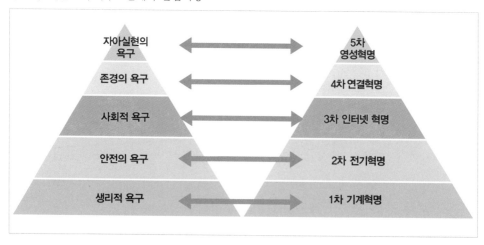

로봇, 인간의 반려자 되나?

'로봇Robot'의 어원을 살펴보면 노예라는 뜻을 가진 체코어 '로보타 Robota'에서 유래되었다. 1920년 카렐 차페크의 희곡에서 처음 등장했는데 그의 희곡 '로섬의 인조인간'은 인간의 노동을 대신해 주기 위해 개발된 로봇이 인간을 위해 많은 일을 하다 결국은 인간에게 대항한다는 이야기를 담고 있다. 기술의 발달과 인간 사회와의 관계를 비관적으로 묘사한 것이다.

세계에서 최초로 상업적 성공을 거두었던 로봇은 1961년에 개발돼 미국 제너럴모터스GM에서 사용된 자동차 공장용 로봇 팔 '유니메이트Unimate'이며 1990년대 이전의 로봇은 주로 산업용 로봇으로, 인간 노동자 대신 단순 작업을 반복해 줌으로써 인간을 노동으로부터 자유롭게 해주고 생산성을 끌어올리는 데 크게 기여했다. 이후 1997년 일본 혼다에서 인간처럼 걸을 수 있는 휴머노이드 로봇 'P2'를 공개하면서 인간의 모습을 한 동반자로서의 로봇에 많은 관심이 생겼다. 이제 로봇은 한 나라의 국가경쟁력을 논할 때 빼놓을 수 없는 분야가 됐다. 그렇다면 과연 미래 로봇은 어떤 모습일까?

뉴질랜드 오클랜드에 혼자 사는 80대의 나리Ngaire 할머니는 남태평양의 강렬한 햇살이 아침잠을 깨워 못 이기는 척하며 2층 거실에서 차 한 잔을 마신다. 혼자 사는 나리 할머니가 거실에 자리를 잡자 한국 기업 유진로봇에서 개발한 아이로비가 인사를 한다. 로봇은 할머니의 유일한 벗이다. 거실 벽에 걸린 액자 속 아들과 딸은 모두 출가했다. 할머니는 지병인 만성 폐쇄성폐질환COPD을 앓고 있다.

뇌교육 전문가와 함께하는
4차 산업혁명 시대 생존전략

COPD는 기도 폐쇄와 폐포 파괴를 불러일으키는 만성적이고 영구적인 질환으로 호흡기 질환의 일종이다.

아이로비 로봇은 크게 세 가지 측면에서 할머니에게 도움을 준다. 우선 COPD 질환치료를 돕는다. 매일 간단한 체조를 하게 만든다. 할머니는 로봇 디스플레이 화면을 따라 팔, 다리 운동을 한다. 또 다른 기능은 투약 시간 알람이다. 아이로비 로봇은 매일 2회 아침저녁으로 투약시간을 상기시켜 준다. 로봇은 백의의 천사다. 간호사이자 물리치료사다. 어느 순간부터 할머니는 로봇에 이름을 지어줬다. '카를로스'가 그것이다. 이름을 부여하니 친밀도가 높아졌다. 할머니는 "과거에 비해 감정이 매우 안정화됐다"면서 "숨쉬기도 이전에 비해 많이 좋아졌다"고 설명했다.

아이로비 로봇의 엔터테인먼트 기능도 흥미롭다. 할머니는 오디션 프로그램에서 수잔 보일이 멋있게 노래를 부르는 장면을 좋아한다. 이날도 환한 미소를 지었다. 메인보드에 설치된 소프트웨어 SW에는 약 20가지 음악 예능 프로그램이 내장돼 있다. 할머니는 "평소 웃을 일이 별로 없다"라고 말하면서도 "카를로스가 춤추는 것을 보고 웃을 수 있다"고 미소를 지었다. 물론 로봇이 100% 완벽하게 사람 역할을 대체할 수는 없다. 할머니 역시 "사람과는 끊임없이 얘기가 가능하다 하지만 로봇은 불가능하다"라고 차이점을 설명했다.

뉴질랜드 오클랜드대학University of Auckland은 로봇 연구가 한창이다. 생체의학과, 심리학과 교수와 학생이 로봇 인공지능에 필요한 SW

장년, 지금처럼
가야 하는가 4

개발과 씨름 중이었다. 나리 할머니 집에 배치된 로봇 역시 오클랜드대가 진행하는 상용 테스트의 일환이다. 현재 60대의 로봇이 오클랜드 지역 가정집에서 테스트 중이다. 실험 참가자는 이구동성으로 로봇과 함께 생활한 이후 병원을 찾는 횟수가 줄었다고 말한다. 로봇이 사람을 돌보는 시대가 열리고 있는 것이다. 실버사회 도래와 출산율 저하가 맞물리면서 로봇이 여생을 함께할 동반자로 떠오르고 있는 것이다. 로봇 기술이 하루가 다르게 발전하고 있어 사람과 거의 흡사한 로봇이 실버세대 친구가 될 날도 머지않았다.

로봇 헬스케어 시대가 온다

오클랜드대학에서는 다양한 로봇 실험이 이뤄지고 있다. 눈에 띄는 것은 한국 기업과 협업이다. 유진로봇, 퓨처로봇 등 한국 기업이 제작한 하드웨어에 인공지능과 같은 SW를 심는 작업이 한창이다. 이 같은 작업은 브루스 맥도널드 교수가 총괄하고 있다. 맥도널드 교수는 로봇 SW와 인간과 로봇의 상호 작용이 최대 관심사다. 상용화 측면에서는 테스트가 한창인 헬스케어와 농업 분야 접목이 현실로 다가왔다.

한국기업은 하드웨어를 제공하는 방식으로 협업에 참여 중이다. 유진로봇은 MS 윈도 기반으로 작동한다. 퓨처로봇은 안드로이드와 HTML5 기반 SW 작업이 가능하다. 한국생산기술연구원, 을지대병원 등과도 차세대 프로젝트를 검토하고 있다. 맥도널드 교수는 "로봇이 사람에게 뭔가를 해줄 수 있을 것"이라며 "헬스케어 분야와 관련해선 궁극적으로 친구 같은 로봇을 만드는 게 필요하다"고 강조했다.

뇌교육 전문가와 함께하는
4차 산업혁명 시대 생존전략

기능적으로는 COPD 같은 만성질환 환자에게 사용하기가 적절하다고 덧붙였다.

로봇은 크게 세 가지 효용을 인간에 제공한다.

첫째, 만성질환 관리에 따른 비용 절감이다. 병원을 오가는 시간·경제적 노력을 줄일 수 있다. 맥박, 혈압 또는 산소포화도 등을 기록한 뒤 실시간으로 물리치료사 또는 병원에 보내준다.

둘째, 환자와 노약자를 관리할 인력 부족 문제를 해결할 대안도 될 수 있다. 갈수록 간병인 등 스태프 인력을 구하기 힘들어질 게 분명하다. 로봇과 함께 시간을 보내는 것은 기계적 성능 못지않게 인간의 마음을 안정시키고 행복하게 해 준다. 독거노인에게는 엔도르핀과 세로토닌 같은 기분 좋은 호르몬을 분비시켜 준다. 이 연구에 공동으로 참여 중이며 세계 3대 인명사전 중 하나인 '마르퀴즈 후즈 후 인 더 월드Marquis Who's Who in the World' 2018년 판에 등재 예정인 안호석오클랜드대학 교수는 "로봇과 인간의 다양한 상호 작용 연구가 진행되고 있다"며 "앞으로 로봇이 투입되거나 활용되는 분야가 늘어날 것"이라고 강조하고 있다.

예컨대 로봇이 인간을 대신해 사람 역할을 하는 날이 멀지 않았다는 것이다. 오클랜드대학은 현재 배달 로봇, 키위 로봇 상용화 준비가 한창이다. 로봇이 환자에게 필요한 약을 각 병실로 배달해 주는 방식이다. 유럽 국가와 한국 대학병원에서도 테스트에 돌입했다. 치매에 걸린 환자를 돌봐주는 치매 로봇 테스트도 앞두고 있다. 애완용 로봇도 전망이 밝은 분야다. 외로움을 줄여주는 효과가 있기 때

문이다. 일본 산업기술총합연구소AIST가 개발한 물개로봇 파로Paro
는 독거노인 외로움과 적적함을 달래준다. 소아마비 아동 환자 심리
치료에도 이용된다. 파로 로봇은 현재 오클랜드대학에서도 13대를
구매해 실버타운에서 치료에 투입해 연구 중이다.

물론 풀어야 할 숙제도 많다. 우선 시장이 없는 게 가장 큰 애로사
항이다. 소비재로 가전 시장에서 자리 잡은 로봇청소기와 달리 헬스
케어 로봇은 지금까지는 시장성이 크지 않다. 기술적 장벽도 존재
한다. 헬스케어 로봇은 사람의 생명과 직결된 문제를 다루기 때문에
프로그램도 매우 복잡하다. 맥도널드 교수는 "돌발상황이 발생하면
처리를 잘 해줘야 하는 기술적 문제가 있다"라며 대중화 시기를 늦
추게 하는 요인"이라고 설명했다.

로봇세와 기본소득제는 가능한가?

인간의 일자리가 로봇으로 대체될 것이라는 우려가 대두되더니
어느새 로봇에 세금을 매겨야 한다는 논의가 확산되고 있다. 최근
마이크로소프트 창업자 빌 게이츠Bill Gates가 로봇세를 제안한 것이
중요한 계기가 됐다. 그러나 아직은 로봇세의 개념조차 분명하지 않다.
일각에서는 로봇에 부과하는 세금으로 설명하기도 하지만 대체로
로봇을 소유한 사람에게 매겨지는 세금으로 정의하고 있다.

로봇을 소유한 사람에게 세금을 부과해 로봇의 한계 수익을 낮춤
으로써 도입을 늦추자는 이야기다. 이로써 일자리를 지키는 동시에
그 재원으로 노동자를 재교육하거나 로봇 대체가 어려운 보건이나
교육 등에 투자하자는 것이다. 한 걸음 더 나아가 EU유럽연합를 중심

으로 거둔 세금을 기본소득의 재원으로 활용해야 한다는 주장도 제기되고 있다.

로봇세가 주목받는 것은 전 세계적인 경기 부진과 이에 따른 일자리 부족과 관계가 있다. 가뜩이나 각국의 고용 사정이 어려운데 공장자동화와 로봇으로 인해 사정이 더욱 악화될 것이라는 인식이 커지고 있기 때문이다. 엎친 데 덮친 격으로 2016년부터 이슈가 되고 있는 선진국의 보호무역주의 움직임은 자유무역 등 세계화로 인해 중국과 같은 제조 강국에 일자리를 뺏기고 있다는 인식을 배경으로 하고 있다. 하지만 로봇세는 일자리 부족의 근본 원인이 기술 발달과 자동화 등에 따른 것이라는 시각에 기반한다. 실제로 미국의 경우 기술발전에 따른 일자리 감소가 세계화에 따른 감소의 3~4배에 달한다는 점을 감안하면 큰 틀에서 볼 때 로봇세가 어느 정도 의미 있는 접근이라고 할 수도 있다.

로봇세를 얘기하다 보면 항상 도마 위에 오르는 제도가 있다. 바로 '기본소득제'이다. 핀란드는 국가 단위로는 유럽 최초로 2017년부터 '기본소득제' 실험을 시작했다. 기본소득제란 쉽게 표현하면, 필자도, 독자 여러분도, 독거노인도, 대통령도, 그리고 대기업 총수도, 중소기업 인턴사원도 모두 국가로부터 동일한 금액을 지원받는 제도이다. 핀란드 사회복지국KELA · 켈라은 복지수당을 받는 생산 가능 인구 중 무작위로 선정한 실업자 2,000명에게 향후 2년간 매달 560유로약 71만 원를 아무 조건 없이 지급하는 기본소득제를 실시했다고 공식 발표했다. 현재 핀란드는 2015년 4월 총선에서 1위를 차지한 중도당의 유하 시필레Juha Sipila 총리가 중도우파 성향의 연립정부를 이끌고 있다.

기본소득 수급자들은 이 돈을 마음대로 쓸 수 있으며, 어떤 용도로 썼는지 당국에 보고할 의무가 없다. 대신 기존에 받고 있던 다양한 형태의 현금성 사회복지 혜택은 기본소득 수급액만큼 공제된다. 핀란드 정부는 이번 실험을 통해 보편적 복지제도인 기본소득이 빈곤 감소와 고용 창출 효과를 낼 수 있을지 면밀히 관찰하고, 성과가 확인되면 소상공업자와 시간제 노동자 등 다른 저소득층으로도 확대한다는 복안이다.

기본소득이 주목을 받는 이유 중 하나는 인공지능, 기계 등 자동화 시스템의 확산으로 인해 노동자가 더 이상 일할 필요가 없게 된다는 인식 때문이다. 이로 인해 사람들은 일상을 즐길 수 있는 여가시간을 갖게 되지만, 직업이 없어 여가를 뒷받침할 경제력이 필요하게 된다. 다시 말해, 기본소득이 일자리로부터 얻는 소득의 빈자리를 채워야 한다는 말이다.

미국 클린턴 행정부 노동부 장관이었던 로버트 라이시Robert Reich 는 2016년 9월 자신의 홈페이지에 쓴 글, '왜 기본소득이 필요한가'에서 "기술의 진보로 사람들의 일자리가 줄어든다면, 기술을 가진 소수로부터 기술의 산물을 구매하고자 하는 다수에게로 소득의 재분배가 일어나야 경제를 돌릴 수 있다"며 "기본소득제가 소득 재분배 효과를 일으키는 해답이 될 수 있다"고 주장했다.

뇌교육 전문가와 함께하는
4차 산업혁명 시대 생존전략

'인공지능이 계속 발전해 사람들의 일자리를 대신한다면 미래에는 과연 사람에게 직업이라는 개념이 존재할까?', '지금도 높은 실업률로 고통받고 있는 사람들은 미래에도 같은 이유로 고통받을 수밖에 없는 것일까?' 이러한 걱정 어린 질문은 매우 자연스러운 것이며 어찌 보면 이러한 물음에 대한 답을 주기 위해 생겨난 개념이 '기본소득'이 아닐까 싶다. 일을 하지 않아도 사람에게 일정 소득을 나라가 지급해주는 것. 그 돈으로 사람들은 저마다의 경제생활을 이어 나갈 것이고 지금처럼 직업이라는 개념 대신 다른 개념으로 일을 하며 살아갈 수 있지 않을까. 이러한 문제를 좀 더 원만히 풀기 위해서는 우리 마음의 자양분이 될 수 있는 인문학적 소양을 함양하는 데 관심을 기울여야 할 것이다.

미래로 가는 길목에서

주된 일자리를 후배들에게 물려주고 있는 장년층 대부분은 미래에 대한 청사진이나 꿈을 저만치 놓고 안전한 자산 운영과 품위를 잃지 않으면서 살 수 있는 길이 무엇인지 혹은, 욕심 부리지 않고 현재를 유지할 수 있는 길이 어디에 있는지 찾으며 동분서주하고 있다. 필자 또한 주변의 퇴직을 앞둔 지인분들을 만나면서 그분들의 생각에 공감을 하면서도, 한편으로는 모험과 새로운 일에 대한 두려움을 갖고 있는 모습에 안타까운 생각을 떨쳐버릴 수가 없다. 도대체 그분들에게 필요한 미래를 위한 자산은 무엇일까?

인문학적 소양이 변하지 않는 미래의 자산이다

출판계에는 '베스트셀러는 사회현상이다'라는 말이 있다. 베스트셀러가 되기 위해서는 훌륭하게 만들어 많이 팔리게 하는 것도 중요하지만, 이른바 시대정신에 부합하고 현 사회의 감추어진 욕망을 건

뇌교육 전문가와 함께하는
4차 산업혁명 시대 생존전략

드려주어야 한다는 것이다. 다시 말해, 베스트셀러를 살펴보면 시대상을 알 수 있다는 뜻이다.

2015년 최고의 베스트셀러는 단연 기시미 이치로, 고가 후미타케의 『미움받을 용기』였다. 2015년에 유일하게 100만 부 이상 팔린 책이기도 하지만, 최장기 종합 베스트셀러 1위 기록까지 갈아치우면서 큰 화제가 됐다. 같은 저자의 책들이 앞다투어 번역되었고, 유사한 제목의 책들이 줄을 잇기도 했다. 『미움받을 용기』는 철학자 기시미 이치로가 재해석한 오스트리아의 정신의학자이자 심리학자인 알프레드 아들러Alfred W. Adler의 심리학을 전기작가 고가 후미타케가 철학자와 청년의 대화 형식으로 풀어낸 책이다.

알프레드 아들러는 20세기 초 오스트리아 빈에서 지그문트 프로이트Sigmund Freud와 함께 정신분석학을 공부했던 후배이자 동료 심리학자다. 그 후 프로이트와 다른 방식으로 세상을 바라보게 되면서 '개인심리학'이라는 독자적인 학문을 수립한 심리학 분야의 석학이다.
아들러는 '우리의 현재는 프로이트가 생각한 것처럼 과거의 성적 트라우마에 의해 결정되는 것이 아니라, 미래의 목표에 따라 얼마든지 달라질 수 있다'고 생각했다. 현재를 과거에 의해 결정된 것으로 보지 않고, 미래의 목표에 따른 가변적인 것으로 해석해 열등감을 극복하고 목표를 향해 정진하는 과정에서 자신만의 라이프 스타일이 만들어진다고 간주했다. 그는 라이프 스타일과 열등감이라는 단어를 처음 심리학 분야에 들여와 연구한 학자이기도 하다.

그렇다면 대중들은 왜 이 책에 열광했을까? 이 책의 무엇이 대중들의 숨겨진 욕망을 건드린 것일까? 책의 저자는 사회적인 기대와 개인의 목표가 서로 충돌할 때 사회로부터 미움을 받을지라도 자신의 목표에 충실하라고 권하고 있다는 것이다. 이때의 '미움'을 피해야 하는 부정적인 것으로 보지 말고 기꺼이 받아들이라고 용기를 북돋워 주고 있다. 바로 이 대목이 대중의 마음을 어루만져 준 것이다. 그러한 의미에서 인문학적 소양 역시 세상이 아무리 변해도 변하지 않는 미래를 위한 든든한 자산이라고 말하고 싶다.

미국의 시카고 대학에서는 고전 100권을 읽지 않은 학생은 졸업을 시키지 않는 것으로 유명하다. 일명 "시카고 플랜Chicago Plan, The Great Book Program"이다.

1890년 미국의 석유 재벌 록펠러John Davison Rockefeller가 중북부 시카고에 시카고 대학을 설립한 이후 1929년까지 이 학교는 삼류 대학이었다. 고작 서른의 나이에 5대 총장이 된 로버트 허친스Robert Maynard Hutchins는 작심하고 시카고 플랜을 시작했다. 재학 동안 인문고전 100권을 '제대로' 읽지 않으면 졸업을 시키지 않겠다는 것이었다. 교수나 학생들의 저항이 컸지만, 허친스 총장은 꿈쩍도 하지 않았다. 열 권, 스무 권까지는 별다른 변화가 없었다. 오십 권을 넘어가면서 학교 분위기가 바뀌기 시작했다. 학생들은 질문했으며 토론하고 사색에 잠겼다. 고전 백 권을 지르밟으며 지성의 숲을 통과한 학생들은 열등감을 버리고 자신감을 찾았다. 그 결과 허친스가 대학 개혁을 시작한 지 88년이 지난 2017년 현재 시카고 대학은 대

뇌교육 전문가와 함께하는
4차 산업혁명 시대 생존전략

학원·교수·연구원 등을 포함하여 94명의 노벨상 수상자를 배출하는 명문 중의 명문대학으로 자리 잡았다.

논어 위령공 편을 보면 "人無遠慮 必有近憂인무원려 필유근우"라는 말이 있다. 사람이 먼 곳을 생각하지 않으면, 가까이에 근심이 생긴다'는 뜻으로 '사람은 미래를 생각하지 않으면, 현재의 사소한 것에 근심을 하게 된다.' 즉, 장기적 계획으로 자신의 생을 바라봐야 한다는 의미일 것이다.

호모 루덴스와 호모 파베르, 호모 파덴스를 거쳐 이제는 호모 데우스로

호모 루덴스Homo Ludens는 놀이하는 인간을 의미한다. 네덜란드의 역사학자인 요한 하위징아Johan Huizinga는 인간만의 특징을 놀이로 파악한다. 그는 종교, 법률, 경기, 전쟁, 철학, 예술 등 인류의 모든 문화가 놀이에 기원을 두고 있으며, 놀이는 그러한 문화들 속에 스며들어 있다는 것을 역사학자답게 역사적 관점에서 말하고 있다.

호모 파베르Homo Faber는 도구의 인간을 뜻한다. 개미와 베짱이의 우화는 개미라는 근면의 인간을 바람직한 인간상으로 제시하고 있다. 호모 사피엔스Homo sapiens가 프랑스의 물리학자이자 근대철학의 아버지인 데카르트René Descartes의 생각하는 인간을 의미한다면, 호모 파베르는 마르크스Karl Heinrich Marx의 노동의 인간을 의미한다. 호모 파베르가 지성으로 물질을 만드는 것이라면, 호모 루덴스는 물질적 이해와는 상관없이 놀이에 몰두한다는 것이다. 호모 루덴스가 재미라면, 호모 파베르는 의미가 된다.

　우리는 재미를 위하여 사는가, 의미를 위하여 사는가. 재미가 나를 위한 내적 가치라면, 의미는 세상을 향한 외적 가치일 것이다. 의미 없이 재미만 탐닉하면 사회와는 유리되며 재미 없이 의미만 추구하면 개인은 탈진하게 될 것이다. 그러므로 재미와 의미가 융합된 목표가 있어 나도 모르게 가슴이 설레는 일을 해야 한다.

　성공적인 삶과 그렇지 않은 삶의 차이는 하루를 시작할 때 느끼는 설렘의 차이인 것이다. 너무 어려운 과제는 우리에게 스트레스와 중압감을 준다. 등산가들도 거대한 산의 무게에 중압감을 느낀다고 한다. 한편 가치 없는 일상적인 일은 우리를 설레게 하지 않는다. 설렌다는 것은 의미 있는 목표의 달성에 대한 예측이 불확실하다는 뜻이다.

　모든 것이 확실하면 설레지 않는다. 불확실한 가치에 도전할 때 사람들은 열정을 불태운다. 재미있고 의미 있는 목표야말로 사회에는 가치 있는 성과를, 개인에게는 자아성취를 제공한다. 그렇다고 '재미'라는 가치에 고통과 시련, 스트레스가 배제되는 것은 아니다. 힘든 운동을 통해 근육이 강화되는 것과 마찬가지로 마음의 시련을 통해 마음의 근육이 강화된다. 운동 과정에 아픔이 없다는 것은 새로운 근육이 생기지 않는다는 뜻이다. 목표를 이루는 과정에 정신적 스트레스가 없다면 새로운 마음의 근육이 생기지 않을 것이다.

　호모 파덴스Homo Fadens란 호모 루덴스와 호모 파베르의 융합을 말하는 것으로 예를 들면, 의미 있는 목표에 재미있게 도전할 때 소위 멘탈Mental을 유지하는 마음의 근육이 강화된다. 충분한 훈련을

거친 선수들은 무거운 역기를 가볍게 들어 올린다. 창조적 도전을 통하여 마음의 근육을 강화하면 더 큰 목표 달성이 가능해진다. '혁신의 리더십'이라는 기업가 정신이 시대 정신으로 부상하게 될 것이다. 왜냐하면, 가장 일을 잘한다는 것은 일 자체를 즐기는 것이기 때문이다. 즉, 호모 루덴스와 호모 파베르의 융합인 호모 파덴스인 것이다.

인류의 생산 업무의 질은 향상되고 개인화된 시장수요는 충족되어 사회 전체의 만족도가 증가하게 되고, 인류는 놀이의 호모 루덴스와 생산의 호모 파베르가 융합하는 호모 파덴스로 진화하고 있다. 하지만 4차 산업혁명 시대를 맞이하여 인류는 다시 한번 새로운 모습으로 변화할 것이다. 바로 호모 데우스Homo Deus인 것이다. '데우스Deus'는 '신God'이라는 뜻이다. 즉, '신이 된 인간'이라 말할 수 있다. 바로 자아실현과 영성의 삶으로 가는 5차 산업혁명의 길목이 지금인 것이다.

〈Ⅳ-6〉 호모 루덴스부터 호모 데우스까지

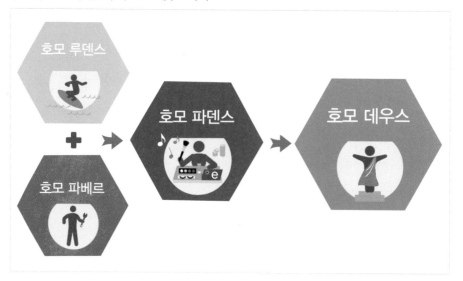

인간에게 성공이라는 열매는 항상 또 다른 야망을 갖게 만든다. 그러므로 전례 없는 수준의 번영, 건강, 평화를 얻은 인류의 다음 목표는 과거의 역사와 현재의 가치들을 고려할 때, 굶주림, 질병, 폭력으로부터 자유로워지고 생명공학의 발달로 신의 영역이라 여겨지던 '불멸, 행복, 신성'의 영역으로 다가가는 것이다.

과학적인 연구를 하지 않는 보통 사람들도 이제는 죽음에 대하여 대개 의학적 문제로 생각한다. 한 사람이 병원에 가서 "선생님, 제 몸은 무엇이 문제죠?"라고 물으면 의사는 한참을 고민한 후에 "독감에 걸린 것 같군요" 또는 "결핵입니다" 또는 "암입니다"라고 말할 것이다. 하지만 "죽음에 걸렸습니다"라고 말하는 의사는 아무도 없기 때문이다.

우리 모두는 독감, 결핵, 암이 의학적 문제들이며 언젠가 그 해법을 찾을 수 있을 거라는 데 암묵적으로 동의하고 있다. 오늘날 죽음은 많은 경우에 소송과 수사의 대상이 되기도 한다. '그들은 어떻게 해서 죽었을까?', '왜! 죽었을까?'라고 연구하고 고민한다. 과학자, 의사, 환자들 대부분은 불멸에 대한 노골적인 꿈과 거리를 둔 채 자신들은 그저 특정한 문제를 해결하는 것뿐이라고 주장한다. 하지만 노화와 죽음은 그런 특정한 문제의 결과이므로 기업과 과학자들이 문제를 해결하고자 한다면 결국 노화와 죽음을 해결할 때까지 멈추지 않고 노력할 것이다.

벤처투자사 구글 벤처스의 CEO였던 빌 마리스Bill Maris는 2015년

뇌교육 전문가와 함께하는
4차 산업혁명 시대 생존전략

1월 한 인터뷰에서 이렇게 말했다. "오늘 나에게 500살까지 사는 것이 가능하냐고 묻는다면 내 대답은 그렇다" 그 당시 구글 벤처스의 투자 규모를 보면 보유자산 20억 달러 중 36%를 생명 연장 프로젝트와 생명과학 벤처기업에 투자하고 있었던 것이다.

세계적인 기업의 행보를 보면서 '인간의 앞날은 어떻게 될까?'라는 의문을 갖게 된다. 사람들은 일반적으로 배움의 시기와 일하는 시기를 나누어 생각한다. 그런데 수명이 길어져 100세를 넘어 150세 이상까지 살게 된다면 그리고 지금처럼 신기술의 개발주기가 빨라진다면 훨씬 더 오래 일할 것이며, 나이와 상관없이 자기계발을 해야 할 것이다.

세계인권선언Universal Declaration of Human Rights은 '인간은 100세까지 살 권리가 있다'고 말하지 않는다. 오직 '모든 인간은 살 권리가 있다'고 말하고 있다. 결국 인간의 살 권리는 만료일이 없다는 것이다.

이제까지 대한민국의 발전을 위해 그리고 패스트 팔로워Fast Follower가 되기 위해 젊음을 바쳤던 장년들에게 앞으로는 퍼스트 무버First Mover로서 살아가기를 부탁하고 싶다. 누군가의 이름을 잊어버리고 열쇠를 어디 두었는지 잘 모를 때도 있지만 장년의 뇌는 탁월한 통찰력과 능력을 지니고 있다.

이제 인류는 신의 영역이라고 여겼던 죽음을 극복하기 위해 도전하고 있으며, 호모 데우스라고 할 수 있는 불멸, 행복, 신성의 영역으로 발걸음을 떼고 있다. 장년이야말로 그간의 세월 속에서 다른 어떤 세대보다도 전기조차 없었던 1차 산업혁명기계화 혁명의 느낌부터 지금의 4차 산업혁명초연결 혁명 시대까지 두루 경험하고 있는 유일한 세대로서 가지고 있는 경험과 통찰력을 바탕으로 새로운 인생을 설계할 자격과 능력이 있다고 말하고 싶다. 이제 더 이상 인생을 정리하려 고민하지 말고, 다시 한번 신발 끈을 질끈 매고 만료일이 없는 나의 생애사를 어떻게 써야 할지 고민하기를 기대해본다.

뇌교육 전문가와 함께하는
4차 산업혁명 시대 생존전략

4차 산업혁명 시대, 우리의 삶은
어떻게 향유享有: 자기의 것으로 소유하여 누림할 것인가

뇌교육은 뇌과학적 이론에 몸과 의식을 단련하는 기술과 철학을 접목해 뇌를 개발하고, 자신의 뇌를 적극적으로 활용하는 감각을 키움으로써 궁극적으로 인간완성이라는 최고의 가치를 지향한다. 이렇게 볼 때, 교육이 '인간학'이라면 뇌교육은 '인간완성학'이라고 볼 수 있다.

– 뇌교육원론 중 발췌

시작은 대학원에 재학 중인 학우와 과정을 마친 학우를 대상으로 운영하는 전문과정 하나가 개설된 것이었다. '기후변화 대응과 미래 직업 전문과정'으로 약 4주에 걸친 교육과정이었고, 그 과정 중에 작은 소모임이 시작되었다. 물론 이전에도 몰랐던 사이는 아니었다. 공기업을 명예퇴직 후 제2의 인생을 명강사로 열어가고 있는 한 사람, 교육 전문기업에서 이사로 재임하다 퇴직하여 교육 전문기업을 설립하여 운영하고 있는 한 사람, 기업 교육 전문기관에서 대표를 역임했고 지금은 인문학과 힐링을 전하는 한 사람, 그리고 코칭센터를 운영하는 한 사람. 이 네 사람은 미래에 대해, 지금 이 땅에 시작되고 있는 4차 산업혁명에 대해 토론하기 시작했다. 시간과 장소에 구애받지 않고 정말 다양한 형태로 진행되었다.

4주간의 교육 과정만으로 우리의 호기심을 채우기엔 턱없이 부족했는지도 모른다. 각자는 공부와 연구를 거듭하며 토론을 발전시켜 나갔고 이 토론 과정에서 우리는 미래에 대해 몰랐던 이야기나 알았던 이야기들에 대한 확인 외에 한 가지를 발견하였다. 그것은 '다름' 이었다.

우리 네 사람의 세대는 크게 차이 나지 않았다. 비슷한 시대의 기억을 갖고 있었기 때문이다. 그리고 기업이나 관공서 등에서 전문강사로 활동하는 사회적 입장 또한 비슷했다. 그런데도 이 변화에 대한 입장과 시각은 달랐다. 그 이유는 각자가 '공감하는 세대'에 있었다. 부모 코칭을 주로 했던 이에게 다가오는 4차 산업혁명은 은퇴를 앞둔 세대에게 인생 설계를 강의했던 이에게 다가오는 그것과는 달랐다. 다른 시각을 가진 이의 정보와 견해는 '넓은 시야'를 선사하기 마련이다. 우리 역시 수많은 토론 끝에 조금은 더 넓어진 시야와 시각을 확인하였다. 그리고 수많은 토론은 강의의 큰 자산이 되었다.

토론을 거듭하다 보니 미래에 대한 이야기는 어느새 인간 삶의 방향에 대한 이야기로 귀결되고 있었고, 우리는 몇 가지 결론에 이르게 되었다. 우리 인간의 삶에는 변하는 것과 변하지 않는 것이 있다

뇌교육 전문가와 함께하는
4차 산업혁명 시대 생존전략

는 것이다. 변하는 것에는 적응을 하고 변하지 않는 것은 지켜가며 살아가야 하는데, 우리 삶이 과연 그것을 돌아보며 살필 만큼 여유가 있는가. 그리고 사회는 개인에게 이러한 변화를 예고하거나 어떻게 살아야 하는지 알려주지 않는다는 것이다. 자연스럽게 우리는 이 사회 변화를 따라가기에 급급한 삶을 살아가고 있는 것은 아닌지에 대한 고민에 다다르게 되었다.

정확히 날짜가 기억나진 않지만, 어느 날 밤 인스턴트 메시지가 도착했다. "책 함께 써봅시다." 그리고 그 메시지 뒤로 이 책의 저자 4명이 우연히 함께 찍은 사진도 같이 말이다. "같이 씁시다."라는 다섯 글자와 함께.

뇌과학적 이론과 몸과 의식을 단련하는 기술과 철학을 접목하여 강의하고 코칭 하는 우리를 세상은 '뇌교육 전문가'라 부른다. 그리고 우리는 각 세대에게 우리가 아는 뇌를 적극적으로 활용하는 감각에 대해 알려주고 체험을 안내한다. 그러다 보니 그 세대들의 고민을 많이 듣게 되었고 함께 고민하게 되었다.

그런 우리에게 '미래학'은 우리가 공감해 왔던 세대에게 꼭 알려주고 싶은, 좋은 이야기를 만들어 주었다. 우리는 미래학의 전문가는 아니다. 하지만, 미래학을 공부하며 많은 사람들이 알면 좋은 미래학 이야기를 떠올리게 되었다. 어디까지나 우리가 잘하는 '뇌교육 전문가'의 입장으로 말이다.

우리가 제시한 신인류의 모델은 호모 루덴스, 호모 파베르, 그리고 호모 파덴스와 호모 데우스까지로 구성되어 있다. 이 용어들이 거창하게 보일지는 모르나, 사실은 단순한 기본에 근거한다. 10대의 아이들에게는 경쟁이 아닌 놀이를 통해 세상을 배우게 하고, 막 사회로 발 딛는 20대에게는 꿈과 이상에 대한 의미를 부여하여 설계하게 하고, 어느 정도 사회생활을 영위하여 다소 경도된 30~40대에게는 그들의 지식을 기반으로 하여 마음 한편이라도 여유와 유연을 더하자는 이야기다. 그렇게 했을 때 새로운 변화에 그저 살아남는 것이 아닌, 잘 적응해 나갈 수 있기 때문이다. 그리고 은퇴를 앞둔 혹은 이미 은퇴한 세대에게는 마치 신처럼 삶을 바라보고 그 지혜를 잘 활용하길 제안한다.

세상은 우리 4명^{박규리, 이영옥, 신근식, 조용호}를 향해 '뇌교육전문가'라 한다. 책 제목을 결정하는 과정에서 우리는 참으로 고민이 많았다. 그 고민은 왜 이 책을 쓰게 되었는지를 다시 한번 상기시켜 주는 계기를 만들어 주기도 했다.

'아이부터 장년까지' 이 말은 어린이와 청소년, 취업을 준비하는 대학생이나 20대, 직장을 다니고 아이를 키우는 3~40대, 그리고 5~60대 장년까지를 의미한다. 미래의 변화는 각 세대에게 다르게 체감되는 것을 우리 눈으로 확인하였기에 각 세대에게 보다 더 생동감 있는 이야기를 하고 싶었다. 미래 변화 속에서 우리 삶을 어떻게 해야 우리 자신의 것으로 누리고 살 수 있는가 즉, '향유享有'할 수 있는가를 다루고 싶었다. 그것이야말로 빠르게 변화하는 사회에서 원만히 살아남을 수 있는 '생존전략'이라 여겼기 때문이다. 부디 이 책을 통해 아이부터 장년까지 '4차 산업혁명 시대'에 한 치 앞도 분간하기 어려운 변화 속에서 살아남기 위한 '생존전략'에 대하여 영감을 얻을 수 있기를 기대해 본다.

1장

강창동(2012), 「아담스미스의 관점에서 본 신자유주의 교육관의 비판적 고찰」, 안암교육학회

김기표(2016), 「4차 산업혁명과 학교교육」, 국제뇌교육종합대학원 지구평화연구소

김세우(2017), 「네트워크 마케팅 4.0 비즈슈머플랫폼 비즈니스」, KSS

김종성(2005), 「춤추는 뇌」, 사이언스북스

김태일(2017), 「4차 산업혁명을 대비하는 교육정책」, 한국정책학회

김택환(2017), 「행복한 독일교육이야기」, 자미산

미래창조과학부 미래준비위원회, KISTEP, KAIST(2015), 「10년 후 대한민국 미래이슈보고서」, 도서출판 지식공감

미래창조과학부 미래준비위원회, KISTEP, KAIST(2016), 「10년 후 대한민국 미래전략보고서 이제는 삶의 질이다」, 도서출판 지식공감

미래창조과학부 미래준비위원회, KISTEP, KAIST(2016), 「10년 후 대한민국 미래전략보고서 뉴노멀 시대의 성장전략」, 시간여행

서유헌(2010), 「엄마표 뇌교육」, 아이트리

요한 하위징아(2010), 「호모루덴스」, 연암서가

이광형(2000), 「인공지능개론」, 홍릉과학출판사

이민화(2012), 『호모 모빌리언스』, 북콘서트

이선영(2017), 「제4차 산업혁명 시대의 교육심리학」, 한국교육학연구

이승헌(2010), 『뇌교육원론』, 국제뇌교육종합대학원출판부

KAIST 미래전략대학원, 『대한민국 국가미래전략 2016』, 이콘출판

Michle Moore(2015), "Where to Invade Next"

2장

고용노동부, 『고용이슈: 제9권 20, 제6호』

교육부&한국교육개발원(2016), 『교육기본 통계』

김미란 외 3인(2016), 「창의인재양성을 위한 고등교육체제 혁신방안 연구」, 한국교육개발원. 김진하(2016), 「4차 산업혁명 시대, 미래사회 변화에 대한 전략적 대응 방안 모색」, KISTPEP lnl(15호)

미래창조과학부 미래준비위원회, KISTEP, KAIST(2015), 『10년 후 대한민국 미래이슈보고서』, 지식공감

미래창조과학부 미래준비위원회, KISTEP, KAIST(2017), 『10년 후 대한민국, 미래 일자리의 길을 찾다』, 지식공감

박형주(2017), 「4차 산업혁명과 우리의 미래」, 국회보 통권 603호

양지윤·고희원(2015), 「워크넷 청년 구직자의 희망임금 분석」, 격월간 고용이슈, 11

이광형(2015), 『3차원 미래예측으로 보는 미래경영』, 생능

이형득(1998), 『집단상담의 실제』, 중앙적성출판사

뇌교육 전문가와 함께하는
4차 산업혁명 시대 생존전략

임소현 외 4인(2016), 「한국교육개발원 교육여론조사 연구보고 RR2016-18」

최상일 외 2인(2013), 「미래 한국의 스마트에이징을 위한 KISTEP 10대 유망기술」, ISSUE PAPER2013-2, 한국과학기술평가원

클라우스 슈밥, 송경진 옮김(2016), 『클라우스 슈밥의 제4차 산업혁명』, 메가스터디(주)

통계청(2011), 『한국사회동향』, 통계청, 장래인구추계

통계청(2016), 『한국의 사회동향 2016』, 통계개발원 통계분석실

Erikson EHIdentity(1968), Youth and crisis, New York: Norton

Rogers.C.R(1970), On becoming a person: Q therapist's view of psychotherapy, Boston, MA: Houghton Mifflin.

Jung, C.G(1948), Two essays on analytic psychology, New York, NY:Pantheon

Maslow.A.H(1968), Motivation and Personality(2nd ed.) New York: Viking Press

Riso, D.R(1996), personality Types. New York: Bantam Books

WEF(2016), The Future of jobs

3장

국가통계포털, 「장래인구 추계 전국편 2015-2065(2016)」, http://kosis.kr/

김경준(2012), 『지금 마흔이라면 군주론: 시대를 뛰어넘는 세상과 인간에 대한 통찰』, 위즈덤하우스

김상훈(2006), 『대한민국에서 직장인으로 산다는 것』, 한스미디어

김인숙·남유선(2016), 『4차 산업혁명, 새로운 미래의 물결』, 호이테북스

김인숙·남유선(2017), 「문제 해결을 위한 인문학과 사회과학의 협력방안-독일 제4차 산업혁명 정책방향 설정 사례를 중심으로」, 독일언어문학 75집

김진하(2016), 「제4차 산업혁명 시대, 미래사회 변화에 대한 전략적 대응 방안 모색」, KISTPEP InI(15호)

다니엘 핑크, 김명철 옮김(2012), 『새로운 미래가 온다: 미래 인재의 6가지 조건』, 한국경제신문사

리드 호프먼, 벤 카스노카, 크리스 예, 이주만 옮김(2017), 『얼라이언스: 4차 산업혁명 시대의 인재 관리법』, 한국경제신문사

리처드 레이어드(Richard Layard), 정은아 옮김(2005/2011), 『행복의 함정: 가질수록 행복은 왜 줄어드는가』, 북하이브

미래창조과학부 미래준비위원회, KISTEP, KAIST, 대표저자 정재승(2016), 『10년 후 대한민국 이제는 삶의 질이다』, 지식공감

미래창조과학부 미래준비위원회(2017), 『10년 후 대한민국, 미래 일자리의 길을 찾다』, 지식공감

박문호(2008), 『뇌 생각의 출현: 대칭, 대칭의 붕괴에서 의식까지』, 휴머니스트

박승혁(2016), 「2029년이면 인간처럼 느끼고 생각… 2045년엔 '포스트 휴먼' 탄생할 것」, 『조선일보』, 2016.03.11, 〈http://news.chosun.com/site/data/html_dir/2016/03/11/2016031100283.html〉

산타페연구소 속임수연구회, 브룩 해링턴, 고기탁 옮김(2012), 『속임수에 대한 거의 모든 것: 고대 제국에서 인터넷 데이트까지』, 황소걸음

서지문(2017), 「서지문의 뉴스로 책 읽기: 4차 산업혁명 시대의 인문학」, 『조선일보』, 2017.05.16, 〈http://news.chosun.com/site/data/html_dir/2017/05/15/2017051502886.html〉

신근식(2015), 『우리가 몰랐던 우리나라의 문화, 역사, 철학 이야기』, 책과나무

신재한(2016), 「뇌과학적 고찰을 통한 뇌교육기반 인성교육 방향 탐색」, 한국아동교육학회, 아동교육 25(2)

에마 세팔라 지음, 이수경 옮김(2017), 『해피니스 트랙(스탠퍼드대학교가 주목한 행복프레임)』, 한국경제신문사

오동룡(2017), 「강력한 외장두뇌, '에버노트'부터 배우세요」, 월간조선 5월호

이민화(2016), 「인공지능과 일자리의 미래」, 국제 노동브리프 6월호

이민화(2016), 『4차 산업혁명으로 가는 길』, 창조경제연구회

이성규(2014), 「멍 때려야 뇌가 쌩쌩해진다」, 과학향기 칼럼

전혜성(2012), 『생의 목적을 아는 아이가 큰사람으로 자란다: 자녀를 존경받는 리더로 키우기 위한 5가지 오센틱 리더십』, 센추리원

조선닷컴 인포그래픽스팀(2017), 「일자리 위협하는 4차 산업혁명, 내 직업은 괜찮을까?」, 2017.01.25, 〈http://thestory.chosun.com/site/data/html_dir/2017/01/25/2017012502015.html〉

존 도노번&캐시 벤코(2016), 「AT&T의 인적쇄신」, 하버드 비즈니스 리뷰 코리아 10월호

차완용(2017), 「중소기업은 바란다」, 『한국경제매거진』, 제1122호

최민자(2016), 「'특이점'의 도래와 새로운 문명의 가능성」, 동학학회, 동

학학보 40권 0호

클라우스 슈밥, 송경진 옮김(2016), 『제4차 산업혁명』, 메가스터디(주)

한국경제 TV 카드뉴스(2016), 「10년 후 변하지 않는 것에 주목하라
- 아마존CEO, 제프 베조스」, 2016.10.04, 〈http://www.wowtv.
co.kr/newscenter/news/view.asp?bcode=T30001000&artid
=A201610040261〉

황인경(2017), 「4차 산업혁명 시대 인사·조직 대응 방안」, 한국경영자총
협회, 임금연구 25권 1호

KAIST 문술미래전략대학원·미래전략연구센터(2017), 『RE-BUILD 코
리아: 대한민국 모두가 행복할 수 있는 정책제안 2017』, MID(엠아이디)

BMAS(2017), Weissbuch, Arbeiten 4.0

BMAS(2015), Grünbuch, Arbeiten 4.0, Arbeit weiter denken

Chui, M.,James Manyika, and Mehdi Miremadi(2015), Four
Fundamentals Of Easterlin,R.(1974), Does economic growth
improve the human lot? Some empirica Growth: Essays in Honor
of Mose Abramovitz, New York: Academic Press

Helliwell, J. d Layard, R. & Sachs, J. (2016), WORLD HAPPINESS
REPORT 2016, VOLUME I, UN Sustainable Development Solutions
Network(SDSN)

Jones, S. R.(2016), 2016 OECD ECONOMIC SURVEY OF KOREA:
Promoting socially-inclusive growth, OECD-OCDE

levidence, In David,R. and Reder,R.(Eds.), Nations and Households
in Economic Workplace automation, McKinsey

MacLean, P. D.(1990), The triune brain in evoluton: Role in paleocerebral functions, New York: Plenum

Waurzyniak, P.(2014), Software Fuels Manufacturing Industry Innovations, Manufacturing Engineering.153(4)

4장

공성곤(2015), 「미래 로봇은 인간의 동반자」, 동아일보, 2015.04.10, 〈http://news.donga.com/3/04/20150410/70624444/1〉

김세움(2016), 「인공지능 시대 일자리 문제에 대처하는 인간의 품격」, 국제노동 브리프 6월호

김원석(2016), 「이제는 디지털 복지다」, 전자신문, 2016.5.29, 〈http://www.etnews.com/20160527000095〉

김지연(2017), 「기본소득, 함께할 수 있을까」, 서울과학기술대학교 교지 편집실, 2017.05.25, 〈http://rubyweb.kr/2017/05/3775〉

류호택(2013), 「코칭전문가의 영성 연구」, 서울불교대학원대학교, 박사학위 논문

미래창조과학부 미래준비위원회, KISTEP, KAIST, 대표저자 정재승 (2016), 「10년 후 대한민국 이제는 삶의 질이다」, 지식공감

바버라 스트로치, 김미선 옮김(2011), 『가장 뛰어난 중년의 뇌』, 해나무

신민영(2017), 「로봇세, 도입해야 하나?」, 중앙일보, 2017.03.05., 〈http://news.joins.com/article/21337970〉

유발 하라리, 김명주 옮김(2017), 『호모데우스 미래의 역사』, 김영사

참고문헌

이광형(2015), 『3차원 미래 예측으로 보는 미래경영』, 생능

이민화(2016), 「인공지능과 일자리의 미래」, 국제노동 브리프 6월호

이본영(2017), 「'115살vs150살' 인간 수명 한계 뜨거운 논쟁」, 한겨레
신문, 2017.06.29, 〈http://www.hani.co.kr/arti/international/
international_general/800784.html〉

이성규(2014), 「[인물탐구] 엘론 머스크, 도전과 행운의 창업가」, 블로
터, 2014.11.11,〈http://www.bloter.net/archives/212431〉

이원덕(2016), 「4차 산업혁명과 일자리 위기, 암울한 전망은 현실화되
는가?」, ifs POST, 2016.02.16., 〈http://www.ifs.or.kr/bbs/board.
php?bo_table=NewsInsight&wr_id=854〉

이영완(2016), 「인간 수명 500세로 늘리겠다는 구글… '두더지쥐'가
답?」, 조선일보, 2016.12.26, 〈http://news.chosun.com/site/data/
html_dir/2016/12/26/2016122600464.html〉

이장우(2017), 『퍼스트 무버, 4차 산업혁명의 선도자들』, ㈜북이십일

조일준(2017), 「핀란드, 기본소득 실험 매달 71만 원 그냥 준다」, 한겨
레신문, 2017.01.03, 〈http://www.hani.co.kr/arti/international/
international_general/777202.html〉

지철원(2016), 「'젊은 노인'으로 행복하게 살아가기」, 한국경제매거진,
제129호

한국보건사회연구원(2017), 「4차 산업혁명과 평생학습」, 글로벌 사회정
책 브리프 제60호

「100년 넘은 '65세=노인' 기준 재논의 할 때가 됐다」, 한국경제, 2017.04.06,
〈http://news.hankyung.com/article/2017040608741〉

뇌교육 전문가와 함께하는
4차 산업혁명 시대 생존전략

4차 산업혁명 시대를 현명하게 대처하여
행복한 에너지가 팡팡팡 샘솟으시기를 기원드립니다!

| 권선복
도서출판 행복에너지 대표이사
영상고등학교 운영위원장

4차 산업혁명은 더 이상 낯선 존재가 아닌 시대가 도래했습니다. 인공지능AI 알파고가 이세돌과 바둑 대국을 펼친 지도 곧 2년이 다 되어 갑니다. 그만큼 세계의 흐름은 빠르게 변화하고, 하루가 다르게 발전해 나가고 있습니다. 앞으로의 우리나라가, 또 세계가 어떻게 바뀌어 갈지 예측조차 하기가 어렵습니다.

네 명의 뇌교육 전문가가 만나 탄생한 이 책은 이러한 4차 산업혁명 시대를 살아가는 우리 모두에게 '어떻게 살아갈 것인가?' 하는 의문을 던집니다. 동시에 '어떻게 대비할 것인가?'도 들려주고 있습니다. 독특한 점은 오랫동안 4차 산업혁명 시대를 향유할 아이부터 청년, 직장인, 5~60대 장년까지 각 세대별로 맞춤 대비책을 제시했다는 것입니다. 그러나 저자들은 무엇보다 중요한 것은, 변화의 흐름 속에서도 '인간다운 삶'을 유지해야 한다고 강조합니다. 단순히 미래를 예측하는 데 그치지 않고, 세대별 '공감'을 바탕으로 한 이야기를 풀어냈기에 마음에 더더욱 와닿는 듯합니다.

　앞으로 인공지능은 비약적으로 발전할 것이고, 인간이 해내던 수많은 부분들을 4차 산업혁명의 산물이 대체하는 시대가 올 것입니다. 그 흐름에 자연스럽게 녹아들면서도 우리 인간만이 가질 수 있는 존엄성을 유지한다면, 아직은 두려움이 가득한 미지의 '4차 산업혁명' 시대 또한 현명하게 헤쳐 나갈 수 있다고 믿습니다. 독자분들 또한 많은 지혜를 얻어가시기를 바라며, 이 책을 읽은 모든 분들에게 행복과 긍정의 에너지가 팡팡팡 샘솟으시기를 기원드립니다.